SEMPER AD ALTUM
EX LIBRIS
DU COMTE GASTON DE THANNBER

Comte Gaston de Thannberg

La France

au milieu du XVIIIe siècle

(1747-1757)

d'après le Journal

du Marquis d'Argenson

EXTRAITS

publiés avec Notice bibliographique

par ARMAND BRETTE

et précédés d'une Introduction par EDME CHAMPION

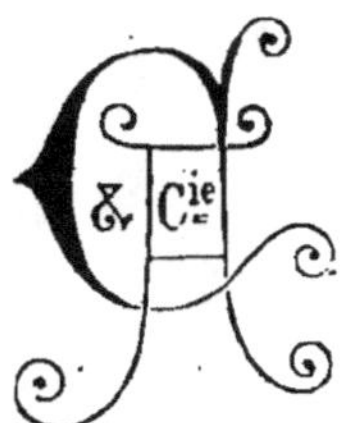

Armand Colin & Cie, Éditeurs

Paris, 5, rue de Mézières

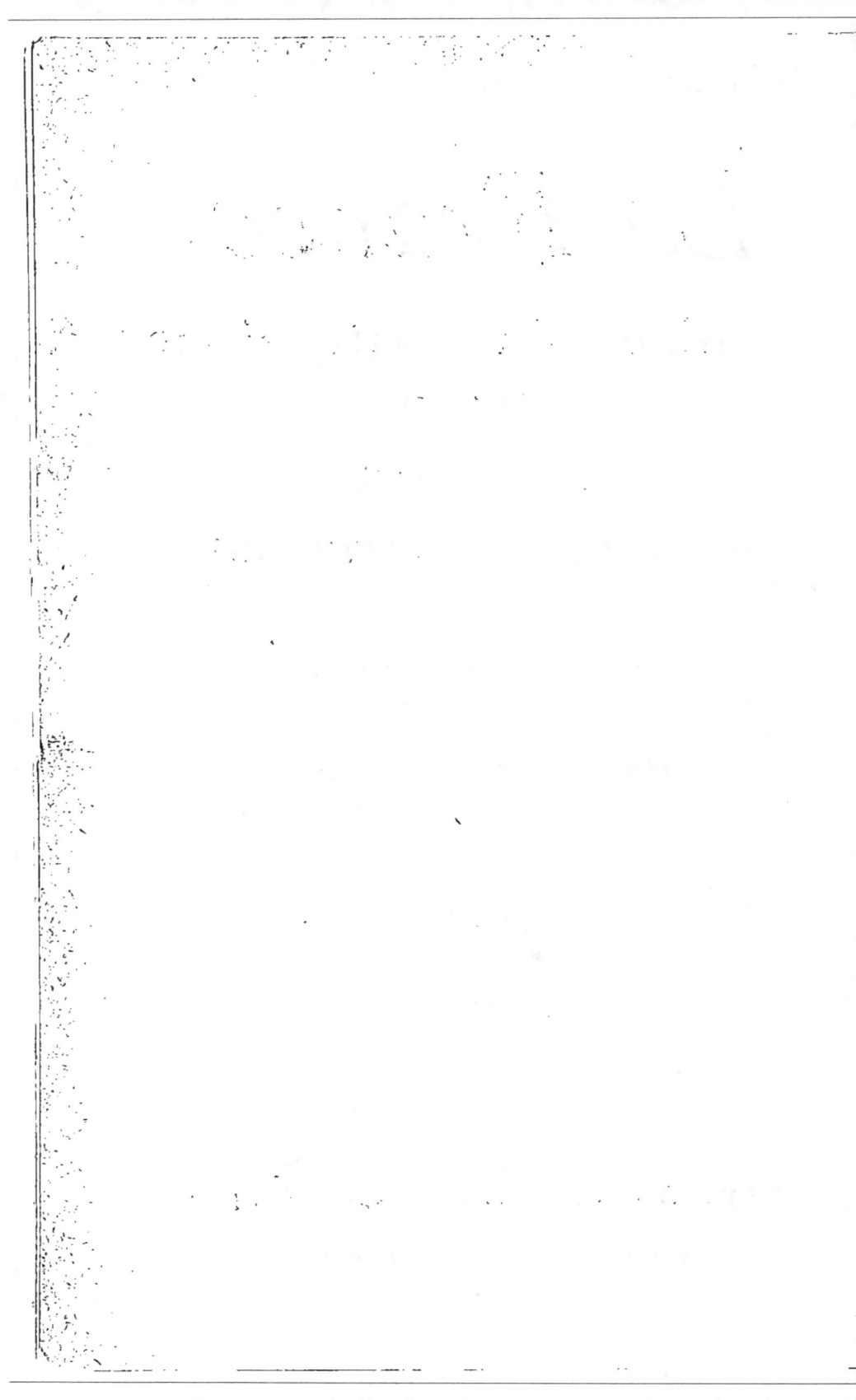

Comte Gaston de Thannberg

LA FRANCE

AU MILIEU DU XVIIIE SIÈCLE

(1747-1757)

Coulommiers. — Imp. Paul BRODARD. — 632-98.

Comte Gaston de Tharimberg

LA FRANCE

AU MILIEU DU XVIIIE SIÈCLE

(1747-1757)

d'après le Journal du Marquis d'Argenson

EXTRAITS PUBLIÉS AVEC NOTICE BIBLIOGRAPHIQUE

PAR

ARMAND BRETTE

ET PRÉCÉDÉS D'UNE INTRODUCTION

PAR

EDME CHAMPION

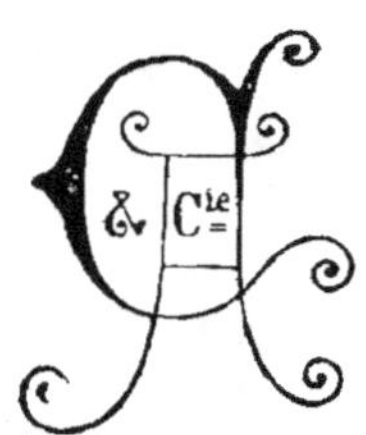

PARIS

ARMAND COLIN ET Cie, ÉDITEURS

5, RUE DE MÉZIÈRES, 5

1898

AVERTISSEMENT

DES ÉDITEURS

Le marquis d'Argenson remplit tout le milieu du XVIIIe siècle de son esprit, de son ambition, de ses généreuses et audacieuses théories; bien qu'il ait énormément écrit, son œuvre est peu connue du grand public; c'est surtout pour en faciliter la connaissance et la recherche que nous donnons ce volume.

La biographie de d'Argenson a été écrite avec grand détail plus d'une fois : on la trouve notamment en tête de l'édition Jannet, dont il sera parlé ci-après dans la notice bibliographique qui termine ce volume. Nous n'avons ni la place ni le besoin de refaire ici ce qui a été fait convenablement ailleurs. Nous nous bornerons à quelques dates. D'Argenson est fils de Marc-René de Voyer d'Argenson, lieutenant général de police pendant vingt et un ans, garde des sceaux de 1718 à 1720, et frère du comte d'Argenson, né en 1696, ministre de la guerre en 1743, avec lequel il assista à la bataille de Fontenoy. Né en 1694, il fut conseiller au Parlement dès 1716, intendant du Hainaut en 1720. Devenu ministre des affaires étrangères le 18 novembre 1744, il abandonna son *Journal*, qu'il tenait assez régulièrement depuis une quinzaine d'années, le reprit au mois de février 1747 en sortant du ministère et le continua jusqu'à sa mort. C'est cette partie du *Journal* (février 1747-janvier 1757) qui a fourni les textes donnés ici.

Il est peu de livres, croyons-nous, plus propres que celui-ci à mettre en lumière les inextricables difficultés au milieu desquelles se débattait alors la France et à montrer par suite les origines lointaines de la Révolution. L'homme est d'une indiscutable sincérité, d'une entière bonne foi; mêlé aux grandes affaires, il a beaucoup vu, beaucoup entendu, beaucoup noté; par ses conversations avec son frère (qui joignit pendant longtemps aux attributions de la guerre celles de ministre de Paris), il connaissait les pires secrets; c'est donc un témoin d'un prix inestimable. Mais qui peut lire les neuf volumes, très chers, publiés par la Société de l'histoire de France? qui possède même les cinq volumes de l'édition Jannet? Le public n'aime plus maintenant que le livre court; nous le lui donnons, mais avec cette réserve que c'est bien moins pour le charmer par la prose offerte que pour lui montrer, par des exemples, tout ce qu'il aurait à prendre et à apprendre dans les éditions plus complètes, et c'est encore pour lui faciliter cette étude que nous nous sommes appliqués à réunir autour de nos extraits tout ce qui peut éclairer le marquis d'Argenson, sa vie et son œuvre.

C'était la destinée de notre auteur de ne pas voir son œuvre entière connue de la postérité; la grande masse de ses papiers fut, comme on sait, détruite en mai 1871 dans l'incendie de la bibliothèque du Louvre; les éditeurs directs de ces manuscrits avaient estimé qu'une sélection s'imposait, et à vrai dire la forme d'esprit de d'Argenson, son mode de travail, la passion qu'il mettait à écrire avec abondance sur les sujets les plus divers, entraînaient à cette imperfection; on voudra bien remarquer cependant que la présente publication diffère, par son plan même, des éditions qui la précèdent.

Diverses circonstances se rencontrent d'ailleurs qui justifient par avance une publication d'extraits. Quelques matières en effet s'éliminent d'elles-mêmes quand il s'agit d'un tableau de la France. D'Argenson s'est toujours beaucoup occupé d'affaires étrangères, avant son ministère, parce qu'il espérait y arriver, après sa chute parce qu'il comptait y revenir; il a consacré de longues pages à ce sujet. Il s'étend longuement aussi sur sa famille, son histoire, les événements qui la concernent. Nous avons écarté ces deux ordres d'idées.

D'autres exclusions s'imposaient encore. Notre homme se plaît en effet à pronostiquer. Mécontent de son éloignement des affaires, il est toujours prêt à annoncer les pires maux, parce que, dit-il, ceux qui lui ont succédé sont des ignorants ou des incapables. Toutes ces choses n'ont plus d'intérêt aujourd'hui.

Un défaut se remarque encore dans le *Journal* dont la cause réelle n'est pas connue.

Un grand nombre de sujets sont traités deux fois; c'est d'abord une courte note sur un événement, sur un bruit qui court, puis quelques jours après, on retrouve la même affaire avec des développements nouveaux. N'y-a-t-il pas là quelque confusion de manuscrits? Les précédents éditeurs n'auraient-ils pas réuni deux sources à l'origine distinctes : les notes jetées sur le papier comme *memento* et la rédaction définitive? Questions qu'il est maintenant impossible de résoudre, mais qui étendent le cercle des éliminations utiles.

Nous ne pouvons donner ici une édition critique de d'Argenson; nous suivons presque partout le texte publié par la Société de l'histoire de France, sans rectifier même l'orthographe des noms propres, souvent défectueuse; nous nous sommes attachés avant tout à faire œuvre de vulgarisation et non de savoir.

C'est ainsi que, bien qu'il eût été aisé de trouver quelques pièces inédites, nous avons tenu, la famille ayant des droits qu'il convient de respecter, à ne pas imprimer une ligne qui ne fût connue depuis quarante ans.

Nous avons choisi, pour faire connaître d'Ar-

a.

genson, une partie, non des *Mémoires*, mais du seul *Journal*, et nos extraits ne s'appliquent qu'à la période comprise entre la retraite du ministère et la mort de l'auteur. Est-il nécessaire de justifier cette méthode? Le *Journal* a un prix tout particulier; il mérite bien son nom; les rectifications qu'on y trouve témoignent que c'est là une œuvre vraie, sincère, un document enfin comme il en faudrait beaucoup pour l'histoire. Un *Journal* se prête mieux que toute autre œuvre à des extraits. Nous aurions pu, à la vérité, commencer ces extraits à la date même où remonte l'édition suivie, mais il nous eût fallu ne donner que quelques lignes des plus importants sujets, et puis, argument décisif, le commencement du *Journal* tel qu'on le trouve dans cette édition, n'a pas la même valeur que la fin. Une grande partie de la première période fut écrite après coup. Ce sont des souvenirs et non pas un *Journal* proprement dit. Les défauts littéraires du marquis d'Argenson se remarquent enfin davantage en ses jeunes années, et, en prenant à peu près la moitié du Journal (non pas comme durée, mais comme matière), nous avons pensé que nos extraits plus condensés gagneraient en expression et en intérêt.

Il est une exclusion enfin que nous devons indiquer, c'est celle des passages du *Journal* où se rencontrent des libertés de langage. Cette exclusion s'imposait cependant. Il fallait en effet se résoudre ou à demeurer dans le public restreint qui connaît déjà d'Argenson ou à pénétrer dans de nouveaux milieux; or les brutalités d'expression (ou du moins ce que nous estimons tel aujourd'hui) qui charmaient l'austère Dauphin et sa pieuse famille eussent fait exclure ce livre des établissements d'enseignement, où il a précisément beaucoup de choses nouvelles à apprendre. D'Argenson lui-même admet, au début de son *Journal*, qu'il est « destiné à être lu de sa postérité »; il ne s'agit là que de l'histoire des mots ou des choses elles-mêmes dans leur rapport avec le langage, et parce que nous ne pouvons écrire cette histoire-là en toute liberté, peut-être serait-il téméraire de croire que nous l'emportons en vertu sur nos pères.

INTRODUCTION

Si l'on ouvre au hasard les neuf gros volumes qui contiennent le *Journal* et une partie des *Mémoires* de d'Argenson, on risque fort d'être rebuté par une quantité de choses fastidieuses et de ne pas se douter qu'on a là un document très précieux pour l'histoire. D'Argenson aime trop à écrire[1]. Il s'attarde volontiers à des anecdotes insipides, à des récriminations fâcheuses contre sa femme, contre son frère ou contre des personnages qui nous sont indifférents, à d'interminables dissertations sur les affaires étrangères. Mais, de ce fatras d'autant plus indigeste que d'Argenson n'est pas un grand écrivain, nous pouvons dégager bien des pages dont il est inutile de faire l'éloge; pour peu qu'on y jette les yeux, on en sentira le prix. Ce qui n'est pas inutile, c'est de dire l'autorité de

1. Il note avec regret que son fils, au sortir du collège, resta huit jours sans demander d'écritoire. En revanche il est content de dire que dans ses deux ans de ministère il sortit de ses bureaux plus d'écritures qu'en six ans sous ses prédécesseurs.

l'homme à qui nous devons ces tableaux si curieux, ces renseignements si précis, ces dépositions souvent incorrectes, mais parfois éloquentes.

I

Le second éditeur des *Considérations sur le gouvernement de la France* a dit, en 1784, que l'empreinte des idées de d'Argenson se retrouvait dans tous les livres de politique publiés depuis quarante ans, notamment dans l'*Esprit des lois*, dans l'*Essai sur les mœurs*, dans l'*Ami des hommes*, dans la *Théorie de l'impôt*, dans les ouvrages des économistes, dans le *Contrat social*, dans les *Entretiens de Phocion*. Peut-être y a-t-il là de l'exagération; pourtant dès l'année 1739, Voltaire faisait son profit des *Considérations* et souhaitait qu'elles fussent communiquées à Frédéric. Rousseau n'a pu se refuser au plaisir de les citer plusieurs fois dans le *Contrat social*, « pour rendre hommage à la mémoire de l'homme illustre et respectable qui avait conservé jusque dans le ministère le cœur d'un vrai citoyen et des vues droites et saines sur le gouvernement de son pays[1] ». Après avoir expliqué qu'à Versailles d'Argenson était surnommé « la bête » à cause de son air de bonhomie et son ton

1. Voir la note un peu avant la fin du *Contrat social*. Le manuscrit cité par Rousseau avait un titre différent de celui sous lequel l'ouvrage a été publié.

bourgeois, Duclos disait : « Je ne crois pas qu'il y ait eu beaucoup de ministres aussi instruits et aussi éclairés ». Le cardinal de Fleury fit d'abord très grand cas de d'Argenson ; s'il finit par le prendre en aversion, lui reprochant d'être le digne ami de Voltaire, il avait pendant de longues années étudié avec soin les mémoires qu'il lui demandait sur toutes sortes de sujets : en 1732 il trouvait que personne n'avait de meilleurs principes et lui témoignait le prix qu'il attachait à ses avis. Le garde des sceaux, Chauvelin, l'engageait à continuer de donner des conseils dont on se trouvait si bien et dont le roi était si satisfait. Un mémoire composé par ordre de Louis XV en 1739, à propos des querelles religieuses, produisit une impression dont d'Argenson fut très flatté.

C'était un philosophe, dit Voltaire dans la lettre où il exprime à Cideville « les tendres regrets » que lui causait la mort de leur ancien camarade de collège. Puisque Voltaire le veut, comptons d'Argenson parmi les philosophes ; il a quelque droit à ce titre : il finit par mettre son espoir « dans les progrès de la raison universelle » ; il reprochait à d'Aguesseau de se damner à force de haïr Voltaire. Mais, sans parler d'autres reproches adressés au même personnage et de certains récits peu philosophiques, ajoutons bien vite qu'en 1736 cet ami de Voltaire trouvait Voltaire trop hardi et craignait de le voir accréditer des idées dangereuses. Il se disait grand admirateur et élève de l'abbé de Saint-Pierre, mais quand le maître, ne s'en tenant pas aux limites de la France, travaillait au bonheur de tout le genre humain, l'élève déclarait en s'inclinant qu'il ne pouvait le suivre si loin.

D'Argenson a tantôt le langage d'un sage, tantôt celui d'un extravagant. Il rêve, il caresse des chimères qui semblent justifier le surnom de secrétaire de la république de Platon que lui donnait le duc de Richelieu. Il trouve que Rousseau va trop loin, mais lui-même émet les paradoxes qu'il pousse plus loin que Rousseau, en les adoptant, n'osera le faire : dans son aversion pour les grandes villes, il s'emporte jusqu'à dire que la destruction de Lisbonne par un tremblement de terre est un malheur heureux. Ce libéral qui parle si bien de laisser faire et de laisser passer, de gouverner moins pour gouverner mieux, parle aussi de chasser de Paris tous les industriels, ce qui aurait, entre autres avantages, celui de retrancher un tiers de la population. Il est très capable de s'éprendre d'un système. Mais l'expérience, la mobilité d'un génie prompt à se contredire, une clairvoyance rare[1], un grand fond de bon sens qui persiste à travers des bizarreries incohérentes, rendent ses engouements peu

1. Bien plus grande que celle de Rousseau que l'on a beaucoup trop vantée. Entre autres exemples celui-ci est à remarquer : tandis que Rousseau a méconnu les ressources et l'avenir de la Russie, d'Argenson les a très clairement pressentis : « Qui peut prédire jusqu'où iront les Moscovites ? » *Considérations*, I, 19.

durables. Il n'est l'esclave d'aucune doctrine. Magistrat et homme d'État par métier, comme il le rappelle volontiers, il a manié les affaires; il a été conseiller au Parlement, intendant, ministre. Le platonisme lui paraît en politique ce que sont en physique les théories générales; il ne trouve pas bon qu'on veuille asservir le monde à ses idées, qu'on entreprenne de réaliser « des songes et des plans chimériques ». Il regrette de ne voir aucune philosophie dans le gouvernement, mais quelle philosophie y voudrait-il? celle des Rosny, des Jeannin, des Villeroy, c'est-à-dire une philosophie où il n'y a pas place pour les abstractions, pour les conceptions à priori, pour tout ce qu'on appelle métaphysique.

Il a le goût des nouveautés[1]; mais, en politique, il les redoute. Il signale le danger des révolutions en termes qui ressemblent beaucoup à ce qu'avait dit Montaigne, à ce qu'allaient redire Rousseau et Mably : « On ne peut remédier subitement à d'anciens abus; il faut toujours plus de temps pour les détruire qu'on n'en a mis à les introduire. L'absurde et l'impraticable des expédients ont jeté un grand ridicule sur tous les novateurs en politique.... Il faut être autant en garde contre les réformes que contre les abus; bien des abus ne peuvent se rec-

1. Il prédit non seulement la direction des ballons, mais encore la création d'une nouvelle charge, celle de « Secrétaire d'État pour les forces aériennes ».

tifier sans renverser l'usage établi de tout temps. On conclut souvent mal à propos des abus, contre l'établissement même. La plupart des établissements ont été bons dans leur principe, il ne faut que les ramener à l'institution primitive. Quelquefois ils ont été d'abord mauvais, mais se sont rectifiés dans le cours de leur durée, et ensuite déformés : en ce cas il faut les ramener au point où ils ont été utiles[1]. »

II

D'Argenson, comme tous ses contemporains, est fermement attaché à la monarchie, il a même pour elle une sorte de culte.

Il a beau dire qu'en lisant Sidney il devient républicain, qu'on est généralement plus heureux dans les républiques, que tous les pays devraient se mettre en république immédiatement, au fond il reste très convaincu qu'il n'y a qu'un « seul bon et praticable gouvernement, la royauté démocratique, une démocratie subordonnée à l'autorité royale[2] ». Ce n'est pas seulement parce que la France est monarchique qu'il le demeure lui-même en dépit

1. C'est le début de la conclusion des *Principes et maximes*, qui forment le chapitre II des *Considérations*. Voir aussi p. 21 de l'édition de 1784.

2. En tête de l'article où il conseille d'établir partout la république, on lit : « Sous le monarque il faut des républiques petites ». Dans l'article précédent, on voit que le monarchisme est la meilleure espèce de gouvernement.

de tous les arguments contre le pouvoir d'un seul : il ne croit pas que la démocratie pure, à laquelle il rêve de temps à autre, puisse, en aucun temps ni aucun pays, se maintenir d'une façon sérieuse; il la trouve « sujette à la violence effrénée » et la condamne à dégénérer rapidement en aristocratie héréditaire. Or l'aristocratie héréditaire est selon lui le pire des fléaux. On a souvent prétendu que les attaques contre elle venaient d'un esprit de jalousie et de rancunes bourgeoises; en fait, elle n'a été détestée par personne plus que par deux écrivains qui n'appartenaient pas au Tiers-État. Le marquis d'Argenson, qui a des titres de cinq cents ans de noblesse, traite les seigneurs héréditaires comme le fera en 1788 le comte d'Antraigues. Il croit la royauté indispensable pour préserver la France de la tyrannie funeste que la noblesse exercerait dans les provinces si elle n'était pas comprimée par le pouvoir central. Le meilleur ordre de choses auxquelles on puisse aspirer serait celui où un monarque aurait « pour fonction essentielle » de conserver l'égalité en empêchant la formation d'une caste aristocratique. Si la France et l'Angleterre n'avaient pas un roi héréditaire, elles seraient infailliblement vouées à des discordes pareilles à celles qui désolèrent et perdirent la république romaine[1].

1. Il dit encore : « On n'a pas la moindre idée du mal que cause une noblesse héréditaire. Quand je parle ainsi on me regarde

Dans sa ferveur monarchique, d'Argenson n'admettait pas que la liberté du peuple fût inconciliable avec l'autorité du prince ; il estimait qu'au contraire le bonheur du monde doit être fondé sur leur accord parfait[1].

Ce qu'il y a peut-être de plus remarquable et de plus instructif dans ce *Journal* qui contient tant de choses curieuses, c'est l'impression que fait sur ce royaliste si convaincu le spectacle auquel il assiste, c'est le travail qui s'opère dans son esprit, c'est la démonstration d'une vérité capitale : en marchant dans la voie qui conduisait au serment du Jeu de Paume et à l'affirmation des principes de 89, les hommes du XVIIIe siècle furent guidés non par des spéculations philosophiques et une doctrine abstraite, mais par des faits malheureusement trop réels, par une expérience dure, par le bon sens.

comme un homme à idées singulières... Je vois chez tous les auteurs politiques contradiction et confusion dans l'idée qu'ils se forment du gouvernement aristocratique : les plus partisans des formes républicaines, les plus amateurs de liberté disent que la démocratie pure est impossible, qu'il faut un régime mixte entremêlé d'aristocratie et de démocratie. Or je demande ce qu'ils entendent par cette aristocratie dont ils parlent. S'agit-il de nobles nés tels ?... On n'aura de repos que si on efface jusqu'au dernier vestige cette division en nobles et en roturiers. »

1. Il veut que, tout à la fois, « Rome soit toujours libre et César tout-puissant ».

III

D'Argenson avait commencé par dire du bien du cardinal de Fleury; il en disait encore en 1736. Il finit par en dire grand mal. Exaspéré par un trop long ministère, il eut pour Fleury une sévérité excessive. Avait-il oublié ce que le royaume avait souffert pendant les dernières années de Louis XIV, ce que lui-même avait noté en 1725 lors de l'arrivée en France de Marie Leckzinska, la misère des campagnes, l'oppression des paysans, les routes défoncées et dangereuses, la famine?

Dès l'année 1739 il écrit : « Le règne des sots qui a commencé sous Mme de Maintenon, fit place à celui des fripons sous la régence; sous M. le cardinal on a celui des fripons et des sots ». Quelques semaines plus tard il ajoute : « Les royaumes périront quand les sots auront seuls part à l'administration... Il n'y a plus part à rien aujourd'hui que pour les sots; aussi les jeunes gens ne s'étudient qu'à être sots et de sots qu'ils sont, se font fripons encore. »

La misère arrive à « un degré inouï ». Dans les campagnes les hommes meurent « dru comme des mouches, de pauvreté, en broutant l'herbe ». On assassine sur les chemins les femmes qui portent du pain. Ce pain vaut cinq sous en Flandre, sept à Calais, onze à Paris; on commence à en manquer, la moitié des habitants ne peut s'en procurer, les marchés deviennent tumultueux. A Belleville on travaille à remoudre de vieilles farines gâtées et le peuple crie qu'on veut l'empoisonner. Dès la tombée de la nuit Paris est plein de voleurs; à partir de sept heures du soir, on n'ose plus sortir et il n'y a personne dans les rues. Les impôts cruels n'ont « pour tarif que l'arbitraire », ôtent aux particuliers « l'esprit de propriétaire », tarissent toute espèce d'industrie. Le recouvrement s'en fait avec une rigueur telle qu'on enlève aux pauvres jusqu'à leurs habits. En 1740 le roi avouait que le royaume s'était diminué d'un dixième depuis peu. Sur son passage la foule au lieu de l'acclamer, criait : « Misère! Du pain! »

Trente-quatre des meilleurs professeurs de l'université étaient chassés de leur chaire en qualité de Jansénistes. Rollin, « ce savant si vénérable », était « exclu de tout ».

La cour était le lieu des intrigues les plus basses et les plus ignobles. Tout s'y faisait en vue de l'argent. Une « sublime fourberie » s'y développait.

En voyant « la tyrannie démasquée », les honnêtes gens proscrits, le peuple ruiné, le roi endetté, les mœurs corrompues, les provinces dépeuplées, la nation énervée, partout le pillage, la perversité et le déshonneur, d'Argenson indigné s'en prenait non pas à la royauté absolue, mais au ministère absolu, source de la tyrannie qu'exerce le roi « sans s'en douter ».

IV

Fleury est « le démon du mal »; Louis XV, « le démon du bien ». A la vérité il a tort de laisser le cardinal régner si longtemps. Un prince si bien doué ne devrait pas a son âge rester dans cette malheureuse tutelle. Qu'il s'en débarrasse : il surpassera Titus, fera les délices de ses sujets, montrera ses grandes qualités qu'on ne connaît pas bien encore et surprendra tout le monde en prouvant qu'il est un grand roi, un des plus grands que la France ait jamais eus. Tout promet un règne heureux.

Pour ce prince qui donne de si belles espérances, d'Argenson a une indulgence sans bornes, découvre jusque dans ses faiblesses des motifs de bon augure et quand il ne peut le louer s'ingénie à lui trouver des excuses qui sont parfois étranges.

Si Louis XV ménage trop son vieux précepteur c'est par reconnaissance, par bonté d'âme : « Concevons toujours le roi comme l'homme le plus fin de son royaume; il s'exerce en attendant mieux à tromper son ministre »; donc il ne suivra pas les mauvaises habitudes données par ce ministre, il fera maison neuve et tout ira bien.

Le roi « fait un travail de chien pour ses chiens »; on prétend qu'il mènerait les finances et la guerre avec moins de peine. Mais cela marque qu'il est capable d'application, aime l'ordre, sait descendre jusque dans les détails, « ce qui le conduira à de grandes choses quand il changera d'objet ».

Il paraît manquer tout à fait d'humanité et voit sans émotion les souffrances de ses serviteurs; il en rit même, mais « c'est un tic; au fond il en souffre ».

Un mot, un geste, un bruit favorable suffit pour que la confiance ébranlée redevienne entière et ferme, pour que de nouveau le roi soit déclaré charmant, adorable.

Les années s'écoulent et il devient difficile de se faire de plus longues illusions; d'Argenson commence à craindre que Louis XV soit décidément à Louis XIII ce que Fleury est à Richelieu : « Les meilleurs serviteurs du roi sont découragés et commencent à le regarder comme au-dessous de rien... Insensible au malheur public, paresseux, incapable, il s'amuse, papillote, va à la chasse, ne pense à rien. » Pour ne pas désespérer, « il faut une foi d'Abraham ». D'Argenson tâche d'avoir cette foi.

V

A la mort du Cardinal, il devient impossible de douter que le roi ait « une indifférence inconcevable pour ce qu'il y a de plus capital pour son honneur et ses intérêts ». Cependant en 1744, quand il va à l'armée et paraît s'intéresser aux questions militaires, d'Argenson a une lueur d'espoir : « Aurions-nous donc un roi? » s'écrie-t-il.

Hélas non, tout va de mal en pis. Ce prince si doux laisse croître les abus jusqu'à l'entière subversion du royaume. « De la cour viennent les obstacles au bon ordre, les maux irrémédiables qui mènent de la fièvre lente à la fièvre chaude. Les armées du Bas-Empire se portaient parfois à la destruction des monarques ; chez nous la cour marche au même but, la cour terrible école de crimes et de noirceurs, plus ennemie du roi que les cours de Vienne et de Berlin. »

Le pouvoir royal devient plus despotique que celui de Turquie : « Toutes les corporations sont attaquées, leurs privilèges retirés, les officiers municipaux des villes supprimés, les pays d'États imposés arbitrairement, les parlements dégradés... » Tout n'est que tyrannie et anarchie en même temps. L'*Esprit des lois* est défendu par le gouvernement qui se scandalise de la moindre vérité; heureusement Montesquieu a des amis et « on ne lui fera pas de mal ». Mais un avocat, le plus galant homme du monde, le plus honnête, fait un livre excellent qui rendrait la société heureuse si elle pouvait le devenir par un livre; ce livre sera brûlé, l'auteur est tout surpris de se voir arrêté et on ne sait ce qui lui arrivera. Un conseiller au Châtelet, Granjean de la Croix, vient de mourir à la Bastille : en vain a-t-on représenté que sa détention était injuste, qu'il courait risque de vie; on a répondu qu'il y avait de bons médecins à la Bastille... Le mot de tyrannie commence à sonner haut dans le public. « On arrête beaucoup de monde pour avoir parlé des affaires présentes... Il ne se passe pas de nuits où on n'enlève de pauvres bourgeois, ceux que l'on craint qui ne contribuent à quelque sédition ; on ne sait ce qu'ils deviennent. » Les petites nouvelles à la main qu'on envoyait innocemment dans quelques sociétés de Paris sont interdites; « elles étaient pourtant sans réflexions d'une sécheresse sage et impartiale ». Tout est plein d'espions, les lettres interceptées, l'inquisition affreuse.

La misère multiplie les contrebandiers qu'on nomme *mandrins*, du nom de leur chef. Ils sont soutenus par la noblesse et par le bas peuple qui est pour les révoltés. A Paris même, les séditions commencent; Louis XV n'ose plus y passer. Mme de Pompadour risque d'y être déchirée. De 1748 à 1752 on compte dans l'armée plus de trente mille déserteurs.

D'Argenson n'est pas animé par des spéculations philosophiques; ce sont les faits auxquels il assiste qui lui inspirent des accents indignés et provoquent chez lui des réflexions comme celle-ci : « Oh! que l'ambition serait une belle chose si elle n'était nécessairement accompagnée de servitude et de lâcheté dans les monarchies despotiques! » C'est la mauvaise issue du gouvernement français qui « achève de persuader que ce gouvernement est le pire de tous ».

Par une malheureuse conséquence de la façon dont la France est conduite, « les établissements pour le bien public se tournent tous en fléaux ». « La plume tombe des mains de ce qu'on voit arriver : déshonneur au dehors, ruine au dedans, l'État croule par ses fondements. N'y a-t-il donc plus qu'à se détacher de la patrie et à se préparer à passer sous d'autres maîtres ou sous une autre forme de gouvernement? »

Il avait écrit en 1739 : « Quel est le Français à qui le sang ne bouille pas dans les veines, d'entendre parler d'une paix aussi honteuse que celle dont se flatte un gouvernement aussi bas que celui du cardinal de Fleury? » En 1749, après la paix d'Aix-la-Chapelle, il avait eu sous les yeux l'image où le roi « lié et déculotté » était fouetté par la reine de Hongrie pendant que l'Angleterre et la Hollande criaient : « Frappez fort, il rendra tout ». Il vit encore, à la fin de sa vie, l'alliance avec l'Autriche qu'il condamnait sévèrement. Il ne vit pas les désastres de la guerre de Sept Ans [1], il ne vit pas la Dubarry, la partie la plus triste et la plus répugnante du règne de Louis XV. Mais ce

1. Il n'aurait pas regretté le Canada : il disait que la perte en serait petite en comparaison de ce qu'il en coûterait pour le défendre, et conseillait de s'y résigner « de bonne grâce ».

qu'il avait vu suffisait pour lui faire prévoir et presque souhaiter, en 1752, « une révolution nationale ».

VI

« Le temps de l'adoration est passé. » Partout on commence à parler de liberté et « ce nom de maître, si doux à nos aïeux, sonne mal. » Le parlement « avance les maximes les plus anti-royales, y intéresse toute la nation ». Non seulement les magistrats exilés en province forment des espèces de communauté, étudient le droit public, en confèrent et propagent l'idée que la nation est au-dessus du roi; mais leurs émissaires courent tout le royaume « pour exciter une révolte générale » (mars 1734). Cela inquiète d'Argenson qui, malgré ses dégoûts et ses accès d'indignation, n'est jamais devenu sérieusement un révolutionnaire. Il voudrait qu'en répondant aux remontrances des parlements, le chancelier fît sentir ce qu'elles ont de funeste; seulement, à quoi cela servira-t-il? on se mettra de plus belle « à définir et à discuter l'autorité royale! »

Il n'est pas grand ami de la magistrature. Il lui trouve « une aigreur importune ». Il l'accuse de vénalité : « La corruption n'est pas sensible dans les affaires de droit public, mais elle se voit dans les jugements des affaires particulières ». Il a longtemps conseillé des mesures rigoureuses contre les parlements. En 1752, il trouvait bon qu'on les menaçât de les casser ; en 1754 il disait : « Qu'on les écoute quand il s'agit des libertés de l'Église gallicane ; pour les affaires séculières dont ils ne doivent pas se mêler, forcez-les : tout le monde donnera raison au roi. »

Mais, tout en reconnaissant que parfois ils vont trop loin, il déclare que ses propres opinions politiques se sont très gravement modifiées : « Moi-même qui ai toujours médité et puisé des matériaux dans l'étude sur ces matières, j'avais ma conviction tout autrement tournée qu'aujourd'hui », écrit-il le 26 juin 1754. Il trouve qu'il y a des cas où le Parlement est parfaitement dans son rôle en réprimant les entreprises du despotisme. Sans doute les questions dangereuses agitées par les magistrats pourraient bien, « après avoir troublé les esprits, mettre le corps en mouvement » ; mais « qui a tort ici ? Certes c'est le gouvernement qui « force à fouiller dans ces profondeurs. » La résistance des parlements est l'unique ressource que l'on ait contre les excès du despotisme et préserve seule la France d'une inquisition « pareille à celle qui sévit en Espagne[1] ».

En recherchant les causes qui contribuèrent à

1. Il ne souhaite pas la convocation des États Généraux qui ne produisaient nul bien au temps où on les convoquait : « Si on les assemblait... la cohue et la confusion y seraient encore plus grandes » ; ils ressembleraient au Parlement d'Angleterre et « ce qui se passe dans cette île ne doit pas les faire désirer ». Voir toute la fin du dernier chapitre des *Considérations*.

développer vers le milieu du XVIIIe siècle les idées de liberté et de résistance au pouvoir absolu, on a trop négligé les luttes si longues, si retentissantes, si passionnées[1] entre la couronne et la magistrature. Au lieu de tant parler de l'influence que Plutarque ou Rousseau ont pu avoir, il faudrait étudier celle qu'ont eue certainement les remontrances et les autres actes des parlements. D'Argenson montre qu'elle fut très considérable, peut-être même tout à fait prépondérante.

VII

Les scandales ecclésiastiques et « la tyrannie du parti sacerdotal » eurent sur d'Argenson le même effet que la « tyrannie politique ».

Sa profession de foi religieuse, « très saine, disait-il, quant au dogme et à la discipline », était, en 1739, qu'un laïque doit être soumis à l'Église, au Pape, au plus grand nombre des évêques ; qu'en conséquence la bulle *Unigenitus* doit être tenue pour bonne ; qu'un laïque et même un ecclésiastique de second ordre doit se soumettre aveuglément à ses pasteurs « faits pour enseigner au gros de l'Église », que si on lui demande des actes d'acceptation, il doit les faire. Et d'Argenson se décla-

1. Voir ce que d'Argenson rapporte de la « haine épouvantable » de Louis XV contre les magistrats : « Il n'en pouvait voir un sans frémir ». Dans le grand conseil on disait « qu'il faudrait du sang..., c'est-à-dire décapiter quelques magistrats ».

rait prêt à faire lui-même un de ces actes sans hésiter. Pour ce qui est de la révélation et des mystères « un honnête homme doit se taire, respecter, s'abstenir même de douter », et le gouvernement a qualité pour dire : « Dieu et son Église vous ordonnent de croire; si vous voulez disserter sur cela, silence, et si vous voulez disputer, punition ». Les controverses religieuses mènent « à la dissolution de la société ».

En principe d'Argenson n'était nullement hostile au clergé. Il trouvait que « rien n'est si respectable, même relativement à son revenu temporel ». Il croyait que la source de ses richesses tenait intimement « à une religion que non seulement la foi, mais la politique nous oblige de conserver ». Tandis que Voltaire adopte les projets de Machault, d'Argenson les combat; il proteste qu'en exposant jadis les droits du roi sur l'Église, il est allé peut-être trop loin et qu'on l'entend mal quand, pour imposer les biens ecclésiastiques, on s'autorise de ce qu'il a écrit alors.

Il convient que jamais les protestants n'ont été séditieux en France, qu'ils ont toujours prêché l'obéissance aux monarques trop souvent contestée par l'Église romaine. Toutefois il ne veut pas le rétablissement de l'Édit de Nantes. Il refuse aux non-catholiques tout office de judicature, de police, de finance. Il interdit d'imprimer « rien qui tende à diminuer le respect dû à la religion dominante ».

Malheureusement la perte de cette religion lui paraît assurée à bref délai.

Les esprits forts n'y seront pour rien : l'incrédulité est peu répandue, même à Paris, où les opinions philosophiques, venues principalement d'Angleterre, ne se rencontrent guère que chez une centaine de personnes (19 mai 1753). La religion périra par la faute de l'Église[1].

Ce sont les prêtres qui « déshonorent une religion si belle, une religion qui serait propre à ramener l'âge d'or... Leur hiérarchie, leur orgueil, leur avarice, leurs désordres, leur cruauté, voilà ce qui perd le catholicisme[2]. » Ajoutez à cela l'esprit d'inquisition du sacerdoce, son intolérance tyrannique : les refus de sacrements aux malades soupçonnés de jansénisme font haïr à bon droit le clergé et provoquent des insurrections trop excusables. La révolte qui se prépare pourrait bien commencer

1. Certains passages du *Journal* ont fait dire que d'Argenson était janséniste et on a essayé d'expliquer par là sa sévérité pour l'Église; mais un janséniste n'aurait pas écrit des pages comme celle où il rapporte, sans faire aucune réserve, qu'on reproche aux jansénistes d'avoir « le plus vilain rôle dans l'affaire de l'*Encyclopédie*... Ils ne veulent de tolérance que pour eux et s'ils obtenaient la charge d'inquisiteurs, seraient encore plus intolérants que les jésuites. »

2. Dans la première partie du *Journal* (éd. Rathery, I, 287) on trouvera de curieux détails sur certains prélats : voir entre autres l'ignorance de ce cardinal qui sait mal le *Pater* et confond le *Credo* avec le *Confiteor*. — D'Argenson a encore contre le clergé d'autres griefs, mais moins graves; il y a de « vilains curés » qui défendent les danses dans les villages : « interdire les chalumeaux! les musettes! »

« par le déchirement de quelques curés et même par celui de l'archevêque de Paris ». D'Argenson s'en inquiète, déplore les menaces adressées dans les rues et jusque dans les églises aux ministres de la religion, mais il est avec le Parlement contre eux, et un jour vient (26 mars 1755) où il écrit : « On ira jusqu'où on doit aller, on bannira tout prêtre ». Il fait observer à Versailles que le roi a d'excellents équipages pour chasser le sanglier et le loup, mais qu'il n'en a pas de meilleur que son Parlement « pour chasser la bête puante qu'on nomme prêtre réfractaire ». Lui qui avait soutenu qu'il faut aux hommes une religion parce que la philosophie « dénuée de motifs surnaturels n'oppose pas une barrière suffisante à la fougue des passions », il reconnaît que la religion n'est point du tout une barrière solide contre les débordements[1], et par moments il n'est pas éloigné d'approuver les déistes « qui ont abjuré la superstition destructive du monde ».

VIII

Bien qu'il soit tombé dans quelques erreurs, à tout prendre il mérite confiance. Pour s'assurer qu'il n'exagère pas, on n'a qu'à comparer son

1. Ici encore Louis XV n'a pas été sans influence sur les opinions de d'Argenson : il a « une véritable persuasion » et pourtant, « la crainte du diable, de l'éternité et de ses horreurs » ne l'arrête pas dans ses débauches.

Journal avec ceux de Marais et de Barbier. Les dépositions de ces deux témoins confirment presque toujours les siennes et sur bien des points elles sont encore plus graves et plus accablantes[1]. Et cependant, il convient de se méfier un peu de la sévérité avec laquelle il traite ses contemporains : il est trop enclin à dire qu'ils ne valent pas les générations précédentes. Il voit bien certains progrès heureux : « En général les mœurs sont plus douces ; l'éloquence longue et pédantesque » n'est plus à la mode, elle « dégoûte » ; l'ivrognerie diminue et le courage militaire est plus brillant que jamais. A-t-il raison de prétendre qu'en revanche le courage d'esprit diminue et s'éteint? qu'on ne sait plus aimer sa maîtresse et ses amis comme on les aimait jadis? qu'on ne sait plus causer, écouter ni lire comme autrefois? N'avait-on pas déjà auparavant l'habitude de parcourir les livres tout juste assez pour pouvoir les critiquer? Était-on plus avide d'emplois, moins soucieux du bien public vers 1750 que vers 1650? La vénalité était-elle plus grande? La débauche plus commune? La « malice du cœur », la « noirceur intérieure » éclataient, la

1. Comparez par exemple les faits articulés à la charge des grands seigneurs par Marais (I, 281, 453, et III, 84, 112, 114), avec les faits analogues rapportés par d'Argenson. L'idée que d'Argenson donne de « la débauche, la crapule et les extravagances » de messieurs de Charolais, de Clermont, de Conti et autres nobles personnages, est peut-être moins fâcheuse que celle qui résulte des récits faits par Marais.

poissarderie était à la mode, surtout si elle s'assaisonnait « de malignité, de mordant et de peste » : y avait-il là quelque chose de bien nouveau ?

Ce *Journal* n'empêchera pas certaines gens de chanter les louanges du bon vieux temps, mais s'il est étudié comme il le mérite, il mettra sans doute en garde contre ces louanges les lecteurs sans parti pris. Nous aussi, nous ne sommes que trop disposés à croire les maux et les scandales de notre époque pires que ceux d'autrefois. Regardons de près le passé : il nous rendra moins impatients, plus indulgents pour le présent, plus confiants dans l'avenir.

EDME CHAMPION.

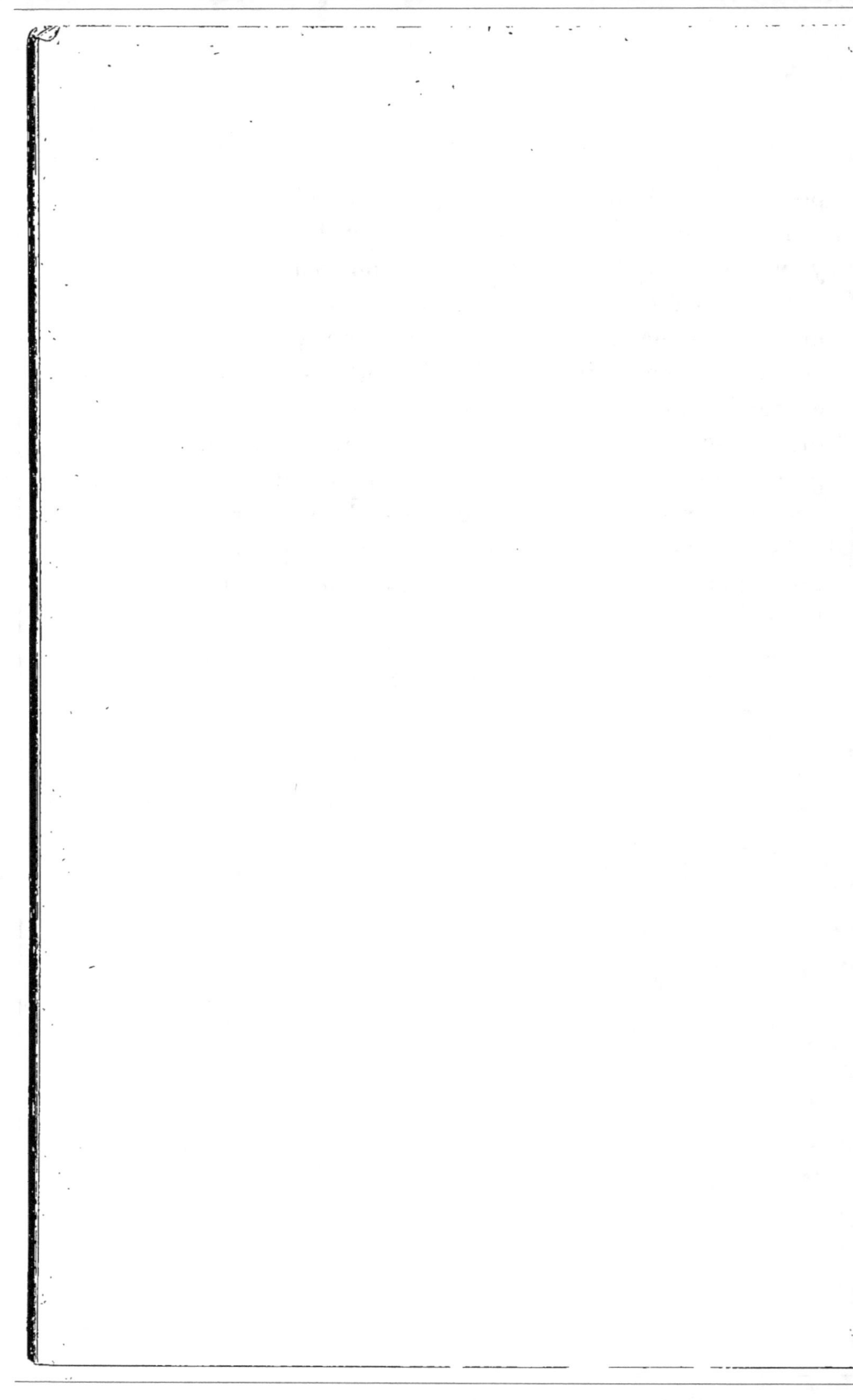

LA FRANCE

AU MILIEU DU XVIIIE SIÈCLE

(1747-1757)

D'après le *Journal* du marquis d'Argenson[1].

1747

26 *février*. — La famille royale commence à se conjurer contre Mme de Pompadour : à la dernière chasse cette dame était dans la calèche de M. et Mme la Dauphine et Mesdames; il était convenu entre eux de ne lui rien dire, quelque chose qu'elle

1. Ces extraits sont, à moins d'indication contraire, tirés de l'édition publiée par la Société de l'histoire de France sous le titre de *Journal et mémoires du marquis d'Argenson*, publiés pour la première fois d'après les manuscrits autographes de la bibliothèque du Louvre, par E. J. B. Rathery. — Paris, 1859-1867, 9 vol. in-8. Nous désignerons cette édition, pour simplification, sous le nom d'édition Rathery.

Nous plaçons entre crochets les passages qui, ayant été omis dans l'édition Rathery, ont été exceptionnellement tirés de l'édition publiée par M. René d'Argenson sous le titre de *Mémoires et journal inédit du marquis d'Argenson*, Paris, Jannet, éditeur, 1857-1858, 5 vol. in-12. Édition désignée ordinairement sous le nom d'édition elzévirienne, ou d'édition Jannet.

dît. Elle enrageait, elle rugissait. Ainsi voilà l'orage qui commence à grossir; on prendra le roi par les incommodités qu'il y a à posséder une maîtresse de si bas lieu; on le conduira au dégoût par la honte. Aussi M. le Dauphin a-t-il voulu que Mme la Dauphine n'allât pas à la comédie des cabinets et l'a obligée de contrefaire la malade. La reine conduit sa famille avec quelques conseils qu'elle a pris; M. de Maurepas lui souffle ce projet et par là elle prend consistance à la cour, au lieu que le roi n'a aucun conseil, confiance en personne, pas même en sa maîtresse. Il se divulgue à elle, mais ne se confie pas. Dans quels dangers je le vois de tous côtés! J'ai prétendu à être son ami, je m'y suis présenté par la vérité la plus pure et la plus détachée d'ambition; on lui a dit que je n'avais pas l'air de cour; il l'a cru et m'a congédié.

28 *février*. — Gens qui voient bien et de près la cour certifient que Mme de Pompadour sera bientôt congédiée; la cause en sera la honte que l'on fait au roi de ses fers et de sa tendresse si mal placée en si bas lieu. M. le prince de Conti en quittant la cour a donné une furieuse atteinte aux Pâris. Ce sera la famille royale qui sera l'instrument de cette expulsion; déjà le Dauphin et Mesdames,

sous les ordres de la reine, commencent à l'attaquer en lui marquant du mépris et ne lui parlant presque plus.

13 *mars*. — M. le Dauphin augmente en grossièreté, en apathie et en haine contre la maîtresse du roi son père; dès qu'il la voit, l'humeur redouble. La reine attise cette disposition. Il vient d'y avoir quelque chaleur pour le régiment Dauphin vacant par la mort de M. de Volvire. Mme de Pompadour le demandait pour un de ses amis; elle a envoyé chercher le ministre de la guerre à son ordinaire; il lui a exposé que M. le Dauphin le demandait avec vivacité pour M. de Marbeuf, neveu de l'abbé de Marbeuf son lecteur. Mme de Pompadour s'est fâchée et a demandé de quoi se mêlait M. le Dauphin; constestations, plaintes, aigreurs; enfin il a fallu céder à M. le Dauphin , mais on a condamné M. de Marbeuf à payer 80 000 livres pour le régiment.

20 *mars*. — Mme la Dauphine est grosse; elle a dégoût et maux de cœur continuels. M. le Dauphin s'est déclaré ne la pas aimer tant que celle qui l'a précédée, qui avait l'esprit plus avancé, et a fait aussi bien par le progrès de son intelligence et de sa raison que par celui de son

âge. Celle-ci n'est qu'un joli enfant qui a des grâces et de la vivacité; elle parle peu, parlant mal le français et ne s'adonnant guère aux réflexions, à quoi il faut joindre qu'en Saxe on a moins d'esprit qu'en Espagne.

On vient de créer deux nouvelles places de dames de compagnie à Mesdames; cela grossit les appointements et les dépenses. M. de Puisieux a eu trente mille livres de pension pour le consoler de ses douleurs pendant la maladie qu'il vient d'avoir; on a donné 2000 livres à chacun des auteurs pour les paroles et pour la musique d'un mauvais ballet qui s'est donné à la louange de la marquise de Pompadour; on a donné 2000 écus à Deshayes, acteur italien qui fait les ballets des petites comédies du roi à Versailles. On crie de tout cela, et avouons que les dépenses ne sont guères en proportion avec les conjonctures du temps présent.

30 *avril.* — On assure de toutes parts que la marquise de Pompadour ne tardera pas à être renvoyée, et toutes les mêmes apparences y sont qu'à ce qui précéda le renvoi de Mme de Mailly. Elle profite du temps qui lui reste pour tirer toutes les grâces qu'elle peut pour elle et pour sa famille et amis, et l'on voit sur cela des choses

fort indécentes. Tournehem, qui a l'intendance des bâtiments, n'a ni goût ni économie; on dépense des sommes immenses à cette partie. Il a dit à un de mes amis que l'année 1746 irait pour les bâtiments à 19 millions 500 000 livres. Comment les finances pourront-elles y suffire?

Le duc d'Ayen a été absolument chassé de la cour du Dauphin et de la présence de ce prince, qui lui a signifié de ne plus paraître devant lui. Le duc d'Ayen a manqué de respect en parlant trop fortement d'un propos qu'avait tenu M. le Dauphin sur la comtesse de la Marck, sa sœur. De dire que ces scènes soient ni spirituelles ni éloquentes, c'est autre chose; j'ai chagrin de voir notre cour tombée en si grande pauvreté d'esprit.

Le Dauphin et Mesdames deviennent atrabilaires et se livrent à leur goût particulier sans aucune contrainte; ils aiment à ne voir personne et ne disent mot à personne; ils aiment à parler de mort et de catafalques: dans leur antichambre noire, ils se plaisent à jouer à quadrille à la lueur d'une bougie jaune, et ils se disent avec délices : « Nous sommes morts. »

23 *juillet*. — Les différents partis de la cour se sont réunis en deux. A la tête de l'un est placé M. le prince de Conti et sa mère. M. de Maurepas

en est l'âme à la cour, et cela avec beaucoup de secret. Le moindre des districts de ce ministre est celui de la marine, dont il s'acquitte si mal; mais la véritable charge qu'il s'est faite, et dont il s'acquitte avec une habileté de génie et de grand homme, est de gouverner la cour en la brouillant, d'y gouverner les femmes et de tourner la famille royale contre le roi.

Il a excité la reine à la jalousie, Madame l'aînée à haïr le roi son père, M. le Dauphin à déclarer la guerre à la maîtresse du roi. Mon frère s'est mis de ce malheureux parti, ayant pensé qu'il n'était rien tel à la cour que d'y avoir un prince du sang. Un prince tient à tant de choses et pèse tant par lui-même! Aussi M. Chauvelin se crut-il sauvé en se donnant feu M. le Duc pour soutien; mais il n'en tomba pas moins. Mon frère a à satisfaire la prépondérance du maréchal de Saxe sur lui et le crédit des Pâris, tous les courtisans jaloux et intéressés, ce qu'on appelle à l'armée les talons rouges, tous les petits-maîtres et les femmes.

De l'autre côté sont les Pâris, le maréchal de Saxe, Mme de Pompadour et M. de Puisieux. Celui-ci cependant est doux et ami de tout le monde; le fond de ses sentiments est caché sous le voile de finesse et d'accointise à tous; les Pâris ne veulent que des valets dans le ministère : au prix de peu de travail et de succès, ils atteignent leur but, qui est la continuation de la guerre, d'y gagner beaucoup et de maîtriser l'État.

Le grand objet, et le plus coupable de tous, a été de faire échouer le maréchal de Saxe dans cette campagne-ci, pour le faire retirer du généralat soit par violence, soit de lui-même. Pour cet effet on a fait partir le roi plus tôt qu'il ne le devait, et, arrivé à l'armée, on lui a fait éviter le maréchal pour l'honneur du roi à opérer, à faire des choses dignes de la majesté royale, à faire des sièges, à donner des batailles. On l'a forcé à donner la bataille de Lawfeldt où il y a eu tant de tuerie. Venant recevoir les remercîments de Sa Majesté, il a dit : « Voilà, Sire, ce que c'est que de forcer les généraux. » Depuis cela il écrit comme dégoûté et voulant se retirer du généralat et de la cour ; il ne s'en cache pas. On vient aussi d'engager M. de Lowendal à faire le siège de Berg-op-Zoom devant l'armée de M. d'Hilburghausen, dont il pourra nous arriver malheur ; mais on veut perdre Lowendal la créature du maréchal de Saxe. Le but que l'on se propose est de donner le généralat à M. le prince de Conti. Telles sont les horreurs de la cour.

4 *novembre*. — Une personne qui vient de la cour m'en a fait cette peinture : tout y est gai, tout y

est satisfait. Le succès de la loterie de trente millions, les suites qu'elle promet pour mettre sur la place des billets de plus gros emprunts, la demande d'un congrès par les ennemis, le peu d'empressement que nous y marquons, tout cela fait croire au roi qu'il a le plus grand ministère comme la plus jolie maîtresse. M. de Puisieux engraisse, ainsi que son principal commis, qui est le sieur Ticquet; les plus mauvaises santés sont devenues les meilleures dans ces trois heureux personnages. M. de Puisieux paraît fort ami du roi; il est fort d'accord avec les autres ministres et les courtisans.

La loterie et ses crédits achèvent de ruiner le royaume; tout l'argent des provinces vient à Paris et se dissipe follement aux dépenses royales; les provinces périssent : nulle agriculture, nul commerce, nulle peuplade. Le commerce maritime et extérieur est absolument détruit par les Anglais, perdant chaque jour, ne gagnant rien. Qu'est-ce que cela deviendra dans quelques années? Qu'est-ce que cela est déjà?

Ce gouvernement-ci ressemble véritablement en quelque chose à celui du feu roi, mais c'est en pire : calqué sur ses proportions, il n'en a que les défauts. Le roi personnellement entend l'autorité et la despoticité; il ne la laissera point avilir, il la relève par des coups fermes et est capable de la plus grande violence pour la rétablir; sa douceur ordinaire répond à autant de vigueur s'il y avait lieu, si on le mettait en colère; en dernier lieu il a réprimé le Parlement comme aurait fait Louis XIV si on l'avait fâché; quand il se fâche il n'y fait pas bon : malheur à qui s'y exposera! Cette opinion soumet tout à l'autorité, les ministres n'ont à craindre que pour eux-mêmes, mais leurs coups seront bien soutenus; avec cela le royaume deviendra ce qu'il pourra.

10 *décembre.* — [Pour le commerce et le dedans du royaume nous sommes bien pis qu'en 1709.

Alors, grâce aux armements de M. de Pontchartrain, nous désolions nos ennemis par la course; nous jouissions du commerce de la mer du Sud. Saint-Malo faisait rentrer par an cent millions dans le royaume. Le dedans du royaume était en 1709 le double plus gras qu'il n'est aujourd'hui. Dans les pays d'élection il y avait alors plus de hameaux qu'il n'y a aujourd'hui de maisons, et les habitants étaient le triple de ce qu'ils sont à présent.]

11 *décembre.* — Les biens du maréchal de Noailles viennent d'être mis en direction; il les abandonne à ses créanciers, ce qui fait la scène du monde la

plus ridicule, car jamais homme de la cour n'a été plus riche, plus avide et plus avare : c'est donc grande hypocrisie, c'est aussi grande malhabileté et faux dans l'esprit. Il prend beaucoup d'argent à rente viagère ; il a donné déjà de grands traits du faux de son esprit dans les affaires de l'État, surtout dans celles de finance, comme dans les siennes propres, en faisant un bâtiment immense pour l'agriculture au Vésinet, dans le terrain le plus aride d'autour de Paris, et à la terre de la Motte qui lui vient de sa femme. Il détient le bien de ses enfants et ne veut pas leur en rendre compte.

12 *décembre.* — Un homme qui vient de Nantes dit qu'il n'y a pas un sou dans cette ville, si commerçante et si riche pendant l'autre guerre, à cause des dangers de la Manche. On n'y trouve pas non plus un homme pour en faire son domestique, tant tout est absorbé pour les levées d'hommes et de milice. Comment vouloir soutenir la guerre encore quelque temps? Et quelle guerre, à frais insupportables et extravagants!

14 *décembre.* — Mme de Pompadour vient de procurer à M. le duc de Chartres un moyen de payer en partie ses créanciers : on lui accorde un

brevet de retenue de 900 000 livres sur son gouvernement de Dauphiné, et, avec cela, Montmartel entreprend de payer la meilleure partie de ses dettes; mais il en fera de nouvelles, mal dirigé comme il l'est par sa femme et par des conseils d'une fausse noblesse et d'une prétendue générosité de mauvais goût. Mme la princesse de Conti ne songe qu'à faire éclipser la grandeur des autres princes du sang, pour que son fils en soit le premier; malheureusement elle a furieusement de moyen et d'activité.

16 *décembre.* — Il y a eu quelques relâchements de plus pour les trois exilés pour l'honneur de Mme de Châteauroux, MM. de la Rochefoucauld, duc de Châtillon et évêque de Soissons; ils ont permission de venir à Paris et d'y rester tant qu'ils voudront, mais, pour la cour, elle leur est toujours fermée; quant à l'évêque de Soissons, le roi lui avait fait dire seulement que sa présence lui était incommode. Malheur à qui a déplu bien plus qu'à qui a fait faute dans le gouvernement! Combien M. Chauvelin ne gouvernerait-il pas mieux que M. de Puisieux! Mais il avait déplu.

Comme compensation au salaire de l'éducation du Dauphin, on assure que l'abbé de Marbeuf, son lecteur, va être nommé conseiller d'État à la place de l'abbé de Ravannes.

La haine du roi contre M. Chauvelin, ci-devant garde des sceaux, s'est manifestée après son retour à Paris; les Pâris y allèrent beaucoup, se jetèrent beaucoup à sa tête, mais bientôt ils s'en sont retirés absolument, et l'on conjecture que Mme de Pompadour leur en intima l'ordre, sans doute de la part du maître.

14 *décembre.* — La marquise de Pompadour ayant été dimanche à l'Opéra, dès que la toile fut baissée, on lui battit des mains comme à une bonne actrice, et on ne cessa que quand elle fut retirée; applaudissement familier et méprisable qu'on ne ferait pas à une femme de qualité qui occuperait la même place qu'elle.

21 *décembre.* — On achète à la marquise de Pompadour une jolie guinguette entre Paris et Versailles : l'on dit que ce sera la maison du sieur Dupin à Montretout, près de Saint-Cloud, ce qui donnera lieu d'un côté à des allusions ridicules sur le nom, de l'autre à des clameurs publiques sur ces dépenses.

On joue la comédie dans les cabinets, et le roi se met de plus en plus dans l'habitude des spectacles, mais sans goût, car, de toutes les représentations, c'est aux Italiens où Sa Majesté assiste le plus régulièrement. On apprend les rôles de la comédie du *Méchant* par le sieur Gresset; plus je revois cette pièce à notre théâtre, plus j'y trouve des études faites d'après nature. *Cléon* ou le *méchant* est composé du caractère de trois personnages que j'y ai bien reconnus : M. de Maurepas pour les tirades et les jugements précipités tant des hommes que des ouvrages d'esprit, le duc d'Ayen pour la médisance et le dedans de tous, et mon frère pour le fond de l'âme, les plaisirs et les allures. Géronte et Valère couvrent des noms trop respectables pour les articuler ici ; ce sont des âmes bonnes et simples que séduit la méchante compagnie qui les entoure. Ariste est partout, ou doit être dans les honnêtes gens qui raisonnent bien, Florise dans quantité de femmes trompées. Pasquin est le président Hénault, bonne caillette, quoiqu'avec l'esprit des belles lettres, etc. Ainsi l'on doit dire : *Mutato nomine de te fabula narratur*.

Mme la marquise du Châtelet et Voltaire ont été chassés de la cour de Sceaux à cause des invitations qu'ils faisaient à leurs pièces; il y a cinq cents billets d'invitation où Voltaire offrait à ses amis, pour plus agréable engagement, qu'on ne verrait pas Mme la duchesse du Maine.

Le duc d'Ayen a 10 000 livres de pension sur les aumônes, sur les fonds des 100 000 livres dont dispose le grand aumônier de France, fonds destiné à quantité de veuves et d'orphelins; la princesse de Carignan avait déjà 20 000 livres sur le même fonds. C'est la famille du maréchal de Noailles qui lui a représenté qu'il se ruinait par sa mauvaise administration, sans cependant rien dépenser et vivant comme le plus grand vilain qu'il est. On l'a obligé à mettre ses biens en direction et on l'a réduit à la pension. Voilà quels sont les gens qui nous veulent gouverner et qui nous gouvernent.

27 *décembre*. — C'est avec grande douleur que je n'écris chaque jour que des vérités si tristes et des vues si noires, mais tout y porte, *consilium et effectus*. Dans quelles mains sommes-nous et que résulte-t-il de leur imprudence? Toutes leurs vues sont fausses et le manque d'accord est de toutes parts. Malheureusement c'est la besogne de maître, celle de roi par où manque l'action davantage; cependant ce roi bien aimé de ses sujets les forcera bientôt à la plainte. On l'endort dans sa cour aux plaisirs; il aime sa maîtresse de plus en plus, il en est plus affolé que jamais; elle l'amuse de tout et ne le laisse pas un moment sans occupation

délicieuse et agréable : on joue la comédie, des ballets, on fait des ragoûts, des déguisements; mais où on excelle le plus, c'est à le remplir d'espérance sur les affaires. Les ministres sont tous grands amis de la marquise, surtout le premier d'eux qui est M. de Puisieux. On endort ainsi qui devrait être en sollicitude continuelle.

Il y a de nouveaux édits bursaux portés au Parlement; j'en ignore le contenu. On parle de mettre les dix sols pour livre du dixième, au lieu des deux sols, et plusieurs autres choses encore. Cependant la loterie est remplie à un million près, et l'on prétend que les étrennes vont l'achever, attendu que quantité de personnes trouvent qu'il est plus galant de donner un billet de loterie (qui contient peut-être 100 000 livres) que de donner vingt louis.

30 *décembre*. — M. le prince de Conti a porté chez le roi un gros portefeuille et a fait un long travail avec Sa Majesté; voilà deux fois que cela lui arrive depuis le retour de Fontainebleau. On assure que ce sont diverses idées sur les affaires, sur la paix, que lui porte ce prince, et que toutes ces idées sont plus belles les unes que les autres. Le roi qui, dit-on, l'a formé, aime à voir les fruits de son éducation; mais que résulte-t-il de tout cela, et qu'en voyons-nous?

Mme la princesse de Conti, qui est en même temps la plus habile, la plus ambitieuse femme du monde, et celle qui va le plus à ses objets par quelque moyen que ce soit, appauvrit chaque jour la branche d'Orléans, l'anéantit et la rendra dépendante de celle de Conti. M. le duc de Chartres, honnête homme, mais doux et de peu d'esprit, se laisse aller à une ruine totale par des dépenses mal entendues et immenses qu'aucune considération ne ralentit.

On ne parle plus à Paris que de misère, tout y enchérit, et les revenus diminuent par la rareté d'argent, la fuite du commerce et les impôts qui surviennent à grande hâte. On donne cependant des bals, mais on en a retranché le souper. Les vivres sont doublés de prix, on ne sait plus comment l'on fera carême.

Le maréchal de Saxe va peu à la cour et vit délicieusement ou plutôt voluptueusement à Paris avec des courtisanes; il a bien mis dans leurs meubles les plus favorites. Il observe avec le ministre de la guerre une grande et honnête circonspection digne d'un homme sage, et l'on prétend qu'en cela il ne lui en est que plus dangereux par les coups qu'il peut lui porter à propos et qui ne paraîtront plus ouvrages de passion, mais dictés par la sagesse.

Le marquis de Puisieux, mon successeur en la charge de secrétaire d'État des affaires étrangères, est un homme aussi vain que borné : pour connaître sa présomption, il n'y a qu'à voir qu'il se croit un très honnête homme et d'une franchise de la vieille roche, sans être rien de tout cela; il est adorateur de ses pères qui ont commencé à paraître sous Henri IV et que les mémoires du temps disent avoir été de petits hommes comme lui et de grands fourbes, surtout le chancelier de Sillery. Il est d'ailleurs d'une ignorance singulière, n'ayant jamais rien lu : il a dit à *** qu'à trente-cinq ans, il ne savait pas si Henri IV était fils de Henri III. Mais il a un petit air de finesse qui est pire que la fourberie, il se ressent de l'éducation des Jésuites, et le vernis de valet que l'on prend à la cour sur cela a rendu son caractère propre à toute tromperie, en l'éloignant de toute franchise comme d'un vice intolérable.

1748

10 *janvier*. — La cour n'est occupée que de plaisirs : le retranchement des grands ballets-opéras n'est point un signe de deuil pour ce carnaval, le roi ne vaquant qu'à regret à tout ce qui est public, mais chérissant au contraire les plaisirs privés. On ne songe qu'aux comédies des cabinets où la marquise de Pompadour déploie ses talents et ses grâces pour le théâtre. On n'y voit chacun occupé que d'apprendre ses rôles ou de répéter des ballets avec les demoiselles Gaussin et Dumesnil et avec le sieur Deshayes, de la Comédie italienne. On prétend que Pétrone ne peignait pas autrement la cour où il vivait que l'on voit la nôtre, si occupée de ces délices, tandis que les affaires politiques demandent le plus grand sérieux et même des craintes qui paraissent sans doute plus fondées aux spectateurs qu'aux acteurs.

17 *janvier*. — Les édits bursaux qui sont actuellement au parlement pour être examinés contien-

nent quantité d'impôts sur les choses les plus d'usage, comme suif, cire, tabac, etc. Cela y souffre grandes difficultés; le Parlement est fort mal prévenu contre son chef le premier président Maupeou; on cherche à y secouer le joug de ce chef si plat, et, s'ils s'accoutument à aller sans lui, on prétend que les remontrances seront terribles et que le peuple pourrait prendre parti sur les misères auxquelles le royaume se trouve aujourd'hui exposé par un aussi mauvais gouvernement.

Cependant les impôts arrivent à grands pas, et la misère du dedans commence à effrayer : la famine s'accroît dans les provinces; dans celles par delà la Loire, communément le pain vaut trois sols; les milices qu'on lève excitent de grands murmures, et toutes les matières combustibles ne peuvent tenir qu'à une étincelle pour s'allumer; un ministre sournois, un roi prompt et absolu dans ce qu'il veut font toute la force de l'autorité.

30 *janvier*. — On a joué à Marly un jeu épouvantable; le roi a beaucoup perdu : son étoile au jeu diminue ses miracles; mais les princesses ont beaucoup gagné, Mme la Dauphine surtout. La marquise de Pompadour a gagné quelques mille louis. On ne voyait au salon que dorure, que guipure; tout reluisait comme au palais du soleil : le roi de

très bonne humeur, le ministre de la finance un peu changé ; il commence à être sensible aux maux que cause sa charge et aux embarras qui en dépendent.

5 *février*. — La politique du gouvernement est aussi douce aujourd'hui que méchante et frauduleuse ; plumer la poule, en prévenant même tous cris, est sa devise. Mon frère y influe beaucoup ; il n'y a jamais eu de fripon plus doux ; il pleure lui-même avec les malheureux qu'il proscrit. Le chancelier est fort doux et fort mal. Le grand Pâris-Duverney baisse à vue d'œil, de tête comme de corps ; il ne dit plus que des choses très communes avec emphase : c'est Gilles sur le trépied de la Pythie.

M. de Machault tombe dans une gourmandise affreuse et périra par le foie ; on lui compte un sérail de maîtresses : l'oisiveté est la mère des vices ; car l'indifférence pour les maux de l'État l'a constitué dans cet état d'oisiveté. Il y a brouillerie interne entre lui et mon frère ; il se sera sans doute plaint de l'excès des dépenses de la guerre ; il s'est appuyé des sieurs Pâris et de la marquise, et a discontinué l'appui de son premier créateur.

6 *février*. — Ce qui a le plus fait courir le bruit

à Paris que notre paix était signée et qu'il y avait un mariage qui en serait le nœud, est l'arrivée de Madame Victoire, troisième fille du roi, qu'on fait revenir de Fontevrault *in fiocchi*; on lui donne un cortège qui ne sent guère l'économie; le cortège est plus nombreux, plus somptueux que celui qui alla chercher Madame la Dauphine. Quelle dépense cela ne coûte-t-il pas! Et pourquoi? On fait raccommoder les chemins dans la province à grands frais et par de pauvres peuples déjà si fatigués.

On bâtit actuellement à la Muette, à Fontainebleau, à Choisy, à Versailles et à Crécy. L'aile neuve de Fontainebleau, construite il y a seulement quelques années, tombe de toutes parts et ne sera pas habitable l'année prochaine. L'appartement nouveau de M. le Dauphin coûte 1 800 000 livres; le prince était bien là où il logeait pendant son précédent mariage : qui l'obligeait d'en changer?

Le sieur Mesnard, premier commis de M. de Maurepas, dit qu'il ne peut suffire à expédier toutes les ordonnances extraordinaires qu'il faut pour la maison; ce qui coûtait sept millions du temps du feu roi en coûte dix-huit aujourd'hui. Délabrement partout, dépenses de toute part, l'illumination est augmentée chez la reine, tout va à enrichir le subalterne. Mme de Pompadour veut plaire dans la famille royale et est cause de cette dépense ridicule que l'on fait pour Mme Victoire.

Le roi va à Choisy et de là à la Muette, pendant le Carnaval, d'où Sa Majesté doit aller au bal de l'Opéra trois ou quatre fois pendant les jours gras. Le public apprendrait ces joies avec plus de plaisir si son sort était meilleur et plus heureux.

8 *février*. — Le roi est allé aujourd'hui faire un dîner-souper à la Muette avec la marquise de Pompadour et sa compagnie. C'est un nouvel établissement que la Muette, depuis qu'on y a travaillé, raccommodé, rétabli et fait beaucoup de dépenses pour peu de beautés. L'argent devient de plus en plus rare à Paris ; les notaires ne font rien, on s'arrange entre particuliers par quelques billets et contrats de crédit, mais l'argent physique et monnayé ne roule plus ; la loterie royale a absorbé le peu d'épargnes qui restaient dans les coffres de quelques garçons.

11 *février*. — La marquise de Pompadour a tenu ce discours imprudent qu'il fallait que la guerre durât pour sa propre conservation dans ce qu'elle appelle sa place ; que, si la paix se faisait, elle ne tiendrait pas un an en place, qu'il fallait ce temps de la campagne pour aiguillonner le goût du roi

pour elle ; que, pendant l'hiver, elle s'épuisait en amusements pour cette Majesté ennuyée (qu'elle aime si peu), que le roi bâillait à tout, concerts, soupers, comédies, ballets, etc., qu'elle ne savait bientôt plus qu'y faire, tant elle était ennuyée elle-même ; que, si le roi la quittait, une petite dévotion le saisirait et qu'il prendrait peut-être quelque autre maîtresse pour s'ennuyer encore davantage, mais qu'elle se vengerait, etc., car elle est méchante. Le changement qu'elle a fait dans les bâtiments du roi, en chassant de Cotte, a été pour mettre par cascade un autre homme au contrôle des dehors de Versailles, de sorte qu'elle dispose de toutes les entrées et issues des appartements.

12 *février*. — Mme Adélaïde a la petite vérole déclarée, tout est en remue-ménage à Versailles ; on dit que la reine s'enfermera avec elle ; le roi n'avait pas encore pris son parti d'aller ou bien de rester.

13 *février*. — Le roi, en bon père, comme la reine en bonne mère, reste à Versailles pour y savoir mieux des nouvelles de Mme Adélaïde ; on a mis de bonnes barrières entre son appartement et celui de M. et Mme la Dauphine ; voilà ce qui fait trembler, c'est le danger d'une tête aussi précieuse que M. le Dauphin ; mais enfin la Vierge protège la France.

14 *février*. — Le roi est entré chez Mme Adélaïde, depuis qu'elle a la petite vérole volante. On en rejette la cause sur le médecin Bouillac; Mme de Pompadour crie hautement contre ce petit médecin, disant qu'il a caché cette maladie, jouant à ce jeu de faire périr le roi, le Dauphin et toute la famille royale.

19 *février*. — Mme de Pompadour vient d'acheter au sieur Bachelier, valet de chambre, la maison de la Celle entre Saint-Cloud et Versailles. On compte que le roi s'y retirera souvent et y passera bien des journées absorbé dans les seuls favoris et la société de la marquise.

Cela fait grande peine et ombrage à nos ministres favoris, qui voient le triomphe d'une cour opposée à leur faveur et à leur prétendu travail. Dans quelle mollesse et dans quelle perte de réputation cela ne va-t-il pas jeter ce prince!

L'on voit dans les gazettes que toutes les nations stipendiaires de la France donnent des fêtes et des bals, tandis que le roi donne aujourd'hui à peine quelques comédies dans les entresols. Cela sent-il la paix?

25 *février*. — Je suis à la campagne avec quantité de Gascons qui déplorent l'état de leur pro-

vince de Guyenne ; voilà, depuis quinze jours, huit grosses banqueroutes à Bordeaux, dont la moindre est de 500 000 livres. Toute cette province est perdue, dit-on ; il n'y a bientôt plus ni argent, ni blé, ni hommes. Lyon va toujours, mais Marseille a cessé son commerce au Levant.

D'un autre côté il arrive que M. de Machault est détesté des gens d'affaires ; se piquant de les trop mépriser, il a perdu toute la confiance des gens à argent. Il y a encore, dit-on, quelque argent, mais il ne sortira plus ; aussi toutes les opérations de finance manquent absolument. Bientôt le trésor sera absolument à sec, et les armées ne pourront commencer la campagne.

1er *mars*. — La marquise de Pompadour vend tout et jusqu'à des régiments. Le maître tombe de plus en plus dans la facilité à se laisser gouverner par cette femme et par ceux dont les qualités flatteuses plutôt qu'estimables le séduisent, ce qui ne fait pas le compte de l'État.

On vient d'imprimer un recueil fort ridicule des divertissements du théâtre des cabinets ou petits appartements de Sa Majesté, ouvrages lyriques misérables et flatteurs ; on y lit les acteurs dansants et chantants, des officiers généraux et des baladins, de grandes dames de la cour et des filles de théâtre. En effet le roi passe ses journées aujourd'hui à voir exercer la marquise et les autres personnages par tous ces histrions de profession, qui se familiarisent avec le monarque d'une façon sacrilège et impie.

4 *mars*. — J'ai été hier à Versailles, où j'ai été très bien reçu du roi, qui m'a fait plusieurs questions à son lever, m'ayant appelé jusqu'à trois reprises, ce qui a été fort remarqué des courtisans attentifs. On l'est principalement à mon frère aujourd'hui, qui est de nouveau attaqué par les Pâris, le maréchal de Saxe et Mme de Pompadour, et on l'attaque toujours sur la dissipation des fonds et la dépense de la guerre qui est trop grande, il est vrai, ainsi que sur le peu que les Pays-Bas conquis rapportent au roi, quoique ces pays soient extrêmement pressurés et tyrannisés. On rejette avec raison les trois quarts de la faute sur les maréchaux de Saxe et Lowendal, qui sont grands pillards et qui recommandent des employés avec une autorité qui sent la tyrannie et l'exigence.

J'avoue avec peine qu'au milieu de tout cela l'on dit grand mal du roi, et que l'on dit : « Que peut-on faire sous un maître *qui ne pense ni ne sent*? »

J'ai trouvé la marquise de Pompadour extrêmement changée; elle était à la messe de la chapelle, coiffée de nuit, avec la mine du monde la plus défaite et la plus malsaine; elle ne peut résister à la vie qu'elle mène, de veilles, d'occupations, de spectacles, et de penser continuellement à amuser le roi, tandis qu'elle est encore occupée d'affaires et au milieu d'un tourbillon de monde continuel.

9 *juin.* — Il y a eu bouderie considérable entre le roi et sa maîtresse, on ne sait encore sur quoi; mais ces légèretés, ces caprices, ces fêtes mal fêtées annoncent souvent des ruptures, et en sont suivies de près. Le roi a déclaré qu'il n'irait plus à Crécy, que le pays lui déplaisait et que ces voyages coûtaient trop, ne disant pas si c'est à la marquise ou à lui que cela coûte; on entend bien qui en paye le supplément.

Voici le prince de Conti entièrement brouillé avec la dame Darty, qu'il avait depuis sa première jeunesse; ils se battirent il y a quelque temps à coups de poing; enfin la brouillerie est définitive; elle a quitté la maison de l'orangerie de l'Ile-Adam, et, sur-le-champ, toute la famille l'y est venue voir, comme madame sa mère, sa sœur, etc. On conjecture que Mme la princesse de Conti, par ses adresses infinies, va porter le roi à donner à ce prince une de Mesdames, après qu'on en a refusé une à M. le duc de Chartres. D'un autre côté elle a plongé celui-ci dans la ruine et dans l'horreur des dettes; ainsi, comme disait B...., elle n'a de dessein que de faire du duc de Chartres un chevalier de Conti et elle en vient à bout. M. le prince de Conti tire du roi de grands dons en domaines, il n'en paye pas pour un sol de dettes, mais il en fait des acquisitions pour arrondir ses terres, comme ferait un simple gentilhomme.

4 *juillet.* — M. le prince de Conti s'est raccommodé et brouillé, puis raccommodé avec sa maîtresse, la dame Darty. Ils se querellèrent à table, à l'Ile-Adam, devant bien du monde. Le prince donna un coup à la dame; elle le prit à la joue, il saigna; quand il vit son sang, il devint furieux comme le lion. Chacun se retira, il ne resta qu'un coureur à qui le prince ordonna de jeter la dame par les fenêtres; ce valet la traîna par les cheveux; on l'enferma dans sa chambre, on l'y a fait jeûner huit jours au pain et à l'eau, elle s'est sauvée par une fenêtre. Elle a confié tout son bien au prince son amant; il ne la paye pas; elle s'est brouillée avec son mari. Depuis cela elle s'est raccommodée avec le prince. Histoire ridicule.

On pense ici que le roi renvoie la marquise de Pompadour et qu'il prend la princesse de Robecq, de l'illustre maison de Montmorency. M. de

Luxembourg, son père, fait de son mieux pour la conclusion de cette affaire, qui doit être conduite avec bien plus de décence que les autres.

Il paraît un libelle courageux contre les préliminaires d'Aix-la-Chapelle; on y blâme nos négociateurs d'avoir si mal profité d'une si grande conjoncture que celle où nous étions.

L'abbé de Guébriant, envoyé de France à Bonn, a donné deux paires de soufflets, à la procession du saint sacrement, devant le saint des saints et devant l'électeur de Cologne, sur ce qu'on avait mal placé ses gens à cette auguste cérémonie. De là, étant allé au palais, il a pris à la gorge le maître des cérémonies. L'électeur a défendu qu'il le suivît à la campagne, et lui a permis, par grâce, de rester à Bonn, jusqu'à ce qu'il eût réponse à la lettre et au courrier qu'il envoyait au roi pour demander un autre ministre.

19 *août*. — [Nos provinces de l'intérieur du royaume au midi de la Loire sont plongées dans une profonde misère. Les récoltes y sont de moitié moindres que celles de l'année dernière, qui étaient fort mauvaises. Le prix du blé augmente et les mendiants nous assiègent de toutes parts.]

Je connais des diocèses où l'on est tout à fait et plus presbytérien qu'en Écosse, sans aller plus loin que celui où mes terres sont situées. L'archevêque de Tours (Rastignac) a fait son chemin par la cour, il a éteint à Tours le jansénisme par des moyens fort adroits, et, après y avoir été haï de tous, il s'est fait aimer de présent, par des grâces qu'il tirait de la cour par sa douceur, sa bonne table; homme du monde, prévenant, accommodant les procès, faisant des mariages et grand ami de la noblesse. Alors il faisait des visites, puis ses grands vicaires en faisaient pour lui. Mais venu à son but, ayant de bonnes abbayes, ayant fait doter le siège de Tours par la réunion de l'abbaye de Marmoutiers, obtenu l'ordre du Saint-Esprit, ayant manqué l'archevêché de Paris, loué un hôtel à Paris, se trouvant endetté par sa représentation à Tours, il est tombé dans un abandon total des soins de son troupeau, et, lors de mon dernier voyage dans mes terres, j'ai appris que, depuis sept ans, les curés y vivent à leur fantaisie; ils ne voient plus ni grands vicaires, ni archidiacres; on envoie à ceux-ci la rétribution qu'ils recevraient à leurs visites; il n'y a plus d'assemblée synodale, ni conférence; on n'y entend parler de hiérarchie que pour quelques mandements de *Te Deum* et pour la chambre syndicale qui demande les décimes. Ils boivent comme ils veulent, ils s'absentent, et de ce qu'on appelle désordre en ceci, ils ne s'en préservent que des plus grands, et qui les feraient reprendre par le promoteur. Par où ils sont mieux retenus, c'est par la misère; les gens étant fort pauvres, et les uns tenant les autres en respect, cela va tout seul, pas trop mal, mais non bien, et cela pourra avoir d'autres suites si cela continue. C'est donc un gouvernement fort doux et apathique, non monarchique de droit, mais de fait, par cet abandon absolu. Encore les presbytériens formels ont-ils des synodes réguliers, c'est une république; chez nous, ce n'est rien, on y répute un monarque absent, mais qui peut s'élever, voilà tout.

30 *septembre*. — Voilà le déplacement de la marquise de Pompadour qui s'assure et s'avance; cela prend toute la tournure de la quitterie de Mme de Mailly, des bouderies marquées, des duretés tempérées par des douceurs affectées. Au dernier Choisy, la marquise fit la malade, et se mit au lit, au lieu de descendre dans la salle d'assemblée. Le roi ordonna à son chirurgien La Martinière d'aller voir ce que c'était « et de ne point mentir ». Le chirurgien dit qu'elle était véritablement indisposée; le monarque reprit : « Mais a-t-elle de la fièvre? — Non, Sire. — Eh bien, qu'elle descende. » Et elle descendit.

8 *octobre.* — On mande de Lunéville que le roi de Pologne, duc de Lorraine, a engagé Mme la marquise du Châtelet et son M. de Voltaire à faire leurs Pâques; voilà, dit-on, de la besogne bien faite.

Les gazettes annoncent la paix formelle prête à être signée par les trois parties intégrantes, qui, les premières, ont signé les préliminaires, de sorte que les autres puissances ne seront que parties accédantes, telles que les cours de Vienne et de Madrid.

14 *octobre.* — On me mande de Fontainebleau qu'on y attend à tous moments le courrier de la signature de la paix, mais que cependant les affaires de finance n'en vont pas mieux.

15 *novembre.* — Il y a eu quatre ou cinq jours de grand froid entre le roi et la marquise de Pompadour. Elle est certainement ambitieuse; elle voudrait gouverner et est poussée par des gens qui voudraient gouverner par elle. Les Pâris et le Puisieux l'ont poussée à demander le gouvernement des Postes pour ses créatures; depuis que mon frère l'a emporté pour Du Parc on a boudé, et, de là, grand refroidissement. Le roi veut garder pour lui seul son petit secret des Postes, il fait

grand cas du mystère; or, il regarde mon frère comme un oracle dans ces matières de discrétion et de circonspection.

29 *novembre.* — On a fait hier une grande revue des houlans dans la plaine des Sablons ; tout Paris l'a voulu voir, malgré un grand brouillard qui enrhumera bien des bourgeois. Le roi y était à deux heures, on y avait fait venir des gardes françaises et suisses pour empêcher les badauds d'approcher et de gêner les évolutions de ces prétendues troupes étrangères, car le maréchal de Saxe, qui en est pour ainsi dire l'entrepreneur, y a fourré plus de Flamands que de houlans ; on lui donne six cent mille livres pour cela par an. On prétend qu'on va en réformer la moitié, mais son crédit s'y oppose.

La marquise de Pompadour devait y paraître dans une calèche distinguée. La toilette de cette dame est une espèce de grande cérémonie. Aujourd'hui à la cour, on la compare au fameux déculotté du cardinal de Fleury ; les soirs, tous les grands y accourent pour se montrer. On a donc cru qu'elle devait y faire cette déclaration publique qu'elle prononça à haute et intelligible voix : « Qu'est-ce que c'est que l'on dit, que le nouveau théâtre que le roi vient de faire construire sur le grand escalier lui coûte deux millions? Je veux bien que l'on sache qu'il ne coûte que vingt mille écus. Je voudrais bien savoir si le roi ne peut pas mettre cette somme à son plaisir, et il en est ainsi des maisons qu'il bâtit pour moi. » Le bruit est que cette dame vient d'acheter du duc de la Vallière son duché de Vaujour en Anjou, et qu'elle va être duchesse, pour faire cesser tous les bruits qui courent sur son prochain renvoi. En voilà trop, cela versera.

Le duc de la Vallière gouverne cette dame; ce duc est un fou, il a quitté le service indécemment. Le roi assistant avant-hier à la première représentation d'un ballet composé exprès et où la marquise de Pompadour déploie ses talents, Sa Majesté se mit à faire un bâillement épouvantable, et à dire « J'aimerais mieux la comédie ».

6 *décembre*. — Il y a grand bruit à la cour contre le duc de la Vallière; on attend le duc de Richelieu pour l'attaquer; les gentilshommes de la chambre et les intendants des menus plaisirs se plaignent avec raison qu'il fait leur charge par les deux théâtres qu'il a élevés, l'année passée, dans la petite galerie et sur le grand escalier. Véritablement, il se fait par là une charge indépendante des premiers gentilshommes; on attend, dis-je, le maréchal duc de Richelieu comme le

bretteur de la troupe; et l'on prétend d'ailleurs que, de toutes façons, il jouera un grand rôle; il va être d'année d'exercice en 1749.

Le maréchal de Noailles est à la cour sans considération, sans crédit; personne ne lui parle; tout le monde le méprise; son notaire vient de faire banqueroute pour les escroqueries qu'il lui a faites.

9 *décembre*. — Madame Infante est partie de Madrid le 26 novembre, elle doit arriver à Bayonne le 13 de ce mois, et de là à Versailles, je ne sais quel jour. Ce voyage coûtera au roi 1 200 000 livres de plus que si elle n'avait fait que traverser le Languedoc et la Provence, ou si elle avait été de Barcelone à Gênes, comme elle devait naturellement. Ces petits radoucissements et effusions de cœur ruinent l'État avec indiscrétion dans un temps où l'État est déjà bien pauvre.

On ne parle que de divorces dans les ménages de Paris les plus qualifiés, et les dévots disent que le premier des exemples, en entretenant la femme de son prochain, autorise tous ces malheurs si rares autrefois.

11 *décembre*. — Un courtisan m'a dit que le roi n'était, en effet, plus amoureux de Mme de

Pompadour, mais que le train de ses occupations le constituait encore son esclave par habitude; qu'il la reverrait, mais qu'il déplaisait au roi de trouver ses cabinets vides de la compagnie avec laquelle il était habitué d'y vivre, de sorte qu'il n'y avait qu'une nouvelle maîtresse qui pût faire chasser celle d'aujourd'hui, quoiqu'il sentît bien toute la honte de ses fers ; qu'il fallait absolument l'amuser par des bâtiments et remplir le vide d'un esprit qui s'occupait peu du grand et à qui il fallait du petit et du mouvement.

Le courtisan, qui est un homme vertueux, m'a ajouté qu'on n'avait jamais mieux senti qu'aujourd'hui le vice et les fripons, mais qu'en même temps on n'avait jamais su si bien s'y soumettre, le peuple français sachant parfaitement le commerce de l'intrigue et combien la vertu profite peu, combien nous sommes destinés à ne voir de crédit qu'entre les mains des vicieux, des fripons et des intrigants.

19 *décembre*. — Le bruit est grand que mon frère va être fait duc pour le chasser du ministère, et cela à la prière de la marquise et des Pâris.

Les Pâris visent à gouverner tout l'État par la finance, et la finance par le crédit, c'est-à-dire par la ruine de l'État, bannissant l'économie et conseillant la dépense. Je l'ai éprouvé moi-même pendant les deux années de mon ministère : ils me blâmaient perpétuellement de trop ménager l'argent du roi dans ses négociations, et m'y conseillaient la plus grande dépense, toujours prêts à remettre de gros fonds en pays étrangers, parce qu'ils y gagnent, ainsi conduisent-ils le reste, où on leur cède volontiers.

Ils se comportent comme l'intendant d'un seigneur ruiné, qui avance toujours, dit-il, jusqu'à ce que les terres du grand seigneur soient à lui. Ainsi gouvernait à peu près M. Fouquet, quand il fut emprisonné et lorsqu'on lui fit son procès; il répandait quatre à cinq millions dans la cour pour y soutenir le luxe et son crédit.

Il est singulier que la seule ressource de l'État soit aujourd'hui dans le retour du maréchal duc de Richelieu, dans sa prud'homie et son amour de l'État, comme bon citoyen. Qui l'eût dit à ce qu'on a vu de lui dans sa jeunesse et jusqu'à ce qu'il ait commandé à Gènes?

20 *décembre.* — Un personnage qui arrive de Versailles m'a dit que mon frère ne se cachait pas d'improuver hautement l'élévation de M. de Saint-Séverin au ministère, et que c'était peut-être lui qui en était la cause, parce qu'il désapprouvait de plus

en plus la paix faite par lui et M. de Puisieux. Or, mon frère, homme de cour comme il est, n'oserait arborer ce parti, s'il croyait déplaire au roi. Aussi il joue un double rôle. Par ce moyen, il se fait grand honneur dans le public, il s'y montre citoyen, homme d'État, et se joint aux frondeurs. D'un autre côté il dispose l'esprit du roi à la future guerre : il tenait l'autre jour ce discours à table où j'étais : *c'est pendant la paix qu'il faut le plus se disposer à la guerre.* Ainsi il attirera à lui quelques millions de plus ; déjà il a fait consentir à une réforme qui, renvoyant beaucoup de soldats aux campagnes, conserve plus d'officiers qu'aux autres réformes, et il m'a dit que cela n'allait qu'à quatre millions de plus qu'à la somme où montait l'extraordinaire des guerres sous le cardinal de Fleury, avant la présente, et qui allait à 42 millions; ainsi cela ira aujourd'hui à 46 millions. Par là il se concilie encore M. de Maurepas, qui est dans les mêmes principes de se préparer à la future guerre pendant la paix pour attirer plus de fonds à son département.

Ainsi donc s'élève-t-il contre tout le parti Pompadour; ce parti augmente chaque jour; en voici les principaux membres : la maîtresse, les deux Pâris, Boullogne, M. de Puisieux, M. de Saint-Séverin, tous bons valets de faveur, le cardinal de

Tencin, le maréchal de Noailles. Pour MM. de Machault et Maurepas, ils sont craintifs, comme l'escadron volant des conclaves, et se réunissent au plus avantageux pour eux, n'ayant pas de force par eux-mêmes. Ainsi mon frère doit être regardé comme le seul qui résiste aujourd'hui à ce parti de la maîtresse et des Pâris, qui, sans lui, englo-berait tout, après avoir tout terrassé.

23 *décembre.* — Il court de très bons bruits que Madame la Dauphine serait grosse. Cela est fort à souhaiter pour la tranquillité du royaume, pour écarter les guerres, tant du dedans que du dehors.

Le roi va au-devant de sa chère fille Madame Infante; elle sera quelques semaines à la cour de France, et de là retourne à ses petits États.

25 *décembre.* — Hélas! la grossesse de Madame la Dauphine est évanouie. M. le Dauphin est fort changé, on ne sait si c'est de chagrin ou d'indigestion; il est fort triste; l'on craint aussi la dévotion. Le duc de Richelieu est arrivé hier matin à Versailles; cela fait, dit-on, un ébranlement à la cour, et l'on s'attend à des événements.

28 *décembre.* — Le duc de Richelieu est d'une parfaite intelligence avec mon frère, et, comme

les intérêts réunissent, il pourra se réunir avec les autres ministres à département, comme MM. de Maurepas et Machault : il est vrai que je n'ai vu guère de plus belle haine à surmonter que celle qui subsistait depuis longtemps entre lui et mon frère.

Nos factieux de cour voudraient détruire la tyrannie de la favorite, pour y substituer la leur, encore plus grande.

Le maréchal de Richelieu crie pour être premier ministre, comme est M. de Saint-Séverin; il a quantité de bonnes raisons à dire, puisqu'il sait des choses sur les suites de la paix en Italie, comme Saint-Séverin en sait sur celle des Pays-Bas; mais bientôt M. le maréchal de Bellisle aura les mêmes moyens à alléguer. Et le maréchal de Saxe, pourquoi n'y riposterait-il pas, en ayant autant à dire sur les Pays-Bas et ayant pour lui la maîtresse et les Pâris?

Voilà ce qu'on n'avait que trop prévu, que les cabinets de plaisirs deviendraient le sénat de la nation; les ruelles faisant des ministres d'État, on les multipliera à l'infini.

Toute carrière est ouverte à cette recommandation de la maîtresse. Il vient de paraître une grande promotion de 311 officiers généraux, qui sont presque tous de l'ouvrage de cette belle dame.

Il est question de renouveler bientôt les fermes et les sous-fermes. La maîtresse a déclaré qu'elle voulait douze fermiers généraux de sa faciende et deux cents nouveaux sous-fermiers ; elle a un cabinet tout rempli de placets des demandants, tout le monde s'adresse à elle ouvertement. L'autre jour, il y avait du monde jusqu'au bas de son petit escalier, qui attendait l'heure de sa toilette, pendant que les deux frères Pâris traitaient avec elle des affaires de l'État.

L'Infante va arriver à Choisy les derniers jours de cette année, pour se trouver presque seule avec cette maîtresse du roi et du royaume. On prétend que l'Infant arrivera aussi incognito.

29 *décembre*. — J'ai trouvé hier mon frère si triste, et toute sa maisonnée ! il ne peut pas mettre un pied devant l'autre, il maigrit, il a de l'humeur ; sa femme est enrhumée et jaune avec envie ; sa belle-fille a toujours la fièvre ; pour son fils, il se moque de son père ainsi que de son peu de candeur. Il pousse jusqu'à l'affectation, présentement, de mépriser la marquise de Pompadour ; d'où nous autres, spectateurs ignorants, concluons que ladite dame est ébranlée dans sa place, puisque des courtisans si avisés ne seraient pas si téméraires sans cela.

On vient d'arrêter à Pétersbourg le sieur Lestocq, célèbre chirurgien français, qui avait eu l'honneur de guérir l'impératrice. Cet artiste a contribué à la révolution qui l'a mise sur le trône; il était parvenu aux richesses et même à un titre de conseil privé; mais il a passé pour être dévoué à la France, son ancienne patrie, et pour en recevoir de gros présents. Aujourd'hui que nous n'avons plus à Pétersbourg ni ambassadeur, ni ministre, ni même de conseil, l'on présuppose que nous avions toute notre confiance unique dans ledit sieur Lestocq. Quoi qu'il en soit de ce que j'ignore, on vient donc de l'arrêter, lui et sa femme, comme accusé *d'avoir tramé des choses contraires à l'alliance de la Russie et de Vienne.*

On a saisi tous ses papiers où l'on trouvera sans doute nos secrets. Tout se tourne aujourd'hui à mal dans les entreprises secrètes de notre petit ministère.

1749

3 *janvier*. — Le maréchal duc de Richelieu a été très bien reçu du roi, le soir de son arrivée. Sa Majesté s'enferma avec lui pendant deux heures après minuit. Il a un grand cortège à Versailles quand il passe, une grosse audience le matin quand il se lève. Le roi prend beaucoup de ses conseils; Dieu veuille qu'il reçoive de lui ou d'autres les moyens pour sortir de tant d'embarras, qui jettent le royaume dans le dépérissement! car il n'y a plus aujourd'hui autour de Sa Majesté que des jongleurs, des farceurs, des Fagotins; c'est bien pire que sous Henri III.

Je viens d'être nommé par le roi président de l'Académie des belles-lettres.

7 *janvier*. — Il est grand bruit d'une brochure qui paraît, et qui a pour titre *Les cinq plaies de la France*, savoir la constitution, les convulsions, le système de Law, le ministère du cardinal de Fleury et la paix d'Aix-la-Chapelle.

M. de Richelieu a commencé par s'attacher tous les ministres à départements, qui sont ceux de la guerre, de la marine et des finances, même M. le Chancelier; ils le regardent tous comme leur vengeur, de même que les quatre premiers gentilshommes de la chambre l'ont regardé comme leur bretteur, pour chasser M. de la Vallière de leurs fonctions où il s'était immiscé. On espère donc qu'il délivrera les ministres du joug de MM. Pâris, de la favorite et de MM. de Puisieux et de Saint-Séverin ; chacun s'accole à lui.

M. de Maurepas lui procure le suffrage de toute la famille royale dont il dispose, femmes et enfants. Ceux-ci ne songent qu'à l'expulsion de la présente favorite et ne considèrent pas qui doit lui succéder, et par qui arriverait leur satisfaction en ce point-là.

Le roi lui dit les choses du monde les plus gracieuses ; il disait l'autre jour : « Madame la Dauphine accouchera d'un garçon, car c'est pendant l'année de M. de Richelieu *qui est heureux* ».

Madame Infante était fort mal en habits et même en linge revenant d'Espagne; on prétend que sa garde-robe n'a pas été renouvelée depuis son départ de France. Son chevalier d'honneur est un vilain crapaud fort malpropre.

10 *janvier*. — Le roi étant allé passer deux

jours à la Celle, qu'on appelle le Petit Château, Mme de Pompadour a demandé en grâce que le maréchal duc de Richelieu ne fût pas de la partie, quoiqu'il soit gentilhomme d'année. Le roi lui a répondu : « Vous ne connaissez pas M. de Richelieu ; si vous le chassez par la porte il rentrera par la cheminée. » Le roi a dîné dans ses cabinets, tête à tête avec ses quatre filles.

14 *janvier*. — On travaille à former la maison de Madame Henriette, qui sera sur un grand pied, avec bouche, écurie, gardes, etc. ; cela coûtera 800 000 livres à l'État. La comtesse d'Estrades y est déjà sur le pied de dame d'atours, et y sert. On va nommer les dames de compagnie, ce qui fait des mariages, et autres grands officiers.

19 *janvier*. — M. de Richelieu est trop attaché à la bagatelle du théâtre, des ballets ; ses affaires commencent à mal aller. On dit qu'il s'est conduit comme un fol ; il est trop déclaré contre la maîtresse, et celle-ci reprend le dessus.

Le roi demanda l'autre jour à M. de Richelieu, à son débotté, combien il avait été de fois à la Bastille. « Trois fois », dit le maréchal. Sur cela Sa Majesté en discuta les trois causes. On dit que cette question est de très mauvais augure.

M. de Stainville a dit que la convention était signée pour l'évacuation des places de Flandre, et que tout cela serait fini le 5 février. L'on travaille à force à Paris aux préparatifs des feux de joie pour la paix. Une femme des halles, se querellant l'autre jour avec une autre harengère, après bien des injures, lui dit : « *Tu es bête comme la paix* ».

20 *janvier*. — J'ai vu hier M. Chauvelin, ci-devant garde des sceaux de France ; c'est un homme qui a été chassé du ministère par feu M. le cardinal pour avoir déplu à la maison d'Autriche pendant la guerre de 1734.

25 *janvier*. — Un financier, homme de bon sens, m'a annoncé encore une plus grande disette d'argent dans quelque temps. On en attribue la meilleure partie à l'impôt du centième denier qui arrête toute circulation d'effets. Quand quelqu'un voulait de l'argent ci-devant, il fondait quelque contrat sur les fonds publics, il reconstituait son prêteur en partie sur cet effet ; auparavant cela ne coûtait que six livres ; aujourd'hui ce sera douze et quinze cents livres de faux frais pour le centième denier. Cet impôt coûte quatre millions au peuple et ne vaut pas un million au roi ; avec cela personne n'est sûr que les financiers en place y restent dans dix-huit

mois, au renouvellement des fermes; comment leur peut-on fier son argent?

28 *janvier*. — Le roi a de grands projets de beaucoup de petits voyages : Sa Majesté couche souvent au Petit Château ou la Celle, va de là à la chasse, et revient tenir son conseil à Versailles, pour retourner encore au Petit Château. Il y aura au carême un voyage de Choisy de huit jours, ce carnaval encore un voyage de la Muette; en juin le voyage de Compiègne de six semaines, sauf les couches de Mme la Dauphine; au 1er octobre, celui de Fontainebleau. Quel malheur que cette inquiétude pour changer si souvent sa localité, et pour n'être pas mieux logé dans un endroit que dans un autre!

M. le Dauphin sera d'inclination bien différente, car il aime à ne pas changer de place, et même à ne sortir de son lit que pour aller à son fauteuil. Cette humeur fait trembler, par l'habitude de grosseur qu'il prend.

12 *février*. — On a voulu préparer le peuple à se réjouir un peu davantage à la publication de la paix générale; pour cela l'on vient de crier dans les rues des édits pour la suppression de plusieurs petits droits, comme ceux sur la cire, chandelle,

cuivre, papier, carton, etc. Cela allait à quelques millions en régie. Cela marque qu'on écoute le peuple, qu'on le craint, qu'on veut le gagner; mais le roi est si mal conseillé qu'on ne gouvernera pas mieux pour cela.

On publie aujourd'hui la paix par un temps abominable, neige, brouillards, frimas. Le peuple n'a marqué que de la consternation à cette cérémonie. Le feu de roi est remis on ne sait plus à quel jour, encore que le *Te Deum* se chante demain. La réduction de quelques impôts ne fait pas grand effet; les principaux à réduire auraient été ceux sur le beurre et les œufs. On dit que, ces impôts ayant été en régie, depuis deux ans qu'on les a établis, ils ont rapporté quatre millions, mais coûté cinq millions de régie, ce qui est un million de perte.

13 *février*. — Un homme de la cour m'a dit que le pouvoir ministériel, les deux partis qui se disputent la volonté royale, sont, d'un côté : la marquise, les Pâris, M. de Puisieux; de l'autre, triumvirat de mon frère, M. de Maurepas, M. de Machault. Ces trois derniers ministres, s'entendant ensemble comme larrons en foire, ont grand pouvoir, ils jouent continuellement les brouillés devant le roi, et se soufflent tous leurs discours, toutes leurs démarches; ils jouent l'opposition et même la des-

truction entre eux. Voilà comme on attrape ces pauvres princes qui ne se défient de rien à propos.

Les sieurs Pâris ne se cachent pas de vouloir changer le contrôleur général Machault, pour y placer quelqu'un de leur maison; ils décrient de plus en plus son ministère chaque jour, ils le poussent près du roi; mais qui ont-ils à lui proposer? le sieur Boullogne ou Megret de Serilly dont ils sont sûrs, mais que le triumvirat a décriés près du roi, de sorte qu'il n'y a plus à s'en flatter.

M. de Richelieu, dans tout ceci, n'avance de rien; il hait la marquise, il lui fait la guerre, mais il hait encore davantage les deux ministres de la marine et de la guerre. Il a un fond d'amour pour l'État : je juge qu'il se raccommodera avec la marquise, et qu'il fera la guerre au triumvirat.

16 *février*. — Il y a eu grande tuerie sur le quai Pelletier pour assister au feu d'artifice de la paix; deux cents personnes tuées ou blessées; il y en avait quatorze à la Morgue. Nulle joie d'ailleurs dans le peuple, nuls cris de *Vive le roi!*

17 *février*. — On attribue tout mal, toute fatalité aux fautes du gouvernement : cette tuerie de la grève, le jour des réjouissances pour la paix, est attribuée à la faute des magistrats, au manque

d'ordre et de prévoyance; en effet, pourquoi est-il arrivé cette fois-ci ce qui n'arrive pas aux autres? Le mal a été plus grand qu'on n'a dit d'abord, il y a quantité de gens noyés, lesquels ont été précipités par la presse par-dessus le parapet du quai Pelletier; on cache le nombre; chaque famille bourgeoise, ayant à regretter, à chercher ce qu'elle a de plus cher, le retrouve aux filets de Saint-Cloud ou à la Morgue. Il y a eu aussi rapts et violences déplorables faites à de jeunes filles de la bourgeoisie; des soldats aux gardes ont enlevé ces jeunes filles pendant le tumulte où chacun s'échappait, et, quand elles voulaient crier, et dire que c'était malgré elles, ces soldats montraient les dents, et disaient que c'était leur gueuse.

Tous ces désordres s'attribuent à la malice de ceux qui nous gouvernent, on n'y croit plus rien de louable. Le peuple n'a pas voulu danser dans les places qu'on lui avait préparées, il a chassé les violons et tous musiciens. Il semble que tout ceci soit soufflé par quelques hauts mécontents.

19 *février*. — On ne dit que trop, dans la bonne compagnie, que tout est en grande fermentation dans le peuple, que le mécontentement monte à un trop haut degré, et qu'il s'y joint un grand mépris pour le gouvernement. La personne du roi est tou-

jours aimée, mais tout ce qui l'entoure, sans exception, l'enveloppe et le confond dans cet obscur nuage. Les impôts excèdent le peuple, la vie est chère, la recette ne vient point, on dépense sans recevoir; l'odieux règne des financiers désole le public, et avilit le gouvernement; il n'y a bourgeois ici qui ne crie après la paix, qui nous a fait tout restituer aux ennemis, et dont on ne voit qu'une issue de maux, sans aucun bien. Tout est pris en mal; même la dernière diminution d'impôts a paru si chétive qu'elle a plus choqué que plu. On ne parle que de la maîtresse pour qui l'on fait tant de bâtiments, de voyages, de dépenses, de dons. On lit les gazettes, on trouve que notre politique est mal arrangée au dehors, et que nous aurons bientôt ou honte, ou guerre; on ne veut pas plus l'un que l'autre.

26 *février*. — On remarque que le roi tombe dans une entière mélancolie; on l'amuse de ce que l'on peut, puis il retombe et l'on voit le ver rongeur. Il voit, il sent la misère de son peuple, et comment de mauvais choix de tous côtés l'ont conduit à de très mauvais ministres, à de mauvais intendants, à de mauvais généraux; le compérage, parenté, alliance, recommandation ont fait tout, ont déformé tout.

L'évêque de Mirepoix a eu des faiblesses, et approche de sa fin; gare encore au mauvais choix, pour mal gouverner les affaires de l'église!

27 *février*. — M. Berryer, lieutenant de police, passant, il y a quelques jours, dans la galerie de Versailles, plusieurs de nos petits-maîtres des cabinets l'assaillirent, et lui demandèrent quand donc il voulait faire cesser toutes les chansons horribles et vers qui couraient contre le roi, disant que feu M. d'Argenson connaissait si bien Paris, étant lieutenant de police, qu'il aurait d'abord déterré dans un puits chaque fabricateur de pareilles pièces. M. Berryer leur répondit : « Je connais Paris autant qu'on le puisse connaître, mais *je ne connais point Versailles*. » Ils s'éclipsèrent tous.

1er *mars*. — Les chansons, les vers, les estampes satiriques pleuvent contre la personne du roi. Il y a une prophétie en vers qui est affreuse : on lui prédit qu'il n'aura point de postérité, que ses sujets se révolteront; que quand le peuple lui avait accordé son amour il ne connaissait pas ses vices, etc. L'estampe représente le roi lié, garrotté, déculotté, la reine de Hongrie le fouettant, l'Angleterre disant : *Frappez fort!* la Hollande disant avec un rouleau : *Il rendra tout!* cela s'appelle l'estampe des quatre nations. Autre chanson disant que les cabinets sont dans la bassesse, parce que *les poissons viennent de la halle*, allusion à Mme de Pompadour qui est Poisson.

Enfin, cela ressemble aux Mazarinades, le recueil en grossit, et contre qui? contre un roi, le meilleur des hommes, mais entouré des ministres les plus pervers qui ordonnent toutes ces horreurs, et toutes parviennent au roi. Qu'on les chasse, qu'on y substitue des gens vertueux et vous ne verrez plus tout cela.

5 *mars*. — Le maréchal de ***, connaisseur en infanterie, approuve le système qui vient d'être adopté pour cette arme, réduisant les bataillons français à cent soixante-huit, voulant que tous les régiments ne soient qu'à quatre ou deux bataillons. Il dit que c'est le moyen pour augmenter promptement les troupes en cas de guerre, et les avoir bonnes.

Mais on ne saurait s'empêcher de blâmer la cruauté et l'injustice avec laquelle quantité de braves gens sont traités et ruinés, après avoir bien servi pendant cette guerre : colonels, lieutenants-colonels et tous autres officiers réformés, et qui ne seront plus rien désormais. Les colonels perdent des fonds qu'ils avaient empruntés pour acheter leur régiment. Mon frère reçoit bien les plaignants, il les console comme un ami, il promet de leur servir de père ; les pauvres gens s'en vont contents, ils croient leur fortune faite ; ils ne savent pas ce que c'est qu'un courtisan, et la courtisanerie d'un goût nouveau, jésuitique, caressante sans affectation et qui joue la franchise avec un faux air niais et de bon enfant.

12 *mars*. — M. le duc de Chartres est tout à fait brouillé avec sa femme et ne la ménage plus que comme honnête homme et homme doux. Ce serait le cas où le duc de Chartres, qui est faible, aurait besoin d'un bon conseil ; mais il l'a mélangé d'honnêtes gens (comme le chevalier de Pons, le comte de Balleroy, Montaney son domestique) et de gens qui lui fournissent des soupers de débauche, ce qui gâte toute la suite de sa conduite.

Or M. le duc de Chartres est en train de se raccommoder avec M. le duc d'Orléans son père ; mais je sais d'un homme digne de foi, de façon à n'en pouvoir plus douter, qu'il exige que M. le duc de Chartres lui avoue qu'il avait supposé sa fille qui est morte. Il est vrai qu'une femme du peuple vint un jour se jeter aux pieds de M. le duc d'Orléans pour lui découvrir ce prétendu grand mystère, déclarant que c'était sa fille qu'elle avait ainsi prêtée pour la supposer ; elle lui montra sur cela de faux écrits : la tête du prince étant faible, vive et portée par la grande retraite à la crédulité des choses bizarres, il l'a crue et ne veut pas en démordre. Voilà le vrai.

17 *mars*. — Le roi vient de donner 150 000 livres de pension à M. le duc de Chartres et 50 000 livres à M. le duc de Montpensier pour subsister, outre le brevet de retenue de 900 000 livres sur le gouvernement de Dauphiné. Pour dédommager M. de Clermont de Tonnerre de n'avoir pas été fait brigadier, on lui a donné 3 000 livres de pension qu'il ne demandait pas. Quantité d'autres pensions viennent d'être données : l'État est, dit-on, au pillage. Un financier a vu les nouveaux états du roi, où le revenu du dixième est employé, pour longues années, à raison de 40 millions par an.

22 *mars*. — On assure que Mme de Pompadour va être renvoyée, et que le roi veut faire ses pâques à ces fêtes-ci, voulant recourir à Dieu dans la détresse où est son royaume. Le ministère en a grande joie, et croit qu'il va dominer et rapiner plus que jamais. Il est vrai que les opéras et amusements de Mme de Pompadour vont toujours leur train, et que le roi y fait des bâillements affreux. Au dernier opéra, c'était une confusion et une foule

de monde à tout rompre. On a raison de dire, comme la chanson, que la marquise a fait de la cour un taudis.

30 *mars*. — L'on dit aujourd'hui que Madame Infante va rester longtemps ici et peut-être des années : la raison est que le palais de Parme manque de tout, qu'il n'y a ni meubles, ni même d'escaliers, qu'il y a pour longtemps à travailler : heureux prétexte à l'amour paternel pour garder ici cette infante, qui est fort chérie, et pour la séparer d'avec son mari qu'elle n'aime pas. Le roi n'aime guère non plus son gendre D. Philippe, à cause qu'il ne s'est pas montré valeureux à la guerre d'Italie.

18 *avril*. — Je suis à la campagne. Une compagnie de la ville arrive qui assure que les édits bursaux passent aujourd'hui à un conseil extraordinaire qu'on a convoqué à Choisy, à l'imitation de celui du cinquantième, que M. Dodun, sous M. le Duc, désira en 1725 et qui réussit si mal. On a déjà porté au parlement ce projet de finance et ensuite on fera assembler les chambres ou peut-être lit de justice. On assure donc qu'il s'agit de réduire le dixième au vingtième pour vingt ans, ce qui veut dire pour toujours. Dans ce vingtième ne sera plus

compris le dixième du dixième ou les deux sous par livres, espèce :

Sur 100 livres de revenu, je payais 10 livres; puis 11 livres; je payerai pendant vingt ans 6 livres.

26 *avril*. — On m'écrit de Paris que M. de Maurepas vient d'être exilé à Bourges. Voilà cette ville de Bourges le lieu ordinaire d'exil pour les ministres qui ont déplu. Quelqu'un disait hier plaisamment que le roi devait acheter la maison où a logé le garde des sceaux Chauvelin, pour en faire un palais de France, un hôtel des exilés.

29 *avril*. — J'arrive à Paris. J'apprends des particularités du renvoi de M. de Maurepas. On n'a vu aucune chose apparente qui dût causer une disgrâce si prompte; la guerre était finie, les défauts étaient couverts, on travaillait au rétablissement de la marine, le roi ne lui avait jamais fait si bonne mine. La dernière fois que ce ministre fut au lever du roi, Sa Majesté en écouta des contes, des bons mots et en riait à gorge déployée. Tout d'un coup un voyage au petit château fut résolu; M. de Maurepas dit qu'il irait à la noce de Mlle de Maupeou; le roi lui ordonna de se bien divertir; jamais M. de Maurepas ne fut si gai ni

si content. Ce jeudi il devait aller à l'Opéra; il avait demandé l'opéra nouveau, disant qu'il ne pourrait le voir pendant le Marly. On l'attendit inutilement jusqu'à six heures; une voix s'écria dans la salle qu'il avait été congédié le matin. En effet mon frère était venu chez lui le jeudi 24, avec une lettre de la main du roi, écrite à peu près dans ses termes : « Je vous avais dit, monsieur, que je vous avertirais quand vos services ne me seraient plus nécessaires, je vous tiens parole : disposez tout pour aller à Bourges le plus tôt que vous pourrez; en attendant, voyez peu de monde de votre famille. Je vous aurais permis d'aller à Pontchartrain, si cela n'était pas trop près de Versailles et de Paris. Point de réponse. LOUIS. »

La cause de cette disgrâce on la fait rouler sur les chansons répandues contre le roi, dont on lui attribue une partie, et sur une déclaration trop forte qu'il fit au conseil de Choisy contre les dépenses.

1er *mai.* — M. de Richelieu a l'air de la plus grande faveur depuis la disgrâce de M. de Maurepas, la maîtresse aussi; la réconciliation du favori avec la favorite est entière, cordiale et édifiante; mon frère est en tiers dans cette amitié; on lui attribue la plus grande partie de cette disgrâce, aussi en profite-t-il : il a le département de Paris, les académies, l'imprimerie royale, le guet, les spectacles, la bibliothèque et les haras; M. de Saint-Florentin a la cour, M. Rouillé a la marine comme nouveau secrétaire d'État; il a remercié hier et va promptement être installé. La reine et le dauphin ont mené grand deuil de cette disgrâce, la reine en a pleuré; on dit qu'elle a écrit à M. de Maurepas, ce qui a fort déplu au roi. Quand le roi revint à Versailles, le vendredi à son lever, c'était, dit-on, un morne silence, et personne ne savait où il était; il y avait aussi de la consternation dans une partie de Paris; cependant il est vrai que ce n'est qu'un fripon de moins dans le ministère.

5 *mai.* — Il est grand bruit que l'ancien évêque de Mirepoix se retire du ministère qu'on appelle la feuille des bénéfices, et qu'on en charge l'abbé de Saint-Cyr, ci-devant sous-précepteur de M. le Dauphin, et aujourd'hui son seul conseil.

6 *mai.* — M. de Maurepas est au désespoir et comme un enragé de son exil; il a fallu le saigner en chemin. Il n'y a pas d'exemple qu'un ministre se fût fait un aussi grand parti à la cour que celui-ci; il y tenait par les liens les plus forts, famille

royale, princesses, reine, courtisans, il était le ministre de la cour, et le roi a été contraint de se cacher de tout le monde pour le coup qu'il a fait.

On réveilla mon frère à deux heures pour le charger de cette expédition. Il eut grand'peur quand on lui dit que c'était de la part du roi, il se crut perdu (tant est terrible cette vie de ministre!); cependant quand il vit que c'était Bridge, l'écuyer, il se rassura, et, voyant que cela ne regardait que M. de Maurepas, il fut plus aise que fâché.

9 *mai.* — Une quinzaine avant sa disgrâce, M. de Maurepas reçut la visite de la marquise de Pompadour et de la comtesse d'Estrades. La première lui dit : « On ne dira pas que j'envoie chercher les ministres, je les viens chercher » ; puis : « Quand saurez-vous donc les auteurs des chansons?

— Quand je le saurai, madame, je le dirai au roi.

— Vous faites, monsieur, peu de cas des maîtresses du roi. »

M. de Maurepas repartit : « Je les ai toujours respectées, *de quelque espèce qu'elles soient.* » Sur cela, l'on s'est séparé.

12 *mai.* — On conte que la disgrâce de M. de

Maurepas est arrivée ainsi : depuis quelque temps Mme de Pompadour faisait coucher auprès d'elle un chirurgien; cela a importuné le roi; il lui en a demandé la cause; elle lui a dit enfin qu'elle craignait le poison de M. de Maurepas; enfin on l'aurait chassé pour cela seul. On crie de tous côtés contre la maîtresse; de tous côtés il revient de nouveaux traits de son crédit et des prodigalités royales. Migeon, ébéniste du faubourg Saint-Antoine, vient d'avoir 3000 francs de pension pour avoir fait une belle chaise percée à ladite marquise. La Fontaine, sellier, 4000 francs de pension pour lui avoir fait une belle berline. Son procureur, qui est aujourd'hui le chef de son conseil, 20000 francs de pension en attendant qu'il ait une place de fermier général. On lui a acheté le terrain de Meudon où l'on construit pour elle cette belle maison, au moyen de quoi le bâtiment est sur son compte. On lui bâtit à Fontainebleau un hôtel superbe dans la ville, et l'on a creusé des rochers pour lui faire quelques vues.

13 *mai.* — La reine désobligea infiniment le roi quand elle eut appris la disgrâce de Maurepas. Mme d'Aumont le manda par un courrier à sa mère, la maréchale de Duras; à l'instant, il y eut chez cette dame grande assemblée qui dura jusqu'à

onze heures; elle était composée de la reine, de M. le Dauphin, et de Mesdames. La reine pleura continuellement pendant deux jours; à tous ceux qu'elle rencontrait, elle leur serrait la main et leur disait : « N'êtes-vous pas bien fâché de ce pauvre M. de Maurepas? » Le roi a su tout cela. M. de Maurepas fut si touché, si furieux de sa disgrâce, qu'il ne put rien prendre pendant vingt-quatre heures; il voulut seulement prendre un verre d'eau et le vomit.

Le roi passe sa vie chez la marquise à des amusements qui étonnent; ce sera une querelle pour quelques dentelles volées; le monarque lui-même interroge les valets soupçonnés, et y passe des deux et trois heures.

18 *mai*. — Le nouveau ministre, M. Rouillé, est assez ridicule par des airs de familiarité qu'il prend, même avec le roi. Sa femme sera présentée samedi prochain : on s'attend encore à plus de ridicule par ses discours et par sa figure petite et bourgeoise. Nous avons trois ministres d'une taille ridicule à voir ensemble, MM. de Puisieux, Saint-Florentin et Rouillé; ce sont trois nains et fort laids. M. de Saint-Florentin fait l'important, depuis qu'il a hérité d'une partie du département de M. de Maurepas; mais on a bien de la peine à

le prendre en considération, il a très peu d'esprit; cette médiocrité, une fois connue, a toujours grand succès pour se soutenir immanquablement et pour avancer.

18 *juin.* — On est, dit-on, assez triste à Marly; chacun y vit en son particulier; on y joue un gros et horrible jeu; M. de Soubise, M. de Luxembourg s'y ruinent, le roi gagne gros, Madame Infante a fait quatre mains à fond, qui étaient un total de plus de 2 000 louis. Voilà, dit-on, de quoi meubler sa maison en Italie. Elle part le 1er septembre; la suite est nommée. On décidera, à Compiègne, les places publiques, l'hôtel de ville, l'achèvement du Louvre, où, comment, quand cela commencera.

21 *juin.* — Mon cousin de Caumartin épouse, par les soins de mon frère, Mlle Mouffle, dont le père a fait faillite, mais les reprises de la mère ont sauvé 35 000 livres de rentes à la fille, ce qui ne va pas cependant sans quelques clameurs des créanciers. Cela a fait grande dispute avec M. le comte de Clermont, prince du sang, qui machinait depuis longtemps cette fille riche pour le fils de son gouverneur.

La misère augmente dans Paris; on y fourmille de mendiants; on ne saurait s'arrêter à une porte que dix gueux ne viennent vous relancer de leurs clameurs. On dit que ce sont tous les habitants de la campagne qui, n'y pouvant plus tenir par les vexations qu'on y essuie, viennent se réfugier dans la ville de Paris, préférant la mendicité au labeur.

23 *juin.* — Il est grand bruit de la mort du sieur Coffin, ancien recteur de l'Université et principal du collège de Beauvais. Il est mort sans sacrements, par la rigueur schismatique de l'archevêque de Paris; celui-ci défend à tous confesseurs (sous peine de leur retirer les pouvoirs) d'absoudre ceux qui sont soupçonnés d'anti-constitutionnisme, sans les interroger sur le dogme et sans leur faire rétracter leur appel. Cependant M. Coffin avait eu l'absolution, mais personne n'a osé l'avouer; on voulait aussi l'empêcher d'être enterré en terre sainte; cela ne s'est fait qu'avec effort et scandale.

24 *juin.* — Hier a été l'enterrement de M. Coffin, dont j'ai parlé; c'est la mode aujourd'hui que les grands attroupements aux enterrements des célèbres appelants; il y avait plus de dix mille personnes à celui-ci; le convoi était encore au collège de Beauvais que la queue n'était

pas sortie de la paroisse Saint-Étienne-du-Mont; il y avait des échafauds aux coins des rues. On brave ainsi le gouvernement et sa persécution schismatique.

25 *juin.* — Madame la Dauphine part aujourd'hui pour les eaux de Forges, et le roi garde à vue Monsieur le Dauphin. Au retour des eaux, nous aurons enfin un duc de Bourgogne.

28 *juin.* — Un homme des cabinets m'a dit que la comtesse d'Estrades continuait d'être le conseil secret et solide de la marquise de Pompadour; que mon frère était en grande liaison avec cette comtesse, et même qu'elle y procédait de meilleure foi que lui; que le crédit de la maîtresse sur le roi est plus grand que jamais, qu'ainsi tout va bien.

2 *juillet.* — Madame Infante part enfin le 17 août, au retour de Compiègne, et court la poste jusqu'à Lyon avec seize voitures, d'où elle prend des chevaux de louage pour s'embarquer à Antibes sur les galères d'Espagne. Le roi dépense beaucoup à lui donner des meubles.

8 *juillet.* — Le duc de La Vallière est chargé de traiter avec un financier d'une place dans les sous-

fermes que l'on doit partager entre Tribout et Deshayes, l'un chef de la musique, l'autre des ballets de l'opéra de Mme de Pompadour; cela épargne, dit-on, 40 000 francs au roi qu'il fallait donner pour récompenser royalement ces deux grands et immortels services.

19 *juillet.* — Autres abus énormes qu'on trouve dans l'administration de M. de Maurepas, c'est celle des haras. Tout a été négligé et volé; ayant fait la revue des étalons, on trouve que, de quinze cents qui avaient été donnés dans les campagnes, il n'en reste pas trois cents. Négligence, insulte au devoir, mômerie en tout. On assure que Mme d'Aumont avait par an 100 000 livres du fonds de la marine.

25 *juillet.* — On a arrêté ces jours-ci quantité d'abbés, de savants et de beaux esprits, et on les a mis à la Bastille, comme le sieur Diderot, quelques professeurs de l'Université, docteurs de Sorbonne, etc. Ils sont accusés d'avoir fait des vers contre le roi, de les avoir récités, débités, d'avoir frondé contre le ministère, d'avoir écrit et imprimé pour le déisme et contre les mœurs; à quoi l'on voudrait donner des bornes, la licence en étant devenue très grande.

31 *juillet*. — Madame Infante ne partira plus. Les intendants ont été contremandés sur leurs préparatifs de passage, le voyage est remis au mois d'octobre, et puis le sera à l'hiver, puis au temps où l'Infant Philippe pourra posséder une plus grande province en Italie, c'est-à-dire jamais.

2 *août*. — On vient d'arrêter encore d'autres beaux esprits comme l'auteur de l'histoire des *Sonnettes* [Guiart de Servigné]. D'un côté on se plaint que ceci devient une inquisition, que les prisons sont tellement pleines qu'il faut mettre des prisonniers à Vincennes et ailleurs ; de l'autre on dit que c'est bien fait de terminer la licence d'écrire autant qu'on fait contre Dieu, contre le roi, contre les mœurs.

7 *août*. — L'abbé Leblanc est fils d'un geôlier, ce qu'on lui reproche ; il a fait une tragédie (*Aben-Saïd*), des élégies et son voyage en Angleterre en forme épistolaire. Il va entrer à l'Académie française malgré l'Académie. Il avait déjà postulé inutilement, mais voici qu'il y intéresse violemment la marquise de Pompadour. Il va accompagner M. de Vandières dans son voyage d'Italie, il y sera son précepteur, son Mentor, son Achate, et il ne veut pas partir qu'il ne soit couronné par cette

compagnie. Ainsi la faveur tyrannise et l'Académie enrage de plier. On lui objecte d'être de mauvaise naissance et d'encore plus mauvaises mœurs.

Mon frère vient d'obtenir le logement du cardinal de Rohan au Louvre; il y tiendra ses audiences, sa maison étant trop petite et n'obligeant pas le public à aller le chercher si loin que les Invalides; mais le beau c'est que cela lui donne un grand air de faveur, et comme de premier ministre, mais le vrai est que l'on a voulu se débarrasser de ceux qui demandaient ce logement, comme le cardinal de Soubise.

16 *août*. — J'ai été à Versailles ce matin. J'y ai trouvé la cour fatiguée de toutes les courses du roi; la reine, Mesdames, Madame la Dauphine, levées fort matin, chacun me disant qu'il envie mon sort tranquille et libre, ne me mêlant point de toute la mauvaise besogne de misère où trempent les ministres. Le roi allait aujourd'hui dépeupler la plaine Saint-Denis de gibier, et coucher à la Muette. Tout cela coûte des sommes immenses en petits voyages et en bâtiments.

On en est au sixième million de dépense pour la petite maison de la marquise à Meudon, ce qui ne fera cependant qu'un bâtiment de neuf croisées de face ; mais il a fallu fonder de plus de cent pieds pour trouver le solide.

22 *août*. — Le nommé Diderot, auteur du livre obscène *les Bijoux indiscrets* et de *l'Aveugle clairvoyant* [1], a été interrogé dans sa prison à Vincennes ; il a reçu le magistrat (on dit même que c'est le ministre) avec une hauteur de fanatique. L'interrogateur lui a dit : « Vous êtes un insolent, vous resterez ici longtemps. » Ce Diderot venait de composer, quand on l'a arrêté, un livre surprenant contre la religion, qui a pour titre : *le Tombeau des préjugés*.

26 *août*. — La marquise a fait donner le gouvernement de la Bastille au sieur Bayle, son cousin, ce qui lui procurera les secrets de cette affreuse prison que saura ce gouverneur, nécessairement dans le secret de quantité de choses. Mon frère a essuyé ceci comme un chagrin et le lui ripostera par d'autres choses.

Le duc d'Antin, âgé de vingt-deux ans, vient d'être déclaré maréchal de camp ; on croit qu'il y en aura d'autres de cette force, ce qui jette dans le public de méchantes opinions de notre sagesse.

1. La *Lettre sur les aveugles*.

13 *septembre.* — Je suis à présent à la campagne, j'y vois la misère et je n'entends parler d'autre chose; on en a toujours parlé ainsi, mais on n'a jamais eu tant de raison de le dire.

24 *septembre.* — La philosophie gagne notre gouvernement, quant à l'extérieur de la religion. Voici qu'on se déclare à force contre les couvents et le temporel des églises; la commission pour les monastères de filles en retranche beaucoup chaque jour, et voici un nouvel édit qui empêche désormais les acquisitions de fonds de terres et de maisons par les mainmortables; l'on veut qu'ils n'acquièrent que des rentes, et l'on croit en cela augmenter encore le crédit des emprunts royaux, à quoi MM. Pâris tournent de plus en plus les affaires du roi. L'on veut revoir toutes les acquisitions faites sans lettres patentes, et cela depuis 1666, en donnant à cette loi un effet rétroactif de plus de quatre-vingts ans. Ceci fera beaucoup gagner le sceau, puisqu'il faudra prendre beaucoup de nouvelles lettres patentes pour ces acquisitions. L'on dit toujours que l'Église est trop riche, mais je ne vois pas à quoi cela nuit; on lui tire de bons lopins de don gratuit à chaque assemblée du clergé, les moines ornent le royaume de bâtiments et entretiennent bien leurs propriétés de campagne.

Je ne parle à la vérité que du clergé régulier; pour le séculier, il entretient mal. On met l'un et l'autre en banqueroute : où est le bien de cela?

4 *octobre*. — Je me trouve présentement en Touraine, dans mes terres. Je n'y vois qu'une misère effroyable; ce n'est plus le sentiment triste de la misère, c'est le désespoir qui possède les pauvres habitants; ils ne souhaitent que la mort et évitent de peupler; qui finira donc de tels maux? Nos ministres sont peu capables d'y faire songer notre roi; il est bon, mais si mal servi!

5 *octobre*. — On apprend chaque jour de nouvelles et horribles injustices dans les provinces. Par ce que m'ont dit mes voisins, la diminution des habitants, depuis six ans, va à plus du tiers.

Les grands chemins à corvée sont la plus horrible taille qui ait jamais été supportée; on force le labeur et la subsistance des journaliers par delà toutes leurs forces; ils prennent tous le parti d'aller se réfugier dans les petites villes. Il y a quantité de villages où tout le monde abandonne le lieu.

J'ai plusieurs de mes paroisses où l'on doit des trois années de tailles; mais ce qui va toujours son train, ce sont les contraintes, avec quoi les receveurs des tailles s'enrichissent et sont en état de faire les avances. Il leur est dû gros par les contraignables, sans que lesdits receveurs s'appauvrissent pour cela, mais au contraire. On en use avec ces pauvres sujets d'une façon pire que pour la contribution aux ennemis.

11 *octobre*. — J'ai passé par Tours avant-hier. On m'a dit que la moitié des métiers, surtout de bonneterie, était à bas, et que tous ceux de velours, de damas et d'autres soieries se ruinaient. La dernière raison apparente c'est que les soies sont fort augmentées de toutes parts, au Piémont, en Italie, en Perse, ce qui, avec la guerre, a porté subitement une grande diminution aux forces qui faisaient rouler ces manufactures.

Il est faux que les mûriers blancs et les vers à soie produisent aujourd'hui de gros revenus dans les environs de Tours, comme je l'ai tant entendu dire au Conseil. On m'a ri au nez quand je l'ai dit à Tours, et l'on m'a assuré qu'il ne s'y faisait pas 100 livres de soie par an.

21 *octobre*. — On devait trois ans de gages à tout ce qui est de la marine, même aux matelots. Quand le roi a été au Havre, on s'est pressé de les payer jusqu'au dernier sou, pour éviter qu'il y

ait des plaintes portées au roi lui-même. Sa Majesté n'avait pas averti de son voyage assez à temps, on a satisfait comme on a pu à tous les déficits qui pouvaient paraître.

On vient de donner 600 livres de pension au maître de clavecin de Fontevrault, qui a montré à Mesdames.

25 *octobre.* — J'habite une campagne à dix lieues de Paris où le village n'a qu'une misère moyenne entre l'abondance de Paris et l'horreur qui règne dans ma patrie, la Touraine. On a voulu ici (Saint-Sulpice) établir la taille proportionnelle, mais tout n'a été qu'injustice ; les seigneurs ont prévalu pour diminuer leurs fermiers. Je compte y remédier cette année, me faisant autoriser par l'intendant pour présider au rôle de la taille, qui sera fait par un élu sous mes yeux. Convenons, d'après ce que j'ai vu et ce que j'en apprends chaque jour dans le village, que plus les gens d'autorité se mêlent de cette besogne commune, plus elle est mal faite et avec injustice.

27 *octobre.* — L'arbitraire des tailles cause le plus grand mal de l'État ; en voici une circonstance que je n'ai pas encore dite ici. Les receveurs des tailles s'enrichissent davantage chaque jour : plus

les recouvrements sont difficiles par la misère, plus on leur donne à gagner avec disproportion, plus on leur donne à prendre sur leurs malheureux tributaires; leurs frais de contraintes en sont plus grands, ils surpassent même le taux de la taille; ils les lèvent avant la taille, et les taillables n'ont garde de bien payer, car ils sont sûrs qu'ils seraient augmentés du double l'année suivante, s'ils payaient exactement cette année. Les receveurs des tailles font encore un autre mal : pour bien payer le receveur général, pour gagner les primes de gratification, ils empruntent de tous ceux qui ont de l'argent dans la province, et leur en donnent un bon denier, comme les financiers font à Paris; cela écrème le peu d'argent comptant dans la province, argent qu'on placerait autrement dans le commerce, et dans l'amélioration des biens de campagne. Ainsi, riches et gueux, tout contribue à la fois à ces malheureux subsides. Un beau matin tout s'écroulera dans le royaume. On ne voit quasi plus d'argent dans les provinces.

1er *novembre*. — Dufour m'a dit que M. le Dauphin menait toujours à Versailles la vie la plus sédentaire. Il est du goût de Philippe V : il ne quitte point sa femme et c'est elle qui gouvernera quand il sera roi. Depuis son dîner jusqu'à six heures du soir, il reste seul avec elle à lire, à raisonner, et elle fait de l'ouvrage, il se promène rarement, quelquefois à cheval une couple d'heures; rarement avec la Dauphine sur la terrasse de Versailles; il ne montre désir de rien, il aime le repos et mange solidement; il a quitté l'étude de la musique; il y a cependant quelque goût et on lui donne un concert deux fois par semaine.

19 *novembre*. — Le roi est à Choisy et la reine à Versailles: ce sera jeudi que la cour sera rassemblée à Versailles, mais ce ne sera pas pour longtemps. Ayant encore dix jours jusqu'à l'Avent, on aura quelque nouveau voyage. Le goût des voyages augmente au roi, au lieu de diminuer; les approches de l'hiver n'y font rien. Pendant l'Avent, Sa Majesté sera exacte aux sermons des dimanches; la semaine prochaine elle ira à Crécy pour voir quelques travaux qu'on y a faits; ce voyage ne sera que d'un jour; de là, la Muette, Choisy encore, etc.

Le roi veut avoir de petits châteaux partout : il en a un entre Fontainebleau et Bouron où il va faire la cuisine lui-même et souper avec la marquise. Les bruits recommencent cependant que la marquise ne lui tient plus au cœur.

2 *décembre.* — Le sieur Buffon, auteur de l'*Histoire naturelle*, a la tête tournée du chagrin que lui donne le succès de son livre; les dévots sont furieux et veulent le faire brûler par la main du bourreau : véritablement il contredit la Genèse en tout.

8 *décembre.* — M. le duc de Chartres continue à dissiper ses biens et ne paye personne; à la tête de cette maison ne sont que des gens fins et doubles qui ménagent à merveille la chèvre et le chou, et ne s'acquittent point de leurs véritables devoirs. Le duc de Chartres est entouré de misérables godelureaux qui le portent à toutes les dépenses de libertinage.

17 *décembre.* — La province d'Auvergne est dans un plus mauvais état que les autres provinces du royaume. Le pays est cependant bon et bien habité, mais, par la mauvaise habitude d'abuser en France de ce qui est bon, on lui a demandé trop de tailles, et de là vient qu'il succombe. L'année dernière et celle-ci les récoltes de blé ont manqué, on en a demandé au contrôleur général, on lui a montré la conséquence dont il était que de si gros villages et si peuplés ne manquassent pas d'aliments; qu'autrement les habitants se retireraient ailleurs, enfin on a obtenu

quelques sommes sur les récoltes générales pour faire venir des blés de loin, car tous les environs, tous les pays chauds de France ont manqué de blé ces deux années-ci. L'on prétend aussi que l'on a accordé quelque diminution sur les tailles de cette province; c'est du moins la seule dont j'ai entendu dire qu'il y ait diminution, quoiqu'on prétende à la cour qu'il y ait eu cette année quatre millions de moins demandés sur les tailles.

20 *décembre.* — Le contrôleur général a hier fini l'adjudication des sous-fermes à 1 800 000 livres d'augmentation, ce qui va entièrement au profit du roi, suivant la convention qu'il a faite avec les fermiers généraux, à qui il n'a garanti que le taux de l'ancien bail, mais le surplus d'augmentation revient au roi. Ainsi voilà le roi plus riche encore de cette somme, ce qui, avec les neuf millions d'augmentation des fermes, le rend plus riche en revenus de onze millions. A tout cela, il n'y a qu'un cri, le roi payera donc bien, car quantité de payements ne laissent pas que d'être retardés ; les rentes sur l'hôtel de ville le sont de trois mois de plus qu'elles n'étaient pendant la guerre, et quantité de parties dans la maison du roi, comme les équipages de chasses et plusieurs officiers. Justement ce sont ceux qui se répandent le plus dans le

bas public, comme étant le moins en faveur, et c'est ce qui sème la plus mauvaise opinion de l'économie et de la justice du gouvernement dans le public.

21 *décembre.* — Les fermiers, sous-fermiers, receveurs généraux et tous autres financiers ont l'oreille basse pour tout ce qu'on leur tire. Leurs grands airs, leurs belles maisons, ont choqué le roi lui-même, qui, allant à Compiègne et passant sur le rempart, admira cinq à six nouveaux palais que construisent ces messieurs. M. de Villemont, qui vient de mourir, a laissé ses enfants pourvus de sept millions de biens. L'on a observé que les fermiers généraux ne rendaient plus de visites, à l'exemple de M. le chancelier et des ministres.

Il y a grand applaudissement dans Paris à cette déroute des financiers et le contrôleur général Machault en est béni. Il faut savoir que la finance et la robe ont depuis longtemps grande antipathie ensemble, que ce sont comme deux meutes qui chassent volontiers l'une contre l'autre; la robe, sortie pour la plupart de la finance à Paris, se croit beaucoup, et en veut à la finance par orgueil injuste, et par mépris ingrat à son origine. Les sous-fermes sont tournées de façon que les sous-fermiers ne pourront jamais gagner que 15 p. 100, et que passé cela on y comptera au roi du profit de clerc à maître ; cela ira ainsi une couple d'années pour être ensuite adjugé à forfait ainsi que plusieurs parties viennent de l'être.

22 *décembre*. — Le bruit est grand parmi le peuple qu'on enlève tous les garçons que l'on trouve les soirs tenant des filles par-dessus le bras, qu'on les envoie promptement se marier à Saint-Sulpice, puis qu'on les mène peupler l'île de Tabago en Amérique, et que c'est M. Beurrier (ils nomment ainsi M. Berryer, lieutenant de police) qui conduit ainsi les choses avec cette dureté.

Il est vrai que l'on enlève les mendiants vagabonds et gens sans aveu avec une grande vivacité aujourd'hui ; si cela dure, on pourra voyager sans craindre les mendiants et les voleurs. La maréchaussée travaille beaucoup ; on met ces gens-là en prison, de là on les conduit chez eux de maréchaussée en maréchaussée ; il leur est défendu d'en sortir, la première fois sous peine des galères, et la seconde sous peine de mort.

31 *décembre*. — Un pauvre curé de Touraine m'écrit qu'il croyait la paix faite, mais qu'il voit bien le contraire, ayant été augmenté cette année de 75 livres aux décimes. Tout ce qu'on fait contre le clergé par la finance n'est pas prudent et jette

le mécontentement profondément dans l'esprit des peuples. Le roi est bon, il sentira l'inhumanité de conduite de son ministère. Le bruit est grand que Mme la marquise de Pompadour va avoir toujours avec elle deux gardes du corps, comme avait Mme de Montespan. Que diront la reine et la famille royale?

1750

5 *janvier*. — On parle beaucoup à Versailles du trop de dépenses de mon neveu de Voyer [1], lequel vient d'acheter la maison de campagne de Mme de Waldner à Asnières, 60 000 à 70 000 livres, ce qui l'engagera dans une dépense extraordinaire; il y mettra ses beaux tableaux. Cette grande dépense suppose ou du dérangement dans les affaires, ce qui marque un mauvais esprit de conduite, ou des tripotages d'intérêt par les bureaux, ce qui est encore pire.

6 *janvier*. — Mme la duchesse de Boufflers ayant écrit à Voltaire pour le prier de ne pas tant presser de faire jouer son *Électre* à la Comédie et d'attendre que la tragédie d'*Aristomène* allât encore quelques représentations pour son auteur, Voltaire lui a répondu seulement : « Électre ne s'écrit

1. Marc-René, marquis de Voyer, fils aîné du ministre de la guerre.

point par un H, Madame » ; car elle l'avait orthographié ainsi : réponse impertinente.

10 *janvier*. — J'ai vu la cour moi-même ce matin : le roi est enrhumé aussi bien que moi ; on a contremandé la chasse à la prière de Madame. Que de temps perdu dans une journée à laquelle se présenteraient tant d'occupations pourvu qu'on voulût y penser ? Que d'enfantillages ! Que de caresses sans objets et sans affection ! Deux choses seulement occupant aujourd'hui l'application royale, l'espionnage des lettres qu'on ouvre à la poste, et l'espionnage de Paris, voilà qui donne aujourd'hui à mon frère un si grand air de faveur.

J'ai trouvé à la cour plus de hauteur et de bassesse que jamais. Beaucoup de parures, les grâces au dehors, la stupidité au dedans. De tout le ministère c'est le cardinal de Tencin qui m'a paru le plus gai et le plus gras, mais on le dit plus petit que jamais.

17 *janvier*. — Le ministère, toujours maléficié, donne mauvais aide et mauvais service au gouvernement ; pourriture partout, dit-on : M. de Saint-Séverin a le foie pourri, M. le maréchal de Noailles a le menton pourri, M. de Puisieux a la poitrine pourrie, et mon frère a le pied pourri.

On ne parle que de l'accroissement de la faveur de la marquise, elle seule a pu jamais amuser le roi; elle vient de jouer son opéra [1] dont le poète Roy a fait les paroles, avec des grâces qu'elle seule a possédées.

26 *janvier*. — J'ai passé deux jours à la cour, il y a longtemps que je n'y avais passé si longtemps. Voici ce que j'y ai appris.

Le voyage de Compiègne sera avancé cette année, à cause des couches de Madame la Dauphine qui tomberont probablement vers la mi-août. Ainsi la cour ira à Compiègne vers le 15 juin pour être de retour à Versailles dans les premiers jours d'août, et attendre que le ciel nous donne un duc de Bourgogne, comme la France le souhaite tant. Mon frère s'arrange pour faire dans ce temps-là un voyage des places du Hainaut et de la Basse-Champagne. Ainsi ce grand voyage aux provinces du dedans du royaume, à commencer par la Bretagne, que devait faire le roi, ne sera pas pour cette année et sera remis à l'année prochaine.

[Mon frère m'a dit que ce qui l'a mis si bien avec le maître, c'est qu'il n'insiste en rien, et qu'il apporte à toute affaire des déterminations rai-

1. *Les fêtes de Thétis.*

sonnées, mais nulle opiniâtreté pour ou contre, et une indifférence complète. Il m'a avoué que depuis la paix le roi a payé toutes les dettes qu'il avait contractées à son service, en sorte qu'il ne doit plus rien au monde. (Elles s'élevaient à 800 000 livres.) La famille royale augmente en crédit auprès du roi par le cœur et l'amitié. Madame Henriette, qui est le chef du conseil, n'en prend de personne qui puisse en donner d'éclairés. Ainsi cela n'ira jamais aux affaires. Elles ont peu d'esprit, surtout l'aînée. Cela ne servira qu'à leur avantage personnel, et au plus à celui de quelques personnes de leur maison.]

Le cardinal de Tencin n'est occupé qu'à de basses intrigues de valets et de femmes; ses plus hautes sont d'aller voir les secrétaires d'État, pour pomper leurs secrets autant qu'il peut, et en augmenter sa petite considération sous l'air de mystère.

[Mon gendre, M. de Maillebois, m'a confié une vue qu'il a eue et qui vient à bien. S'il n'a pas un diplôme de grandesse, il court risque, à la mort de son père, de n'oser plus paraître à la cour, ni lui ni ma fille, n'étant point *titrés*, après avoir dû l'être par son père. Ainsi il cherche ce qui peut le rendre agréable à l'Espagne. Il est sur le point d'obtenir la charge de son père de lieutenant général au gouvernement de Languedoc, et moyennant quoi, commandant en l'absence du maréchal de Richelieu, il ferait les honneurs de la France à l'infante Marie-Antoinette, qui va y passer pour se rendre en Savoie. Il avait chargé Mmes de Pompadour et d'Estrades de parler de cette affaire au roi. Elles entendirent et les rendirent de travers, demandant qu'il allât faire compliment à l'Infante et lui porter les présents du roi, ce à quoi il fallait un homme *titré*. Il a fallu qu'il redressât cette demande en parlant au roi lui-même, ce qui lui a été accordé.

J'ai appris que M. le Dauphin et la France l'ont manqué belle en épousant la princesse Joséphine de Saxe, et non son aînée, qui est mariée à l'électeur de Bavière. Celle-ci eût été naturellement à M. le Dauphin si elle n'eût pas déjà été accordée au duc de Bavière, et le mariage déclaré le jour même où mourut notre Dauphine d'Espagne. Cette Saxonne réussit au plus mal à Munich. Elle est rousse comme une vache, un grand visage long et avalé. Le fond des intérêts de Saxe est aujourd'hui de marier la quantité de princesses qu'elle a. Tout y est sacrifié et aucun intérêt solide ne peut occuper cette cour ignorante et ruinée.]

30 *janvier*. — Le contrôleur général travaille toujours avec soin et dureté l'impôt du vingtième;

il vient d'envoyer à Bordeaux un homme que je connais pour fort alerte, et ayant grande envie de faire sa fortune, pour régler la déclaration et les rôles du vingtième, de façon que cela soit porté à la plus haute valeur, car on espère à la cour que le vingtième ira plus haut que le dixième, mais on n'y parviendra pas sans de hauts cris, et gare quelques révoltes gasconnes.

[Le républicanisme gagne chaque jour les esprits philosophiques. On prend en horreur le monarchisme par démonstration. En effet des esclaves seuls, des eunuques, aident de leur fausse sagesse le monarchisme. Mais quelle sagesse chez les républiques qui gouvernent économiquement au dedans, et n'intimident jamais leurs voisins, qui les considèrent cependant! Heureuses les monarchies gouvernées comme des républiques! Mais où sont-elles? Je ne vois que le règne d'Henri IV et le ministère de M. de Sully.]

6 *février*. — M. de Montmartel a acheté l'hôtel d'Antin 576 000 francs, 10 000 francs de pot-de-vin, ce qui ira à 600 000 francs, et se paye comptant; tout cela insulte à la misère publique.

On écrit des provinces que tout y est dans la plus grande misère, et qu'on y manque de tout ; en Auvergne, le pain vaut quatre sous la livre et est fort noir; la mortalité des bestiaux y a commencé, et l'on prétend que nous manquerons de viande à Paris après Pâques.

9 *février*. — [Le roi n'aime point le cardinal de Tencin et encore moins ses sœurs. Il détestait feu Mme de Tencin, et il lui vient peau de poule quand on parle d'elle. La comtesse de Grosley, autre sœur du cardinal, est bête et bavarde. Les étrangers cherchent à savoir par elle les secrets du ministère. Le roi apprend tout cela par les lettres décachetées.

M. de Machault a de grandes douleurs d'entrailles, c'est-à-dire des indigestions qui lui font rendre du sang. Cela fait dire : « Quoi donc, il a des entrailles! »

Il y a de grands mouvements dans les provinces pour le vingtième. L'évêque de Metz a excommunié l'intendant du Creil pour avoir exigé des déclarations de son clergé.]

14 *février*. — On croit que la place (Louis XV) ne sera plus dans le carrefour Bussy, où il y aurait plus de quatre cents maisons à abattre.

[Il y a eu déjà des particuliers ruinés pour avoir vendu et loué à vil prix leurs maisons dans le quartier de ce dessin (*sic*). L'on trouve une compagnie d'architectes qui achètent l'hôtel de Conti pour y bâtir de nouvelles maisons, et le payent plus cher que n'en donnait l'Hôtel de ville.]

Tout le monde en revient au projet que j'ai donné, et dont j'ai donné un dessin de ma façon à mon cousin le prévôt des marchands. C'est de faire la place vis-à-vis le pont tournant, où elle sera d'une grande magnificence. Mais le courtisan, plat railleur, prétend que ce sera mettre le roi hors de Paris, et cette mauvaise bouffonnerie suffit pour faire écarter un projet si sage et si beau, tant il est vrai que la cour devient de plus en plus le sénat de la nation.

16 *février*. — C'est M. le Dauphin qui a été cause que mon frère a renvoyé le sieur Garnier, intendant dans sa maison. Le prince lui dit un matin : « Ne connaissez-vous pas un nommé Garnier, qui est si riche qu'il a acheté la maison du cardinal de Richelieu à Rueil ? Il y dépense tant qu'il est à son second million » ; et sur cela, mon frère congédia cet intendant le lendemain.

M. le prince de Conti a affermé très cher les revenus du grand prieuré de France au sieur Fontaine, frère de Mme Darty, sa maîtresse. Celui-ci a résolu d'augmenter de beaucoup les loyers des maisons du Temple, d'où il arrive que tous les locataires en sont sortis et que le Temple est vide, au moyen de quoi il ne se fait plus de réparations ni de propriétaire, ni locatives, au grand mécontentement de l'ordre de Malte, qui ne tirera jamais raison de ce prince du sang.

17 *février*. — On se plaint de mon frère sur la grande richesse dont sont tous ceux de sa maison : j'ai rapporté ci-devant ce qu'avait dit M. le Dauphin au sujet de Garnier son intendant, qu'il a été obligé de congédier. Il est mort depuis une femme de chambre de ma belle-sœur qui laisse plus de 200 000 livres de bien, qu'elle avait gagné à je ne sais quelles affaires. Ma belle-sœur a mangé plus de deux millions depuis que mon frère est en place! mon neveu s'est fait un cabinet de plus [de] 200 000 livres sans les autres dépenses; et le roi sait tout cela!

21 *février*. — On parle d'un soulèvement inouï du régiment de la Fère, qui est en garnison à Rocroy : on a voulu casser la tête à un soldat de ce régiment dont un cas était douteux; au conseil de guerre les suffrages ont été partagés, et alors cela devait aller *in mitiorem* à pardonner; mais on s'est au contraire porté à la rigueur par sévérité,

et cela par ordre de la cour. On a mis le régiment sous les armes pour l'exécution; il s'est soulevé, les soldats ont tiré sur leurs officiers, dont il y a eu cinq tués et quelques blessés, et, de dix-sept compagnies, dix ont passé la Meuse et ont été se rendre à Namur avec plusieurs de leurs officiers. Quel exemple peut-on faire de ceci?

24 *février*. — On vient d'arrêter quantité de convulsionnaires, et l'on dit qu'il y en a plus de deux mille de la même folie. Ils se donnent des coups d'épée et de couteau, dont quelques-uns sont morts. Un curé des leurs a épousé une jeune personne; on voit des livres extravagants de cette secte, ils appellent *secouristes* ceux qui leur donnent des coups d'épée; ils ont fait tourner la tête à un père de Gênes, génovéfain, à force de le faire jeûner. Les jansénistes raisonnables disent que c'est la persécution qui fait ainsi extravaguer quelques-uns d'eux.

17 *mars*. — Le comte de ***, qui arrive de la cour, m'a dit hier qu'on a trouvé des billets écrits contre le roi sur la cheminée et sur les parquets à Versailles; que dans un il y avait : « Tu vas à Choisy et à Crécy, que ne vas-tu à Saint-Denis? » On a depuis peu interrogé les convul-

sionnaires appelés *secouristes* : il y en a plusieurs qui ont avoué en vouloir à la vie du roi, ce qui fait trembler. A Paris, on parle si haut contre le gouvernement, et avec telle injure, dans les promenades et les cafés publics, que la police se contente de les observer et espionner par des mouches, mais se garde bien de les arrêter, parce qu'il faudrait arrêter tout le monde.

18 *mars*. — On ne saurait aller en aucune maison qu'on n'entende médire du roi et de son gouvernement : le vingtième et la façon de l'exiger irritent tout le monde, et les prêtres en sont les prêcheurs continuels. Il court une réponse fameuse de M. l'abbé de Nicolaï, agent du clergé, à M. de Machault; celui-ci lui a dit touchant le mémoire du clergé : « Monsieur, voilà un tocsin. » L'abbé lui a répondu : « C'est que vous mettez le feu partout. »

Je n'ai jamais vu d'homme si indifférent que M. Machault sur les malheurs publics, et la misère du peuple; je l'ai remarqué dans quelques conversations avec lui et l'on voit que toute sa conduite n'est qu'une déférence continuelle aux principes des finances qui excluent et détruisent toute liberté à la commune de gouverner démocratiquement. J'ai fait un livre en 1737 contre ces détestables principes.

19 *mars*. — On embellit la salle de l'Opéra, on la met tout en vert et or, on change des loges, on en rebâtit de nouvelles, on les meuble différemment et à neuf, on anticipe sur le cul-de-sac de l'Opéra.

Mme de Verneuil, femme de l'introducteur des ambassadeurs et secrétaire du cabinet, a été présentée au roi dans son appartement, mais elle n'a pas été saluée (ou baisée), ce qui est une espèce d'affront qui dénote que vous n'êtes pas femme de qualité, comme il est vrai sur Verneuil (en son nom Chassepoux). On ne le lui avait pas annoncé, elle a présenté son bec et le roi a reculé le sien en rougissant. On a beaucoup parlé de cette présentation comme d'une chose ridicule.

26 *mars*. — On continue dans les campagnes à arrêter avec beaucoup de succès les pauvres mendiants et vagabonds, de sorte que l'on en voit beaucoup moins; on pardonne à ceux qui sont domiciliés et on leur permet par des passeports de demander l'aumône pour gagner leurs villages. Si l'on continue à suivre ce projet, on parviendra à bannir la mendicité du royaume, sans cependant diminuer la pauvreté, qui est extrême, mais les pauvres mourront de faim patiemment.

5 *avril*. — Quantité de femmes cherchent

aujourd'hui à se mettre en pension au couvent de l'Assomption, à cause qu'on y va mettre Mlle Alexandrine, fille de la marquise de Pompadour; on bâtit un bel appartement pour cette enfant, et une femme de qualité doit être sa gouvernante.

11 *avril*. — M. l'évêque de Mirepoix, ayant chez lui une grande audience jeudi dernier, déclara à tout ce qu'il y avait là d'évêques, que, quand même ils offriraient à Sa Majesté trente millions en don gratuit ou pour abonnement, cela ne serait pas accepté, puisqu'il fallait absolument des déclarations de bien remises aux gens du roi et contrôlées par l'intendant. Cependant un Provençal m'a assuré l'affaire de Provence accommodée à sa satisfaction, puisque l'on suivrait le cadastre pour la levée du vingtième.

23 *avril*. — La *Gazette de France* a été ôtée au président Aunillon, dont on était mécontent et qui, dit-on, la faisait mal; elle a été donnée à M. de la Chapelle qui est fort de ma connaissance; c'est un homme savant dans le droit germanique, dont il vient de donner un livre : *Remarques sur les capitulations des empereurs d'Allemagne*. Il voulait être employé aux affaires étrangères; ainsi voilà l'homme qu'il fallait; mais écrit-il bien, a-t-il

grand sens, a-t-il de l'esprit? c'est de quoi je ne jurerais pas.

Enfin on est venu hier m'annoncer une décision à laquelle j'ai été fort sensible, c'est que la place publique pour la statue de Louis XV est déterminée pour être à la grande esplanade, entre les Champs-Élysées et le Pont tournant des Tuileries; j'en avais donné le plan, même un dessin d'élévation en 1748, avec mémoire de moi à M. le prévôt des marchands, qui m'a dit l'avoir montré au roi. Le monument ne coûtera uniquement que la bâtisse : un seul côté de palais du côté du rempart, le reste en colonnades ou balustrades de marbre chargées de trophées et de statues, un quai en port, et un pont sur la Seine, vis-à-vis la rue de Bourgogne. Ce sera certainement une des plus belles places qu'il y ait en Europe, et le terrain n'en coûte rien, au lieu que, suivant les autres projets acceptés, il fallait dépenser quarante millions pour acheter des maisons, faire tort à quantité de particuliers et chasser beaucoup de citoyens à qui les maisons manquent dans Paris. J'ai quelque honneur à cette détermination, et c'est un acte de sagesse dont tout le public est réjoui.

3 *mai*. — Le temps s'est remis au chaud et puis à la pluie, ce qui fait grand bien aux fruits. Je

vois dans les campagnes qu'il n'y aura de mal cette année là où je suis que la crainte qu'on y a des commis aux tailles : chacun se laisse faire des frais par politique, de peur d'être augmenté l'année suivante.

14 *mai.* — L'Opéra va être rebâti, mais dans le même lieu, M. le duc de Chartres s'y donnant de grands mouvements pour son palais, et pour jouir d'un si grand agrément et commodité.

Pour cet effet, on a acheté les maisons d'autour du cul-de-sac ; l'on prend une petite cour du Palais-Royal, on fait un cintre et des arcades, et autre chose dont on verra le devis et plan incessamment. Pendant l'exécution, l'on prêtera pour l'Opéra la salle des machines des Tuileries.

15 *mai.* — ***, qui arrive de Choisy, m'a dit que la marquise de Pompadour devient de plus en plus maîtresse des affaires, qu'elle en a fait décider depuis peu quatre à cinq autrement que mon frère ne les avait réglées, ce qui s'appelait quatre à cinq camouflets, et qu'on cherchait à lui en donner d'autres.

22 *mai.* — Un homme instruit des finances m'a dit qu'il était sorti cette année plus de deux

cents familles de Normandie, craignant la *collecte* dans leur village, laquelle est fort ruineuse. Le contrôleur général est, dit-on, tout d'une pièce, est trop décidé, ne prend conseil de personne, et va son train comme un sanglier blessé, quelque chose qu'on lui dise.

25 *mai.* — Il paraît à Paris trois mémoires en forme de livres suggérés, avoués, par M. le contrôleur général, pour prouver que le roi a tout droit et police sur les biens du clergé, qu'il ne dépend que du chef de l'État, que ses immunités sont des usurpations, quelque longue possession qu'il en ait. Ces brochures, écrites avec soin, déplaisent au public ; leur cause, leur objet étant l'argent, le besoin d'argent, le fisc déjà si comblé d'argent, le ministère qui paraît songer si peu au soulagement du public, la cour si dépensière, et non une sage réformation du clergé. Voilà de quoi mettre le public contre les principes les plus sains.

26 *mai.* — On mande de Paris que, depuis mon départ, il y a eu de fréquentes révoltes et surtout le 23 de ce mois, où il y en a eu jusqu'à quatre dans le même jour, et cela pour des enfants qu'on arrête ; on n'y comprend rien.

Les archers de Paris préposés aux pauvres, et

qu'on nomme archers de l'écuelle, ont arrêté des petits gueux, puis, se méprenant à la mine ou affectant de s'y méprendre, ils ont arrêté des enfants de bourgeois, ce qui a commencé les premières révoltes ; il y en a eu le 19 et le 20 de ce mois, mais le 23 il y en a eu de considérables. Tout le peuple s'amassant dans les quartiers où se sont faites ces captures, on a tué dans cette journée quatre à huit de ces archers.

27 *mai.* — Le peuple s'imagine toujours que les exempts enlèvent des enfants, et il se monte des séditions aux quatre coins et au milieu de Paris à la fois. On a poursuivi un exempt chez un commissaire ; on l'a jeté par les fenêtres, on l'a repris et assommé à coups de pieds et de bâtons ; on a mené le cadavre chez M. Berryer, lieutenant de police ; on a cassé les vitres ; il s'en est peu fallu qu'on n'ait enfoncé la maison ; le guet a résisté comme il a pu ; on fait armer les régiments des gardes françaises et suisses. On me mande qu'il est certain qu'on n'arrête point d'enfants, mais qu'on le fait accroire à la populace, et que l'on craint quelque chose de fâcheux.

28 *mai.* — On a entendu, parmi les cris de la populace, tenir des discours de grand mépris

contre la personne même du roi. J'ai vu des lettres de dimanche 24, qui disent que, ce jour-là, les rues de Paris étaient si pleines de monde que celui qui écrit a été obligé de se réfugier dans un café, où il a été renfermé trois heures. Certes ceci est excité et paraît venir de plus loin que la capture de ces mendiants. On est heureux de se trouver hors d'une ville révoltée.

29 *mai.* — Nous venons d'apprendre que tout est accommodé dans la populace de Paris, par le parti qu'a pris le Parlement de rendre un arrêt qu'on a placardé à tous les coins de rues, par lequel la cour déclare qu'on n'a point donné d'ordre de police d'arrêter des enfants, que, s'il y en a eu d'arrêtés, les père et mère n'ont qu'à présenter requête pour obtenir l'élargissement.

M. Berryer, lieutenant de police, s'est déshonoré du côté du cœur et de l'esprit dans tout ceci; il s'est trouvé fort haï du peuple, qu'il a toujours brutalisé. Les discours de la populace ne tendaient qu'à aller le massacrer, à lui manger le cœur; on ne l'appelait que ce vilain M. Beurrier. Il s'est sauvé de chez lui par la porte de derrière et s'est caché chez les Jacobins. M. le premier président l'a mandé en vain pour venir rendre compte au Parlement de tout ceci; il a dit qu'il ne pouvait traverser Paris, qu'il craignait pour sa personne. Dans quelque temps d'ici il pourra être dépossédé de sa place, la cour s'en prenant à lui du mauvais succès de cette police, et voyant qu'il est si haï dans le peuple de Paris; et, de cette affaire-là, il sera fait conseiller d'État plutôt qu'il ne l'aurait été.

7 *juin.* — La procédure va grand train contre les archers qui arrêtaient les enfants. Un nommé Leblanc en est convaincu; on découvre qu'ils en arrêtaient sans ordre, et que c'était pour en tirer ensuite une rançon des père et mère, qui étaient de bons bourgeois; que cela allait quelquefois à des 20, 30 et 50 écus. M. Berryer est totalement décrédité de cette affaire-là, et l'on parle déjà de lui donner un successeur.

9 *juin.* — Il est déclaré qu'on va faire revenir de Fontevrault les deux dames de France qui y restent, et en même temps on leur fera une maison et grande dépense : cela va augmenter environ de deux millions les dépenses de la cour. J'ai vu le roi Stanislas vivre en roi à Chambord avec cent mille écus et pas davantage, et encore avoir de quoi faire des libéralités au bout. On compte que ces quatre dames de France, qui ne seront jamais

bonnes à rien, coûteront au roi tous les ans six à sept millions, ayant deux maisons séparées en officiers, en dames, bouche, écurie, etc. Une seule a été mariée; elle nous a coûté une guerre, et le tout pour en faire une pauvre duchesse de Parme.

10 *juin.* — La sédition est apaisée; mais j'ai entendu hier des gens qui venaient de Paris, et qui m'ont conté des choses *de visu* et qu'on n'ose pas écrire. Tout est plein d'espions, les lettres interceptées, en un mot l'inquisition plus terrible que jamais...

Le peuple voulait aller à Versailles brûler le château, qui a été, disait-il, élevé à ses dépens. On fut obligé de mettre sur le chemin des troupes pour garder le pont de Sèvres et le défilé de Meudon. Le beau de ceci est le conseil qui se tenait à Versailles, le vendredi 22 mai, pendant le plus fort de la bagarre à Paris. C'était chez mon frère, où étaient la marquise de Pompadour, la comtesse d'Estrades, le duc de Gesvres et le duc de Biron : voilà tout le conseil. Il y arrivait à tout moment des courriers de Paris, qui n'apportaient que de très fâcheuses nouvelles.

Le plus fâcheux de tout est le mauvais parti que ces femmelettes ont fait prendre au roi pour le voyage de Compiègne; on a annoncé qu'il était retardé de huit jours pour les prières de Madame la Dauphine et pour des maladies dans ce pays-là (à quoi il n'y avait pas un mot de vrai); mais c'était pour tromper le peuple de Paris. Au lieu que Sa Majesté devait partir le 5, elle est partie secrètement de Versailles la nuit du 6 au 7 pour Compiègne, où on l'attendait peu, et, pour punition, dit-on, au peuple révolté, le monarque n'a point passé par Paris. On a ouvert un chemin nouveau dans la plaine Saint-Denis [1] à travers les champs dont la moisson s'avançait, et encore craint-on qu'il ne s'embourbe par les pluies continuelles qu'il fait aujourd'hui. Tout cela a un air de fuite qui désole les bons Français; voilà la haine inspirée au roi contre les Parisiens plus grande qu'elle n'était chez Louis XIV.

On a assuré qu'on avait embarqué à La Rochelle plus de six cents enfants pour les colonies. Il n'y a point eu de cavalcade le jour de la Trinité, à l'ordinaire, pour les magistrats de police, le peuple voulant déchirer toute robe de magistrats. Les boutiques ont été fermées trois jours.

18 *juin*. — Je viens de lire les remontrances du parlement de Paris dont le roi a entendu la lec-

1. Le chemin de la Révolte. (Note de l'éd. Rathery.)

ture la veille de son départ pour Compiègne, et a répondu qu'il y ferait savoir sa réponse et ses volontés à son retour dudit Compiègne. Elles sont données à l'occasion du renouvellement de plusieurs impôts, qui ne sont mis sur le peuple que pour six années, mais qui, se renouvelant ainsi à chaque époque, deviennent perpétuels. Le Parlement a cru, à cette occasion, devoir parler au roi, en présence du public, de la misère effroyable du peuple, qui ne saurait plus subsister, des sommes énormes que le roi sème depuis la paix, du peu d'économie de la cour, de l'enrichissement des financiers, des désordres de l'agio, etc., toutes choses qui attaquent le ministre de la finance; mais celui-ci a pour lui ses ordres et la nécessité de lever de l'argent quand on lui en demande beaucoup.

J'oubliais de dire que, dans les remontrances du parlement de Paris, il y a doute nettement exposé que jamais le roi rembourse ses dettes avec les fonds qu'il y assigne; on y donne pour exemples tous les autres droits et maltôtes imposés avec de si bonnes vues, mais projets jamais exécutés, tout allant au Trésor royal comme dans un gouffre insatiable et qui ne peut suffire à toutes dépenses de prodigalité, les financiers gagnant beaucoup, le peuple manquant de tout et ne pouvant subsister, les provinces dépeuplées, l'agio devenant propre à la nation, quoique les sentiments s'en éloignassent. Enfin ces remontrances semblent plutôt des *cahiers d'États généraux* que des remontrances du parlement de Paris; on n'a guère ou jamais vu ce parlement s'élever de lui-même et s'exécuter à donner de tels avis généraux à un roi très majeur. Rien ne sent plus la faiblesse du gouvernement que de les souffrir seulement, et on les a souffertes. Que diront les gazettes étrangères?

11 *juillet*. — Mme de Pompadour vole de ses ailes et n'a plus de conseils connus; les cabinets ne sont plus écoutés sur les affaires. On avait réglé depuis peu qu'elle aurait 100 000 livres par mois pour ses dépenses, et que, moyennant cela, elle ne demanderait plus au roi de grâces particulières; mais M. de Machault lui a démontré qu'elle y perdrait, qu'il n'y avait qu'à lui envoyer ses mémoires chaque mois, que cela irait plus loin. Par là il se la conserve dans sa dépendance.

19 *juillet*. — Personne ne travaille plus; le roi va à la messe à une heure, puis à deux heures à la maison de bois de la forêt de Compiègne, d'où il revient à Compiègne pour se coucher. Ainsi tout

est abandonné et négligé; on est des huit jours sans pouvoir tenir conseil; à peine les ministres peuvent-ils avoir une demi-heure par semaine pour leur portefeuille; la dépense est effroyable.

Cependant tout dépérit au dedans du royaume; voilà une année qui promet à la vérité grande abondance, mais le monopole mettra la cherté partout et écartera les profits réels; ces profits seront aux provinces ce qu'est le retour des Indes à l'Espagne, où l'or et l'argent glissent sur le pays pour aller aux étrangers, qui en sont les véritables propriétaires. Les manufactures, auxquelles nous nous étions si attachés, tombent de tous côtés; celles de Lyon sont à bas; il y a plus de douze mille ouvriers mendiants à Rouen, tout de même à Tours, etc. On compte plus de vingt mille de ces ouvriers qui sont sortis du royaume depuis trois mois pour aller aux [pays] étrangers, Espagne, Allemagne, etc., où on les accueille et où le gouvernement est économe. A Paris tous les mendiants ont été relâchés après avoir été arrêtés et suivis des séditions qu'on a vues; on en est inondé dans les rues et dans les grands chemins.

Mon frère a toujours des pourparlers continuels avec le roi, et qui ne roulent que sur l'espionnage de Paris, où il entretient Sa Majesté, qui a de malheureuses dispositions pour ce goût-là. Il entre chez le roi dès qu'il est éveillé; il a des espions partout, parmi la haute magistrature comme dans le plus bas étage; il y a des espions *à brevet* (comme les nomme le cardinal de Retz) qui paraissent se livrer aux pauvres gens qui leur ouvrent leur cœur, et qui en tirent toutes les pensées pour les redire, les amplifier et calomnier. Cela fait détester à la cour celui qui est l'auteur de cet espionnage si bien récompensé.

L'affaire du sieur de Pétigny, valet de chambre de Monsieur le Dauphin, a fait plus de bruit que les autres; celui-ci a été demander à tous les amis de Monsieur le Dauphin qui est-ce qui voulait écrire à M. de Maurepas à Bourges; il a ramassé quantité de lettres, puis il s'est fait prendre sur la route et est actuellement au château de Saumur. Il avait demandé à Monsieur le Dauphin des lettres pour ce ministre; il en avait aussi demandé à la reine; ils ont eu le bon esprit de ne lui en pas confier (car on croit qu'ils lui ont bien écrit d'ailleurs).

Or, on soupçonne mon frère d'avoir largement récompensé ce Pétigny pour se laisser prendre, et certes ce tour serait très subtil. Personne n'en doute cependant, et cela le fait fort haïr, sans qu'on ose en murmurer par la crainte qu'on a de lui. Monsieur le Dauphin a été obligé de se justifier devant le roi ; il en a été triste et taciturne pendant trois semaines; on remarque qu'il est extérieurement comme stupide. La reine n'en est pas moins contristée et est fort changée.

23 *juillet.* — On voit s'élever une antipathie extraordinaire entre le roi et son peuple, surtout le peuple de Paris. Dans les émeutes du mois de mai dernier, tout le peuple révolté vomit à foison des propos exécrables contre le roi, et il les vomit comme partant d'un fonds très plein. Autant en fit-on dans quelques villes de province où il y eut de pareilles émeutes. Un méchant homme s'est fait un noir plaisir de ramasser tous ces propos et de les imprimer : on en a jeté un exemplaire sur la table du roi.

Et voici que, pour guérir ces mauvaises semences, on attaque le clergé brusquement et à force ouverte, pour lui demander beaucoup d'argent, pour lui ôter l'administration de ses biens et les soumettre aux plus ardents maltôtiers, aiguillon, de tous ceux qu'on pouvait donner aux prêtres (sans en excepter les points de la religion les plus sacrés), le plus fort pour les inciter et les porter, eux et les peuples, à la plus ardente révolte et à la haine la plus animée contre le gouvernement.

3 *août.* — C'est aujourd'hui qu'a dû être l'exécution de trois révoltés du 22 mai; les régiments des gardes françaises et suisses sont commandés pour assister à leur pendaison. Cela jettera un grand mécontentement dans le peuple, et ils disent d'avance : « La première fois que nous reverrons des séditions populaires, consommons davantage nos entreprises, brûlons, massacrons, défaisons-nous de nos mauvais magistrats, il n'en sera pas davantage et nous serons moins malheureux. » De plus, cela leur fait perdre toute confiance dans le Parlement.

Hier tout Paris était attentif à ce jugement, et le peuple consterné de cette sévérité qui ne punit aucun des ennemis du peuple, aucun des prévaricateurs, mais seulement les plaignants qui réclamaient leurs enfants. On n'a jamais vu le palais gardé comme il l'a été hier pendant le jugement. On prétend qu'il y a eu des ordres secrets, mais très absolus, aux juges de ne charger en rien la police ni ses appariteurs, et les juges ont obéi à ces ordres.

C'est le roi qui a ordonné lui-même qu'on fît bonne et prompte justice de ces révoltés, car plusieurs lui conseillaient d'attendre et de surseoir à ce jugement pendant quelque temps, ce qui eût été plus prudent.

4 *août.* — Monsieur le Dauphin est devenu amoureux de la femme d'un commis de la finance nommé Boudrey. C'est effectivement la plus belle femme du temps; mais, si cette nouvelle galante est vraie, l'on voit aujourd'hui nos souverains préférer la houlette au sceptre.

7 *août.* — On mande que l'exécution des trois mutins, le 3 août, a été faite de la façon la plus chagrinante pour le peuple de Paris, et avec des précautions humiliantes pour l'autorité. Paris ressemblait, dit-on, à une place de guerre par la surabondance des précautions militaires. Tout à coup l'on a crié : *Grâce!* ç'a été un signal pour que les troupes se soient tournées vers le peuple, la baïonnette au bout du fusil, et il y a eu alors quantité de monde d'écrasé; puis on a procédé à la pendaison de ces misérables.

23 *août.* — Je viens de voir la harangue des commissaires faite en l'assemblée du clergé, il y a quelques jours. Le clergé y gagne entièrement son procès, et, s'il se plaint, ses plaintes seront mal fondées. Le roi y veut bien, par sa grande bonté, que le clergé reste administrateur de ses biens comme ci-devant, chargé de s'imposer et de lever les deniers qu'il lève pour le trésor royal, et pour

ses dettes, mais comme *dépositaire en cela de l'autorité royale*, à quoi le clergé aura quelque chose à dire; de plus, le roi dit que les dettes contractées par le clergé pour l'aider dans ses nécessités sont dettes de l'État; *item*, que Sa Majesté, voulant rembourser ses dettes, demande au clergé 500 000 livres par an pour cet amortissement : ce qui, avec le million ordinaire de don gratuit, fait 1 500 000 livres par an. *Item*, Sa Majesté veut que le clergé paye ses propres dettes et que le département ou répartition soient mieux faits (*sic*) qu'ils ne sont, et, pour cela, ordonne qu'on exécutera les ordres donnés en 1726 par feu M. le cardinal de Fleury pour rectifier ce département, et qu'il en sera incessamment envoyé une déclaration à enregistrer au Parlement.

28 *août*. — Mauvaises nouvelles : Madame la Dauphine est accouchée hier, à six heures du soir, d'une princesse, et non d'un prince comme on le souhaitait tant.

4 *septembre*. — Le roi a marqué à Madame la Dauphine un visage austère et froid sur ce qu'elle ne lui avait pas donné un prince : tristesse, chagrin de part et d'autre. Monsieur le Dauphin est aussi fort consterné.

5 *septembre*. — L'on commence à craindre pour la santé du roi; il prend des bouillons d'une espèce particulière tous les matins, ils précipitent sa digestion fatiguée par la cuisine nouvelle. On le purge tous les mois; rien n'use plus que cela, et cela fait la vie courte et bonne.

Monsieur le Dauphin s'appesantit fort, et l'on doit craindre, la première jeunesse passée, grande lourdeur de corps et d'esprit, ce qui engendre maladie et fainéantise. Avec cela il a petite dévotion, et c'est le seul de nos princes qui n'aime pas la chasse ni aucun exercice; il est en mauvaises mains : l'abbé de Saint-Cyr, son précepteur, est faux et hypocrite.

12 *septembre*. — Un élu est venu dans le village où est ma maison de campagne, et a dit que cette paroisse devait être fort augmentée à la taille cette année, qu'il y avait remarqué le paysan plus gras qu'ailleurs, qu'il avait vu sur le pas des portes des plumages de volaille; qu'on y faisait bonne chère, qu'on y était bien, que j'y répandais beaucoup d'argent par la consommation de ma maison, etc. Voilà ce qui décourage le paysan, voilà ce qui cause le malheur du royaume, voilà sur quoi pleurerait bien Henri IV, s'il vivait encore.

20 *septembre*. — Voici de grandes nouvelles.

Avant-hier, 18 de ce mois, M. de Saint-Florentin fut à l'assemblée du clergé; il y lut une longue lettre du roi contenant des reproches de sa conduite et de ses refus; ensuite il a proposé les mêmes choses que ci-devant, et, le clergé ayant persisté dans le même refus, M. de Saint-Florentin a lu une lettre de cachet qui rompt l'assemblée et renvoie, dans les vingt-quatre heures, chaque membre, chaque archevêque et évêque dans son diocèse, ce qui s'est exécuté sur-le-champ.

Ainsi, Paris va se trouver sans évêques, car, quelques jours auparavant, on avait fait sortir de Paris tous les évêques qui n'étaient pas de l'assemblée, et chassant ceux-ci, c'est chasser le reste. Ainsi voilà sans doute la dernière assemblée du clergé qu'il y ait jamais. On accuse les Jésuites d'avoir poussé à cette rupture du clergé, ayant intérêt de n'avoir plus devant eux d'évêques de cour. Comme la cour n'aura plus besoin du haut clergé, on s'y passera des évêques, et ils vont rester chacun chez eux, comme de bons curés qui auront besoin de ministère. Les Jésuites et mon frère affectent de crier contre toutes ces opérations, dont ils sont les véritables auteurs. Voilà donc, sous le ministère de M. de Machault, déjà trois grands corps municipaux abattus, le corps de la ville de Lyon, les États de Languedoc, l'assemblée du clergé, et bientôt les États de Bretagne. Le despotisme est grandement mené.

27 *septembre*. — On a tiré hier un feu d'artifice à Versailles. Les artificiers qui avaient préparé un feu magnifique pour la naissance d'un duc de Bourgogne, ont demandé une indemnité de 18 000 livres; on la leur a fait rabattre à 12 000 livres, et, pour ne pas perdre cette poudre, on la leur a fait brûler ce soir dans l'appartement de Madame la Dauphine.

9 *octobre*. — [On bâtit à Choisy un théâtre, à Bellevue un théâtre, dans le bois de *Fausse Repose* à Versailles plusieurs petits pavillons ou maisons de chasse pour les plaisirs du roi, quand il est las de la chasse. Cela ressemble, à ce qu'on assure, au sérail du Grand Seigneur. On travaille à Vincennes à faire pour 800 000 livres de fleurs en porcelaine pour les parterres de Bellevue.]

15 *novembre*. — Monsieur le Dauphin se montre tout haut, dit-on, depuis qu'il est entré au conseil des dépêches, et il a parole d'entrer au conseil d'État au 1er janvier prochain. Il lit beaucoup et s'applique, n'ayant autre chose à faire, n'allant ni à la chasse, ni à la promenade, et aime à raisonner avec les gens raisonnables qu'il peut trouver sous sa main.

19 *novembre*. — Un homme instruit des détails de finance m'a dit que, sans le crédit de M. de Montmartel interposé deux ou trois fois depuis peu, le prêt du soldat aurait manqué en plusieurs provinces. L'officier est aujourd'hui dans une pénurie qui le rend fort triste, de là les recrues se font mal et les troupes sont vilaines. On remarquait hier à la comédie, où il y avait bien du monde, qu'il n'y avait que de vieux habits, très peu d'habits neufs, et nuls habits brillants s'ils ne sont vieux. Chacun se regarde, n'en dit mot, puis se retranche. Cet homme m'a dit encore que le roi avait deux dettes honteuses et qu'il ne savait comment les payer, l'une de deux millions dus à la cour de Vienne pour restes d'arrérages de la Toscane depuis notre prise de possession de Lorraine jusqu'à la mort du grand-duc de Toscane, l'autre de 8 à 9 000 livres dus aux Pays-Bas pendant notre possession, article convenu par nous de payer. La cour de Vienne nous fait demander ces deux sommes chaque jour, et l'on ne sait comment les acquitter. Chaque instant augmente les besoins, et le discrédit des finances du roi ne permet pas de sortir de ces embarras.

20 *novembre*. — La nouvelle duchesse de Luxembourg a résolu de tenir une bonne maison cet hiver

à Paris, et, pour cela, il y faut de beaux esprits; elle a obligé Mme de La Vallière à renvoyer Jelyotte, chanteur de l'Opéra. Le duc de La Vallière a dit à Jelyotte : « Quoique vous ne soyez plus désormais ami de ma femme, je veux que vous n'en soyez pas moins des miens, nous vous aurons quelquefois à souper. » On a choisi un autre amant pour cette duchesse, c'est le comte de Bissy, et, pour décorer la société, il a été résolu de le faire de l'Académie française. On y a fondé ses prétentions sur une traduction de l'anglais du *Roi patriotique* de Bolingbroke; on a exigé de Mme de Pompadour qu'elle remît la nomination de Piron à une autre fois, et la marquise a conduit ceci avec beaucoup de finesse, en se tenant derrière le rideau, ce qui a pleinement réussi hier jeudi, M. de Bissy ayant été élu tout d'une voix pour remplacer l'abbé Terrasson à l'Académie. Par là, l'on prétend opposer l'hôtel de Luxembourg à l'hôtel de Duras, et Bissy à Pont-de-Veyle. Nos mœurs françaises deviennent charmantes.

26 *novembre*. — Le maréchal de Saxe est retombé bien malade à Chambord : il a mandé au plus vite le sieur Senac, son médecin. Le régime libertin qu'il mène depuis sa guérison lui méritait cette rechute.

2 *décembre.* — On a appris hier la mort du maréchal de Saxe. Depuis les grandes saignées qu'on lui a faites à Chambord pour sa fluxion de poitrine, il a eu de l'eau dans la poitrine, a enflé et est mort tout à coup lundi au soir. Il a fait un testament pour faire le roi son légataire universel; *sic transit gloria mundi!* Nos premiers généraux, les maréchaux de Coigny et de Maillebois sont hors de combat. Le maréchal de Lowendal est un étranger avide à qui l'on ne saurait se fier du sort de la nation. Les maréchaux de Bellisle et de Richelieu ne sont pas encore assez éprouvés pour leur confier de grandes choses. Si la guerre allait revenir, ceci nous embarrasserait assez.

3 *décembre.* — Le bruit est dans le peuple que le maréchal de Saxe a été tué dans la forêt de Chambord et y a reçu des coups d'épée, ce qui n'est point vrai; il est mort d'une fluxion de poitrine négligée d'abord, puis devenue incurable. Tout le monde le regrette à Paris, et ceux de la cour qui s'en réjouissent cachent leur joie sous de feintes larmes. Le sieur Senac, médecin du comte de Saxe, étant arrivé à Chambord au moment où il n'y avait plus rien à espérer pour la vie du maréchal, le malade lui a dit seulement : « Mon ami, voilà la fin d'un beau rêve! »

11 *décembre*. — Enfin la nomination a été faite avant-hier d'un chancelier de France : le roi envoya M. de Saint-Florentin l'annoncer à M. de Blancmesnil, premier président de la cour des aides, et hier matin il en a prêté serment au roi.

M. de Blancmesnil est un bon magistrat, peu éclairé et de courtes lumières, gros ventre, grand appétit, très ami des Jésuites, dont ceci est l'ouvrage. Ainsi, les Jésuites deviennent plus puissants que jamais, et feront ordinairement le chancelier de France, à quoi mon frère les appuie beaucoup, et ils l'épaulent de leur côté. M. de Blancmesnil ne s'est point attiré d'ennemis dans les places qu'il a remplies, et s'est fait plusieurs amis, tout rondement, comme il est rond lui-même ; mais il ne saurait tarder à crever de graisse ou d'apoplexie.

12 *décembre*. — M. de Blancmesnil a été nommé chancelier, et en même temps M. de Machault garde des sceaux. On assure que ces deux personnages, en recevant leurs provisions, donnent leur démission de ces places, afin que l'amovibilité y soit comme aux plus petits emplois, car on n'a été que trop souvent embarrassé de certains chanceliers, même de M. d'Aguesseau, qui vient de quitter avec beaucoup de peine.

14 *décembre.* — Le bruit est grand que les affaires vont mal en Bretagne, et que la noblesse fait le diable, surtout depuis le gentilhomme arrêté qu'on a dit, et le parti pris de ne plus aller chez M. de Chaulnes.

16 *décembre.* — La rupture dont j'ai parlé entre la noblesse assemblée aux États de Bretagne et M. de Chaulnes, est venue d'un gentilhomme de Basse-Bretagne, assis à table près de la présidente de Cussay. Cette dame lui a dit qu'il puait; il n'en a voulu rien croire; elle s'est récriée davantage et lui a proposé de sortir de table; il a dit qu'il n'en ferait rien. M. de Chaulnes lui a envoyé dire par son capitaine des gardes qu'il eût cette complaisance qu'exigeait cette dame. Il a répondu au sieur Bongars, ce capitaine des gardes, que, sur pareille proposition, il le priait de descendre après dîner et de lui en faire raison. Effectivement, il a voulu se battre contre Bongars après le dîner et est descendu. C'est sur cela que M. de Chaulnes a cru qu'on manquait de respect à son caractère, et par conséquent au roi, et il a fait arrêter ce gentilhomme par quatre archers de la maréchaussée.

On vient de donner un nouvel arrêt qui détruit entièrement les privilèges du prétendu *Royaume d'Yvetot* en Normandie, et qui rend cette principauté de la nature de toutes les autres terres du royaume : cela donne un nouveau ridicule au ministre de la finance, qui veut, dit-on, renverser tous privilèges.

19 *décembre.* — L'on prétend que la reine perdra mon frère à cause de sa grande indiscrétion. Elle a perdu, dit-on, ainsi M. le duc de Châtillon et M. de Maurepas; elle redit tout ce qu'on lui dit; les conversations avec la reine sont très dangereuses. La reine se pique de deux choses qu'elle n'a absolument pas, d'esprit et de sentiment; elle répète perpétuellement qu'elle a un bon cœur, et le vrai est qu'elle n'aime rien. Elle dit sur cela les choses du monde les plus ridicules et avec le plus d'affectation. Elle réprimande ses enfants sur des minuties, comme sur quelques minutes où ils seront arrivés trop tard, et tourne en tolérance et mauvaise plaisanterie les choses essentielles. Quand elle réprimande ses enfants, ils ont pris la coutume de lui dire qu'ils ont des vapeurs, et elle rit de cette réponse banale; ainsi ils se moquent d'elle ouvertement sans qu'elle s'en offense.

Il est à craindre que les enfants de France ne contractent une mauvaise santé, et surtout Monsieur le Dauphin, dont la santé est si précieuse : il devient d'une grosseur et d'une épaisseur monstrueuse. Mesdames de France ont toujours dans leur armoire des jambons, des mortadelles, des daubes, du vin d'Espagne, etc.; elles s'enferment pour en manger continuellement et à toute heure.

L'on va établir dans l'île des Cygnes un grand bâtiment pour y loger 500 gentilshommes à qui on apprendra tous les exercices militaires pour les rendre capables de servir; à leur sortie ils auront tous 1 000 écus et 150 livres de pension. On crée cela pour les hommes à l'exemple de l'établissement de Saint-Cyr pour les filles. Cependant l'on sait que l'établissement de Saint-Cyr n'est bon à rien, il n'en résulte que des bégueules que l'on ne saurait marier dans leurs campagnes, ou qui font enrager leurs maris. Pourquoi conserver si bien la noblesse qui n'est que la rouille du gouvernement, les frelons de la ruche qui mangent tout le miel sans l'avoir fabriqué?

21 *décembre*. — L'on dit sourdement dans Paris que le corps du clergé garde contre l'autorité royale une dernière proposition qui sera la plus forte qu'on ait avancée depuis longtemps. Quand donc il sera poussé à bout par l'autorité et les armes, quand on aura refusé ses dernières remontrances... alors le clergé peut s'ameuter, dit-on, pour disputer au roi l'autorité arbitraire dans l'exac-

tion des impôts, et demander l'*assemblée des États généraux de la nation*. Et pour lors, nous autres particuliers n'aurons qu'à nous bien taire, en paroles, écrits et même gestes sur une telle question. Le clergé dira donc : « Vous agitez la question de droit rigoureux si je suis tout à fait dépendant ou tout à fait indépendaut dans mes tributs... Eh bien, moi, clergé, je soutiens que vous, roi, n'avez pas le droit d'exiger arbitrairement les tributs et d'en disposer comme vous faites, sans l'intervention de la nation; j'avance ceci, je le soutiens et pour moi et pour les autres corps et ordres de la nation. Je démontre votre usurpation et je requiers l'assemblée des États généraux. » Certes ce serait là une grande hardiesse.... Mais que l'on considère cependant que ces coupables seraient les ministres du Seigneur, et que les sentiments et opinions populaires seraient pour eux... toute la nation prendrait feu, la noblesse se joindrait au clergé, puis le tiers état; et, s'il en résultait nécessité d'assembler les États généraux du royaume, il y aurait matière à régler les finances et les demandes d'argent par la suite; ces États-là ne s'assembleraient pas en vain. Qu'on y prenne garde, ils seraient fort sérieux. *Quod Deus avertat!*

28 *décembre.* — Dans la campagne où je suis, j'entends dire que le mariage et la peuplade périssent absolument et de tous côtés. Dans ma paroisse, qui a peu de feux, il y a plus de trente garçons ou filles qui sont parvenus à l'âge plus que nubile; il ne se fait aucuns mariages, et il n'en est seulement pas question entre eux. On les y excite, ils répondent tous la même chose, que ce n'est pas la peine de faire des malheureux comme eux.

1751

2 *janvier.* — Le 29 du mois passé, il s'est passé au parlement de Paris un événement qui peut avoir de grandes suites. Un conseiller a dénoncé un nouveau refus de sacrement, un nouvel acte de schisme pour la Constitution. Ce refus est fait à M. Coffin, conseiller au Châtelet, neveu du fameux docteur Coffin, dont l'enterrement fit tant de bruit il y a deux ans. Il est très mal, il a demandé les sacrements; on l'a interrogé sur la Constitution, et, sur ses réponses, on lui a refusé les sacrements de l'église; c'est le curé de Saint-Étienne du Mont, Génovéfain enragé pour la Constitution, qui a fait ce refus schismatique.

Le Parlement est irrité depuis deux ans des vaines promesses que lui fait la cour d'arrêter ces actes de schisme. Cette fois-ci, le Parlement n'a plus voulu être la dupe, et a prétendu se faire justice par autorité. Sur-le-champ l'assemblée des Chambres a mandé le curé de Saint-Étienne, qui a nécessairement obéi, car l'ajournement eût été converti en décret de prise de corps. Interrogé sur ceci, il a dit qu'il avait consulté l'archevêque de Paris, son supérieur, et qu'il avait pris ses ordres; interrogé de nouveau il a dit : « qu'il n'avait point d'autre compte à rendre au Parlement », et sur cela on l'a envoyé en prison en bas à la Conciergerie.

3 *janvier*. — Le curé de Saint-Étienne du Mont a été de nouveau interrogé ; on l'a élargi, mais réprimandé et aumôné. On a ordonné des remontrances vers le Roi sur ce scandale schismatique.

12 *janvier*. — Tous les moines vont donner les déclarations de leurs biens. On leur a fait peur de l'édit que le roi allait donner pour fixer l'âge des vœux à vingt-deux ans, et la noblesse s'opposait, dit-on, aussi à cette loi si sage. Par là on a donc conduit la moinerie à l'obéissance. Plusieurs évêques ont aussi tenu des discours de docilité : l'évêque d'Auxerre a dit qu'il obéirait quand quelques autres évêques auraient obéi; l'archevêque de Sens a dit qu'il s'était trompé quand il avait résisté à la cour et qu'il ne savait où il avait l'esprit alors. Tout cela fait la grandeur du garde des sceaux et inspire au roi grande confiance en lui; mais quel fruit en retirera l'État? La ruine.

21 *janvier.* — Une dame de la cour m'a dit aujourd'hui qu'on ne pouvait plus tenir à la cour, tant elle devenait plate, ridicule et injuste. La reine est très contente de la marquise, qui lui obtient tout ce qu'elle veut ; c'a été un chef-d'œuvre de complaisance que le mariage de la demoiselle Dufour, fille de la première femme de chambre de Madame la Dauphine, avec le fils du sieur Binet, premier valet de chambre du Dauphin ; on a emporté toutes les grâces que souhaitait la reine.

27 *janvier.* — Tous les moines, les Bénédictins surtout, ont donné leurs déclarations que l'on a envoyées aux chambres diocésaines, pour les arranger, contrôler et remettre ensuite le résultat au roi. L'évêque de Metz ayant le premier soulevé le clergé de France contre la demande du vingtième, la cour l'a puni par une saisie générale de tous ses biens ; on a ameuté contre lui le grand maître des eaux et forêts dans le département duquel est son évêché, et, pour prétendus abus dans ses bois, on l'a saisi pour une cause de quatre millions dont il ne verra jamais la fin. Cet évêque de Metz est un mauvais sujet, processif, chicanier, turbulent et inique ; mais cette façon de l'en punir est à son tour une inouïe vexation.

8 *février*. — Une dame de la cour m'a dit que Monsieur le Dauphin disait des bons mots assez caustiques; qu'entre autres il avait dit au comte de Noailles : « Vous verra-t-on toujours avec des habits de quinze ans, un visage de trente-cinq ans et des manières de quatre-vingts ans? » Que celui-ci lui avait dit : « Mais, monsieur, comment faire pour vous plaire? » et le Dauphin lui a répliqué seulement : « Changez ».

12 *février*. — Le gouvernement a renouvelé son activité contre les réformés, mais ce sont des mesures toujours insuffisantes et par saccades seulement. Pour moi je voudrais qu'après avoir fait tant de bruit et tant de maux au royaume par la révocation de l'édit de Nantes, on continuât, on perfectionnât l'intolérance et la sévérité contre l'*exercice public*; mais en même temps j'arrangerais mieux mes principes pour la tolérance secrète, comme on fait en Angleterre. Nul réformé ne pourrait être admis aux charges, leurs mariages seraient nuls pour la succession des enfants; ils ne pourraient donc avoir de biens-fonds, ils seraient réduits à l'état des juifs, qui ne peuvent avoir que de l'argent, le coffre-fort ou le portefeuille, du mobilier, et voilà tout; en un mot, comme nos juifs, les successions seulement de la main à la

main, ce qui profiterait beaucoup au royaume. Ils auraient des ministres, soufferts en nombre suffisant, on révoquerait les lois pénales portées contre ces ministres, on ferait de ceci un code particulier sur cette tolérance secrète.

16 *février*. — Le pape a, dit-on, joué un tour de page aux molinistes[1] à l'occasion du jubilé. Il faut savoir que le saint-père est fort tolérant, et qu'il blâme la persécution qu'on exerce contre les prétendus jansénistes; or les molinistes avaient porté le roi à solliciter un bref particulier (comme en 1745) qui exclût les jansénistes des profits du jubilé. Le pape l'a donné, mais il a ajouté une exhortation à Sa Majesté pour finir le scandale de ses amours. Par ce moyen, ce bref reste obscur, clandestin et bien caché, car on ne saurait couper un tel acte sacré : ainsi il est destiné à paraître moins en public qu'en 1745.

19 *février*. — J'ai des états des finances des cinq dernières années, par où il apparaît que le roi a aujourd'hui 147 millions de revenus en pleine paix. Quand on parle à Sa Majesté d'économie et

1. L'édition Rathery, que nous suivons, porte à tort *jansénistes* au lieu de *molinistes*. La rectification n'est pas faite à l'*erratum* du tome VI. Voir l'édition Jannet, plus correcte évidemment en cet endroit, t. IV, p. 18.

de retranchement des dépenses de la cour, il tourne le dos, dit-on, au ministre qui lui en parle.

9 *mars*. — J'ai appris hier une anecdote, que M. Orry en mourant avait eu un tel regret des corvées qu'il avait fait faire pour les chemins en Soissonnais pendant qu'il y avait été intendant, qu'il avait donné par son testament dix mille livres par forme de restitution aux plus pauvres paysans de diverses élections qui avaient le plus souffert de ces corvées.

27 *mars*. — Mme de Mailly, ancienne maîtresse du roi, se meurt; on la croyait mieux, mais sa fluxion de poitrine augmente, et la fièvre en fait désespérer.

30 *mars*. — Le maréchal de Richelieu a dit dernièrement, dans un cercle de quatorze à quinze personnes, que « le traité d'Aix-la-Chapelle était un chef-d'œuvre de stupidité, s'il ne l'était de corruption ».

1er *avril*. — Mme la comtesse de Mailly mourut avant-hier au soir. Elle est regrettée de tout Paris, comme femme fort douce et qui n'avait nui à personne pendant les huit années qu'elle avait été favorite du roi.

2 *avril.* — On ne sait encore qu'une médiocre affliction du roi pour la mort de la comtesse de Mailly. Sa Majesté n'a point été à la chasse le jour qu'elle l'a apprise, et a vu peu de monde; c'est tout ce qu'on a su. La pauvre défunte portait un cilice sur la chair et faisait une grande pénitence.

3 *avril.* — Le parlement de Paris, porté d'une forte indignation, travaille secrètement à rechercher les nouvelles prévarications du lieutenant criminel Nègre, et du procureur du roi au Châtelet Moreau. On en découvre chaque jour de plus indignes : ces deux magistrats vendent tout ce qu'ils peuvent; on a prouvé qu'ils vendaient les cadavres des gens déposés à la Morgue et en recevaient l'argent.

11 *avril.* — C'est le sieur de Saint-Laurent, premier commis à la guerre, qui veut entreprendre la fourniture du drap pour l'habillement des troupes ; il a deux marchands attitrés qui lui donnent 40 000 livres de rentes. Il a voulu exercer d'abord la même chose pour l'infanterie, mais tout s'est révolté et s'y est soustrait; on en est aujourd'hui à la cavalerie, qui souffre impatiemment ce nouveau joug, et c'est pour assouvir l'avarice de ce commis et de ces marchands qu'on change l'habil-

lement, qu'on donne des habits sans plis et comme des scapulaires et des manteaux au lieu de redingotes; le drap qu'on fournit du bureau est très mauvais et très cher. Ce Saint-Laurent est un chevalier d'industrie, qui est venu à Paris avec rien et qui est aujourd'hui fort riche. Il a fait créer quatre inspecteurs des habillements des troupes à 2 000 livres de gages chacun.

14 *avril.* — M. de Machault, ayant été mécontent de son valet de chambre Girardin, l'a chassé, et a pris en sa place Coquillot. On ne croyait pas que cela dût coûter cent mille écus à la ferme générale; car c'est sous le nom de ces valets de chambre qu'est le bail des fermes unies, et les nouveaux arrêts et enregistrements nécessaires coûtent cette somme au moins, de quoi l'on ne fait que rire. Les gazettes font grand bruit de ce petit changement de forme qui n'était pas encore arrivé.

24 *avril.* — On assure que la seule maison ou personne du roi a coûté l'année dernière 68 millions, ce qui excède de plus de moitié ce qui se dépensait du temps du ministère du cardinal de Fleury. On entend par cet objet bâtiments, bouche, écurie, vénerie, gages d'officiers, domestiques, dons et pensions autres que pour services rendus à l'Etat.

Il est nécessaire, dit-on, que le trésor royal emprunte cette année 45 millions pour le plus pressé; mais le crédit du roi est tombé et chacun resserre son argent. On parle donc de remettre du papier sur la place, c'est-à-dire du papier forcé. Je sais assez de ces matières-là pour assurer que, si cela arrive, il est inévitable de tomber aux monnaies pour les hausser et les baisser, sans quoi l'on ne forcera point le public à l'opération des papiers.

1er *mai.* — On ne parle que de la nécessité d'une prochaine révolution par le mauvais état où est le gouvernement du dedans. Cette révolution ne conduira qu'à l'établissement d'un premier ministre sage et respecté, qui rétablisse l'économie dans les dépenses du roi et ce qu'on nomme en Angleterre *liste civile*, qui ôte l'influence extrême de la cour sur le gouvernement, et peut-être demandera-t-on un conseil, ou même les États généraux de la nation. Mais le passage à ces nouveaux arrangements par une révolution est le difficile et le fâcheux, car cela ne peut arriver que par des révoltes, où entreraient le clergé et peut-être deux de nos princes du sang, qui sont les plus de mise aujourd'hui, M. le prince de Conti et le duc de Chartres.

Parmi l'argent qu'on a mis dans les troncs aux églises pendant le jubilé, on a trouvé quantité de billets de gens qui demandent cette révolution et la conversion du roi. On est très mécontent dans le public de tous et chacun de nos ministres, et encore plus des favoris.

16 *juin*. — J'ai recueilli dans ma province ce que j'entends d'impartial sur l'état des habitants, et il s'en suit que la misère augmente et augmentera de plus en plus par les mauvais principes et le faux travail du ministère et des intendants. Je dis faux travail, car on se donne bien de la peine pour faire plus mal.

Les grands chemins et belles routes sont bonnes (*sic*); mais ceux qui les dirigent ont impatience d'arriver et précipitent ce travail par des corvées qui achèvent d'écraser les villages voisins à quatre lieues à la ronde. Je vois ces pauvres gens y périr de misère; on leur paye 15 sous ce qui vaut un écu pour leur voiture; ainsi en a-t-on encore pour longtemps chez moi à faire des vingt voitures de huit lieues chacune, ce qui met les habitants à l'aumône.

On ne voit que villages ruinés et abattus et nulles maisons qui se relèvent et qui augmentent. Les receveurs des tailles et du fisc font chaque année des frais pour la moitié en sus des impositions. Les pauvres sont en retard de payer par impuissance et supportent en frais (*sic*); les riches n'osent pas payer les receveurs mieux qu'ils ne font, de peur d'être surimposés; toute la communauté craint le surhaussement l'année suivante et paye mal exprès. Ainsi la misère s'accroît.

12 *juillet.* — Un homme qui arrive de Paris dit qu'on travaille à force au bâtiment de l'École militaire, lequel sera plus grand que celui des Invalides à côté de lui, et fait pour surpasser l'édifice de Louis le Grand. Le roi a acheté des carrières près de Senlis; on le fait par économie (ce qui coûte beaucoup par cette méthode). Pâris Duverney avancera, dit-il, tout l'argent nécessaire; cela coûtera plus de 15 millions.

L'on vient de supprimer l'Université de Cahors en punition de ce qu'elle faisait trafic de ses grades; un passant y était reçu docteur en trois jours.

26 *juillet.* — L'on dit que le roi est à Compiègne, triste comme il ne l'a jamais été. Son retour à Versailles dépend de l'état où seront les perdreaux de la capitainerie de Saint-Germain, et si l'on peut les tirer alors. On n'a jamais vu de si grandes choses dépendre de si petites.

30 *août.* — Le pain augmente : il était à trois sols la livre au dernier marché à Paris, vu la mauvaise récolte. On a déjà mis à la porte une grande quantité de pauvres hors des hôpitaux, faute de pouvoir les nourrir; personne n'y donne plus. L'on bâtit à Versailles, proche de l'hôtel de la marquise de Pompadour, un vaste théâtre d'opéra, où il pourra, dit-on, tenir jusqu'à 4 000 personnes.

3 *septembre.* — Il nous souffle d'Angleterre un vent philosophique de gouvernement libre et antimonarchique. Tous les ordres sont mécontents à la fois. Le militaire, congédié le moment d'après la guerre, est traité avec dureté et injustice; le clergé vilipendé et bafoué comme on sait, les parlements, les autres corps, les provinces, les pays d'États, le bas peuple accablé et rongé de misère, les financiers triomphant de tout et faisant renaître le règne des Juifs.

Toutes ces matières sont combustibles, une émeute peut faire passer à la révolte, et la révolte à une totale révolution où l'on élirait de véritables tribuns du peuple, des comices, des communes, et où le roi et les ministres seraient privés de leur excessif pouvoir de nuire. La meilleure raison qu'on dise à cela est que le gouvernement monarchique absolu est excellent sous un bon roi; mais qui nous garantira que nous aurons toujours des Henri IV ? L'expérience et la nature nous prouvent au contraire que nous aurons dix méchants rois contre un bon.

11 *septembre*. — [Ce n'est pas la France précisément qui est en danger, c'est le gouvernement. Il est vrai que les provinces se ruinent, et se ruineront de plus en plus de la façon dont on les gouverne. Mais nous n'avons point, comme les Romains, des Visigoths ni des Sarrasins qui puissent nous envahir. Mais le gouvernement peut éprouver une *révolution*. Considérons qu'il n'est plus estimé ni respecté, et, qui pis est, qu'il fait tout ce qu'il faut pour se perdre. Le clergé, le militaire, les parlements, le peuple haut et bas, tout murmure, se détache du gouvernement et a raison. Cela va de mal en pis. On a déjà vu quelques séditions funestes, à la première occasion cela peut devenir plus grave. Le fisc est sans argent et sans ressources, le parlement de Paris en désobéissance constante et la pouvant pousser plus loin encore, le clergé ne payant rien et bravant les menaces ; de plus, le caractère du roi, doux, bénin, timide, et quand on l'a embarqué dans quelque entreprise hasardeuse, il s'arrête, ne veut pas poursuivre dès qu'il aperçoit un avenir de violence. Le retour est bon ; mais le

voyage en a été pernicieux pour l'État; et cela sape peu à peu toute son autorité. Déjà l'on commence à trouver beaucoup de ressemblance entre son règne et celui de Henri III.]

14 *septembre.* — Bonne nouvelle que je viens de recevoir : Madame la Dauphine est accouchée d'un duc de Bourgogne cette nuit à 3 heures un quart, 13 septembre.

18 *septembre.* — On se plaint toujours du peu de joie marquée dans le peuple de Paris sur un aussi grand événement que la naissance d'un duc de Bourgogne; l'on dirait que le peuple n'aime plus les rois qu'il a tant aimés. Le roi, la reine et la maison royale vont demain dimanche à Paris pour le *Te Deum*; on prépare tout pour qu'il paraisse grande démonstration de joie.

23 *septembre.* — Le roi a entendu beaucoup d'acclamations de joie à son passage à Paris pour aller au *Te Deum* de Notre-Dame : il n'a pas été à l'Hôtel de ville, on ne sait pourquoi. Sa Majesté a ordonné qu'on mariât six cents filles à Paris aux dépens de l'Hôtel de ville, au lieu du magnifique feu sur l'eau qu'on préparait; on en a autant ordonné pour les autres capitales du royaume.

26 *septembre* — On me confirme la consternation, au lieu de joie dans le peuple, aux réjouissances pour la naissance du duc de Bourgogne. On avait prescrit de fermer les boutiques pendant trois jours; personne n'en a tenu compte. Il n'y a jamais eu tant d'amendes faute d'avoir illuminé les maisons. Quand le roi passa pour aller à Notre-Dame il n'y eut que quelques polissons gagés qui crièrent *Vive le roi!* C'est ce qui fit que le roi n'alla pas à l'Hôtel de ville comme il l'avait promis.

30 *septembre*. — Un homme qui arrive de Paris dit que la tristesse y est grande de plus en plus parmi tous les ordres, surtout les pauvres; que le pain y vaut trois sous six deniers, et que toutes les denrées y sont augmentées à proportion, de sorte qu'on a bien de la peine à y vivre.

3 *octobre*. — La consternation de Paris augmente; la conduite de cette capitale a été fort singulière, pour ne prendre aucune part à la joie que devait causer la naissance de M. le duc de Bourgogne. Nulle allégresse; les illuminations tristes et sans distinction; les étrangers ont remarqué cela. Chez M. le comte de Loos, ambassadeur de Pologne, il y avait des fontaines de vin et peu de gens du

peuple pour en profiter. Chez le duc de Gesvres, gouverneur de Paris, l'on jetait de l'argent au peuple, et il n'y avait pas dix personnes pour en ramasser. Le pain est encore enchéri à Paris ; la cherté et la misère augmentent ; dans les provinces on ne peut exprimer jusqu'où est poussée cette misère, le manque d'argent et de blé qu'il y a. Les impôts tourmentent la tête des peuples ; ils maudissent le gouvernement.

8 *octobre.* — On a ordonné des dots modiques pour marier 600 filles à Paris aux dépens de la ville, et 80 aux dépens des fermiers généraux. Quelques-unes ont souscrit ; mais, le bruit se répandant que les enfants qui en proviendront seront d'abord embarqués pour l'Amérique (suite du soulèvement de Paris de l'année dernière), cette opinion a prévalu, et il ne se présente quasi plus de souscrivantes pour se marier, à quoi il faut ajouter qu'il se trouve peu de garçons, ou du moins non en nombre suffisant.

14 *octobre.* — Le roi ayant fait donner six millions pour acheter des blés étrangers, il en est déjà arrivé une grande partie, achetée en Angleterre, qui s'est trouvée si pourrie qu'il a fallu jeter les blés dans nos rivières ; et le ministre fascine

8.

tellement les yeux du roi qu'on ne punira point de si terribles infidélités.

22 *octobre.* — Voici des nouvelles affreuses, énigmatiques et dont raisonne tout Paris. La dame Sauvé, première femme de chambre de M. le duc de Bourgogne, vient d'être mise à la Bastille ; elle avait été empoisonnée quelques jours auparavant, mais sauvée par du contre-poison ; c'est elle cependant qui a la première donné l'éveil du crime dont il s'agit : elle a averti Mme de Tallard qu'on venait de jeter dans le berceau de M. le duc de Bourgogne un gros paquet de poudre de charbon et de mèche, avec des vers les plus injurieux au roi ; le paquet a été porté promptement au roi. Depuis cela, Mme de Tallard a fréquemment interrogé la dame Sauvé, puis celle-ci a été emprisonnée et mise à la Bastille. On conjecture qu'elle a aperçu la main qui a jeté le paquet dans le berceau, qu'elle se doute de l'auteur, mais que, par quelque considération invincible, elle ne veut pas déclarer tout ce qu'elle sait.

1er *novembre.* — La reine tombe dans la dévotion superstitieuse : elle va à tout moment voir *la Belle mignonne* ; c'est une tête de mort. Elle prétend avoir celle de Mlle Ninon de Lenclos : plusieurs dames de la cour qui affectent la dévotion l'ont mise dans le goût de cet outil qu'elles ont chez elles. On pare ces têtes de mort de rubans et de cornettes, on les illumine de lampions, et l'on médite une demi-heure devant elles.

13 *novembre.* — La dame Sauvé n'est pas morte à la Bastille, comme on avait dit, mais la duchesse de Tallard la poursuit comme coupable : l'on dit que c'est par jalousie d'un homme des appartements, jeune et fort, qu'elles aimaient toutes deux.

21 *novembre.* — De profonds politiques pensent encore que la ligue générale contre nous peut avoir dessein de profiter des mauvaises dispositions de nos peuples très fatigués du gouvernement arbitraire qui les réduit à la misère, et, causant une révolution en France, y introduire le gouvernement par états généraux et provinciaux ; ce qui rengraisserait le royaume certainement, mais donnerait plus de paix à nos voisins ; car le gouvernement despotique de France, tout semblable à celui de Turquie, quant à l'absolu pouvoir, a rendu les derniers règnes très entreprenants pour les guerres qui ont incommodé nos voisins et nous ont ruinés ici.

Il est beaucoup question aujourd'hui, dans l'esprit des peuples, de cette prochaine révolution dans le gouvernement; on ne parle que de cela, et, jusqu'aux bourgeois, tout en est imbu. On m'a conté que dernièrement un moine, s'asseyant sur un banc du Luxembourg, avait entendu des discoureurs qui disaient : « Oui, il est à propos que le ministre pousse le clergé. » Sur cela, le religieux avait défendu doucement les droits de son ordre. Mais les discoureurs, après l'avoir laissé parler, lui avaient dit : « Mon père, nous savons vos raisons, nous n'en parlions pas dans ce sens-là; mais en ce sens que les violences du gouvernement contre le clergé *hâteraient la révolution.* »

26 *novembre.* — J'apprends que le jour où Monsieur et Madame la Dauphine allèrent à Notre-Dame à Paris, passant au pont de la Tournelle, il y avait plus de 2 000 femmes assemblées dans ce quartier-là qui leur crièrent : « Donnez-nous du pain, nous mourons de faim. » Madame la Dauphine tremblait comme la feuille; M. le Dauphin appela Chazeron qui était à cheval et qui commandait les gardes; il lui donna sa bourse pour en distribuer ce qu'il jugerait à propos, n'osant pas jeter de l'argent dans Paris sans la permission du roi; mais, quand Chazeron eut donné quelques louis, ces femmes crièrent : « Monseigneur, nous ne voulons pas de votre argent, c'est du pain qu'il nous faut. »

27 *novembre.* — Un abbé de Prades vient de soutenir une thèse en Sorbonne contre la chronologie de la Genèse, doutant des miracles de Jésus-Christ, ou ne les soutenant que par les prophéties.

28 *novembre.* — Hier matin parut un arrêt du conseil qui suspend plusieurs impôts sur la consommation, droits rétablis, quatre sous pour livre, etc., ce qui va rendre la vie à meilleur marché à Paris. Le préambule dit que c'est attendu la cherté du pain et jusqu'à ce que son prix amende.

29 *novembre.* — L'abbé de Bernis, nommé à l'ambassade de Venise, a un traitement qui tirera à conséquence : on lui donne 50 000 livres d'ameublement, on lui double ses appointements. La marquise (c'est-à-dire le roi) lui prête 50 000 écus, et il a la permission d'être une année sans partir. Voilà à quoi parent toutes les finances de l'État.

30 *novembre.* — Tous les ministres se brouillent et se divisent, chacun ne cherchant qu'à faire niche à l'autre. La fortune du sieur de Nozier à qui l'on vient de donner un régiment sans qu'il eût jamais servi, et qui monte présentement dans

les carrosses du roi sans être gentilhomme, donne mauvaise idée du jugement de Monsieur le Dauphin et de son amour pour l'ordre. M. de Vandières, frère de la marquise de Pompadour, s'appelle aujourd'hui marquis de Marigny et monte aussi dans les carrosses du roi : tout est taudis à la cour, aujourd'hui, dit-on. L'on assure dans Paris que ce sont les pleurs de Madame la Dauphine qui nous ont attiré la remise des quatre sols pour livre, et autres droits sursis sur les denrées et sur le bois pendant que le pain serait cher. Quand cette princesse arriva de Paris, le roi lui demanda si elle n'avait pas reçu bien des bénédictions ; elle répondit en pleurant qu'on lui avait demandé du pain.

1er *décembre.* — J'apprends que la fameuse affaire de la dame Sauvé tourne entièrement contre la duchesse de Tallard, gouvernante des enfants de France : l'on prétend qu'elle pourrait bien avoir forgé les vers et la prose qui étaient dans le paquet trouvé dans le berceau de ce prince, afin de faire dire par cette voie tout le mal qu'elle voulait dire de la marquise de Pompadour et offenser ainsi le roi sur sa maîtresse. Elle se sera servi de la dame Sauvé sans lui faire entière confidence de son dessein, mais la Sauvé aura pénétré. Quand celle-ci a averti, Mme de Tallard aura craint qu'elle n'en dît trop ; alors elle aura poussé la noirceur jusqu'à vouloir l'empoisonner. Véritablement la Sauvé soupa avec la femme de chambre de Mme de Tallard et vomit la nuit le poison qu'elle avait pris ; elle prit du contre-poison. On l'a mise à la Bastille pour empêcher qu'on ne lui donnât de nouveau poison, on l'interroge et on ignore ce qu'elle déclare. Mme de Tallard est fort haïe de Mme de Pompadour ; elle est de très mauvaises mœurs, une messaline, hautaine, impérieuse et donnant grand sujet de se plaindre à Mesdames de France, tandis qu'elle les a gouvernées, méchante et de méchante langue, capable, dit-on, du coup dont on l'accuse et dont on n'a encore que le soupçon, mais l'on cherche à en découvrir encore davantage. On m'assure que cela finira par sa retraite forcée.

5 *décembre*. — La crise augmente entre les deux rivales, la marquise de Pompadour et Mme de Choiseul, poussée par la comtesse d'Estrades. Celle-ci a un parti ouvert à la cour contre la marquise, sa cousine et sa bienfaitrice ; mon frère est un grand conseiller, elle lui est indissolublement attachée, l'un ne saurait manquer à l'autre. C'est cependant elle qui a fait avoir à mon fils la survi-

vance de la charge de mon frère, sans le concours de mon frère lui-même, par la direction de M. de Maillebois son gendre.

9 *décembre.* — On ne parle que de la grande dépense que causera le feu d'artifice que l'on va donner à Versailles. Il y aura une bombe qui coûtera 2 000 écus, une seule fusée sera de 800 livres. Les charpentes que l'on finit sont des forêts de bois; cette fête coûtera plus de deux millions. Le duc de Gesvres doit y gagner plus de 50 000 écus par les débris qui lui appartiennent par droit de sa charge, étant premier gentilhomme de la chambre en année d'exercice. La cour est le tombeau de la nation.

11 *décembre.* — On se remue beaucoup touchant la thèse de Sorbonne qu'a soutenue l'abbé de Prades, un des écrivains du *Dictionnaire encyclopédique*, et l'on dit que ce livre va être défendu. Le président de la thèse et le prieur de Sorbonne vont être repris aussi pour avoir signé cette thèse sans l'avoir lue.

14 *décembre.* — Le roi est maigri et changé, de couleur jaune et malsaine, il a l'air de couver une maladie. Tant de tracas ôtent la fraîcheur. On ne

paye rien dans la maison du roi. Au 1er janvier il y aura deux années de dues, 1750 et 1751. L'on parle de payer ces officiers en papier.

18 *décembre*. — Le peuple de France n'est pas seulement déchaîné contre la royauté ; la philosophie et presque tous les gens d'étude et de bel esprit se déchaînent contre notre sainte religion ; la religion révélée est secouée de toutes parts, et ce qui anime davantage les incrédules, ce sont les efforts que font les dévots, et particulièrement les Jansénistes, pour obliger à croire. Ils font des livres qu'on ne lit guère ; on ne dispute plus, on se rit de tout et l'on persiste dans le matérialisme. Les dévots se fâchent, injurient et voudraient établir une inquisition sur les écrits et sur les discours ; ils poussent les choses avec injustice et fanatisme, ce qui fait plus de mal que de bien. Ce vent d'anti-monarchisme et d'anti-révélation nous a soufflé d'Angleterre, et, comme le Français enchérit toujours sur les étrangers, il va plus loin et plus effrontément dans les carrières d'effronterie.

22 *décembre*. — De ma campagne à dix lieues de Paris, je retrouve le spectacle de la misère et les plaintes continuelles bien redoublées. Dans les

bourgs où je me suis arrêté sur la route et dans le village voisin de ma maison, on crie avec raison sur la cherté du pain, qui est excessive; les pauvres gens n'en peuvent plus manger pour leur nourriture. Mon curé m'a dit que huit familles qui vivaient de leur travail avant mon départ mendiaient aujourd'hui leur pain. On ne trouve point à travailler, les gens riches se retranchent à proportion comme les pauvres. Avec cela, ô comble d'horreur! on lève la taille avec une vigueur plus que militaire : les collecteurs avec les huissiers des receveurs des tailles, suivis de serruriers, ouvrent les portes, enlèvent les meubles et vendent tout pour le quart de ce qu'il vaut, et les frais surpassent la taille. Cependant l'on parle d'arrivée des blés étrangers, qu'on appelle blés d'ordonnance; mais, si on les reconnaît pour blés du roi, les monopoleurs les laisseront passer, pour bientôt vendre les leurs avec plus de profit, et ces blés d'ordonnance, achetés bien cher à l'étranger, ruineront le fisc et ne feront point l'effet de leur destination.

25 *décembre*. — Il y a un grand orage contre le *Dictionnaire encyclopédique*, et cet orage vient des jésuites, y ayant eu l'hiver dernier grande querelle entre les auteurs de ce livre et les jour-

nalistes de Trévoux. Les jésuites sont Italiens et machinent de loin et avec cruauté leurs vengeances. Que ſait-on contre les auteurs de ce grand et utile livre? On les accuse d'impiété, de là cette accusation contre la thèse sorbonique de l'abbé de Prades, l'un d'eux, où il n'y a pas de quoi ſouetter un chat.

31 *décembre.* — J'apprends que l'abbé de Prades a été condamné sur sa ſameuse thèse à la Sorbonne. Le Parlement ne jugera que conſormément au jugement dogmatique. On parle aussi d'exil de la part de l'autorité royale. Voilà un homme perdu; en quel lieu se pourra-t-il réfugier? Restera sa science mondaine, mais il est prêtre. L'abbé de Prades était des travailleurs de l'*Encyclopédie*. Or les jésuites veulent détruire cet ouvrage : 1° parce qu'il n'est pas d'eux et qu'ils veulent que tout grand livre vienne d'eux; 2° parce que l'hiver dernier il y a eu grande querelle entre eux et les ouvriers de ce livre.

1752

12 *janvier*. — Les embarras des finances redoublent, et l'indifférence des chefs semble augmenter avec eux. Je tiens d'un homme en place ce qui suit : l'argent manque à tout, surtout à la guerre; à peine le prêt du soldat peut-il être payé, sinon par grande industrie; mais la subsistance de l'officier, les magasins, la fortification, toutes autres dépenses s'arrièrent chaque jour davantage, toute ressource est fermée; M. de Machault n'ose proposer de loterie, le peuple se fâche et a trop d'impôts, le Parlement n'enregistrant aucun nouvel emprunt; le clergé ni les États ne payent rien, et, sur tout cela, grande indifférence. La banqueroute avance à grands pas.

13 *janvier*. — Des personnes de l'intérieur de la cour du Dauphin m'ont confié que Madame la Dauphine avait de la hauteur et de l'humeur, qu'elle tenait beaucoup de la reine de Naples, sa sœur, qui était un mauvais modèle pour le bonheur

d'un royaume, que, comme sa mère, elle était haute, en véritable Autrichienne; que Monsieur le Dauphin en souffrait beaucoup et pleurait souvent de ce qu'il en essuyait.

14 *janvier.* — L'on voit que le ministère de la finance fait flèche de tout bois, ne sachant où prendre de l'argent pour pousser l'illusion quelques jours de plus. M. Boullogne déclare à tous ses amis qu'il ne sait où donner de la tête pour les payements les plus pressés. Mme de Pompadour prétend ménager les finances du roi en lui faisant passer le moins de temps qu'elle peut à Versailles, et retournant peu de jours après aux campagnes qu'il quitte, pour en consommer les provisions. Cependant elle fait des affaires de tous côtés. L'on vient de lui donner le nouveau privilège pour la verrerie de Sèvres, ce qui lui vaut 30 000 livres de rentes, et ceux qui prennent d'elle ce bail y gagnent plus de 60 000 livres.

Mme de Pompadour n'ose plus marcher dans les chemins qu'accompagnée : elle craint la fureur du peuple et les ennemis qu'elle a. A son dernier retour de Choisy, elle était précédée et suivie de deux cavaliers de la maréchaussée. L'on prétend que cela va à lui donner des gardes, comme en ont eu les cardinaux de Richelieu et Mazarin, tristes honneurs qui dénotent plus la tyrannie que la splendeur.

21 *janvier*. — Le roi a conçu une haine épouvantable contre le Parlement, et n'en voit aucun membre sans frémir; le cardinal lui a dit que tout ce corps est janséniste, et il ajoute que qui dit janséniste, dit ennemi de Dieu et du roi. D'ailleurs, il sait que, dans les dernières assemblées des chambres, c'est la jeunesse qui fait le plus de tapage et insiste pour les avis de rigueur et de hardiesse. De là aussi vient une aigreur qui se fait sentir en toutes choses, de sorte que l'on ne verra plus rien de critiquable dans les démarches de gouvernement que le Parlement ne le critique d'abord et avec grande vivacité.

26 *janvier*. — On a eu nouvelle qu'à Arles, en Provence, il y a eu une terrible révolte de paysans qui sont venus armés demander du pain à l'hôtel de ville. Ils étaient au nombre de 2 000, et, comme les magistrats effrayés n'ont fait que leur promettre des secours qu'ils n'ont point donnés, pendant quelques jours, ces paysans, plus armés et en plus grand nombre encore, sont revenus et ont menacé de rompre le pont sur le Rhône qui sépare la Provence du Languedoc. Effectivement

ils commençaient à le démolir, lorsqu'on a fait marcher un détachement de troupes qui les a repoussés. Voilà donc où nous sommes malheureusement pour la famine, que les pauvres demandent forcément du pain aux riches, et que ceux qui gouvernent sont contraints de faire marcher des troupes, pour attaquer et punir les pauvres révoltés de leur misère.

27 *janvier.* — Il y a eu une révolte à Rennes pour le pain et une autre dans une ville de Languedoc. La cour ne paraît pas pourvoir à ces besoins. La Guyenne est très mal et menace de pareils soulèvements : alors les pauvres se soulèvent contre les riches et les pillent. Un homme de la compagnie des droits sur le marché de Poissy m'a dit que la consommation de ce marché en bœufs y était la moitié moindre de ce qu'elle était l'année dernière, parce que la misère est si grande à Paris que quantité de petites gens ne font plus d'ordinaire en viande, et ne mettent plus que des légumes dans leurs pots-au-feu.

Il vient de paraître un livre fort défendu depuis peu et qu'on ne trouve plus. Il s'appelle le *Qu'en dira-t-on*. Il est fort républicain, il avilit le ministère de M. de Machault sous des éloges affectés et un vrai sarcasme, il loue et encourage le zèle du parlement de Paris, il fait plus, il prouve ce qu'il avance, livre que le gouvernement a prohibé avec grande raison pour lui. Ce livre a plus de sa moitié excellente, un quart médiocre, et l'autre quart rempli de pensées fausses. Dans le bon, on y trouve ce trait : « Heureux l'État dont le roi n'aurait point de maîtresse, pourvu qu'il ne fût pas dévot. »

30 *janvier*. — M. le duc d'Orléans est à l'extrémité. Il prêche en mourant ceux qu'il voit et qui l'entourent ; il n'a d'affection que pour les dévots, et porte de l'aversion aux hommes libres et de plaisir non dévots, quoique honnêtes gens.

M. et Mme la duchesse de Chartres viennent de se piquer au sujet d'un logement vacant au Palais-Royal. M. le duc de Chartres ayant renvoyé Mme de Boufflers comme on renvoie un laquais, le mari a voulu que le logement fût donné à M. et à Mme de Blot qui remplacent M. et Mme de Boufflers, et sa femme a voulu que ce fût M. et Mme de Menisdot qui eussent le même logement. Ils ont été au moribond duc d'Orléans, qui a prié qu'on le laissât mourir en repos, mais il a dit à sa belle-fille de s'asseoir ; il lui a reproché sa mauvaise conduite et l'a menacée de la colère de Dieu.

4 *février*. — Le curé de Saint-Étienne du Mont, avant que d'administrer M. le duc d'Orléans, qui est à la mort, l'a interrogé sur la constitution, et a exigé qu'il embrassât ses petits-enfants. Mais le public murmure de ce qu'un prince aussi saint éprouve de telles difficultés à la mort pour recevoir les sacrements.

5 *février*. — M. le duc d'Orléans mourut hier à dix heures du matin. Sitôt après, M. le duc de Chartres, son fils, alla à Versailles faire part au roi du testament qu'il laisse, et que l'on dit chargé de legs pour les pauvres.

Le *Journal de Trévoux* de ce mois tonne sur le nouveau tome de ce *Dictionnaire encyclopédique* qui paraît, où il relève plusieurs choses opposées à notre religion surnaturelle. Effectivement il y a à la tête de cet ouvrage un M. Diderot qui a beaucoup d'esprit, mais qui affecte trop d'irréligion.

12 *février*. — Madame Henriette est morte avant-hier jeudi à midi. Sur-le-champ on envoya ordre de fermer tous les spectacles de Paris, ce qui a rompu bien des plaisirs d'après-midi à gens qui entraient peu dans cette affliction. Mais l'affliction du roi est extrême et tout ce que nous allons voir annonce la dévotion du roi.

En même temps, de nouveaux ordres ont été donnés à tous confesseurs du diocèse ayant des pouvoirs, de questionner leurs pénitents sur la constitution *Unigenitus* : grands ou petits, femmes ou hommes, tout est questionné au tribunal de la pénitence et renvoyé s'il ne dit pas qu'il reçoit la bulle comme règle de foi. On a fait jurer chaque confesseur (car on multiplie les jurons à tous propos), et, de peur de perdre leur métier, ils ne manquent pas à interroger les plus ignorants, et ceux qui sont de bonne foi ne peuvent répondre sur une matière qu'ils ignorent. Cependant on peut aller aux moines, qui, pour enlever la pratique des prêtres habitués, n'observent pas de même l'instruction de l'archevêque.

Le roi a été fort touché de la mort de Madame Henriette, et même en est malade, à quoi s'est joint un gros rhume. L'on attribue cette mort à une gale habituelle qui, ayant paru au front, a été répercutée dans le sang par des remèdes topiques. Bouillac, médecin de Mesdames, est toujours l'auteur de ces fautes par impéritie et étourderie.

13 *février*. — De ce matin paraît un arrêt du Conseil qu'on n'avait pas prévu ; il supprime le *Dictionnaire encyclopédique*, avec des qualifica-

tions épouvantables, comme de révolte à Dieu et à l'autorité royale, de corruption des mœurs, le tout débité sous des termes obscurs et enveloppés, etc. L'on dit sur cela que les auteurs de ce dictionnaire, dont il ne paraît encore que deux volumes, doivent donc être incessamment suppliciés, qu'on ne peut s'empêcher de les rechercher et de faire informer contre eux. Il s'ensuivra la perte de quantité de gens de lettres très précieux à la France, et dont profiteront nos voisins curieux; mais ce qui s'ensuit encore davantage, c'est l'établissement d'une véritable inquisition en France, inquisition dont les Jésuites se chargent avec joie, qu'ils recherchent depuis longtemps et qu'ils exerceront avec dureté.

14 *février*. — Un de mes curés me mande qu'étant le plus vieux de la province de Touraine, il a vu bien des choses et d'excessives chertés de blés, mais qu'il ne se souvient pas d'une si grande misère (même en 1709) que cette année-ci; il en attribue la raison à la ruine de toute fortune, et l'enlèvement de tout argent hors de sa province par la règle de prendre solidaires pour la taille les plus aisés d'une paroisse.

23 *février*. — Le roi maigrit, mais a bon visage.

L'on prétend que les affaires de la marquise ont repris leur train ordinaire, et que le partage de crédit auquel on a cru entre elle et la famille royale n'a aucun lieu. Quelque inquiétude subsiste encore cependant chez cette favorite. C'est elle, dit-on, qui a obtenu pour Mme Adélaïde l'appartement qui a fait tant de bruit, on l'avait refusé à feu Mme Henriette. Mme de Pompadour, dans ces moments d'affliction, s'est mise aux genoux du roi pour le demander et l'obtenir. Quel bruit fait dans le monde un appartement donné ou refusé à une femme! car il peut se faire qu'il dépende de cela plusieurs événements considérables dans l'État; voilà les inconvénients de la monarchie : la conduite des peuples y dépend trop des misères de l'humanité. En attendant, cet objet fait une occupation vive pour le roi à qui ces petites passions sont si nécessaires. On accommode cet appartement pour Madame ; des ouvriers y sont, le roi les conduit et les pique ; il y va continuellement.

25 *février*. — Le sieur Diderot est celui des auteurs de l'*Encyclopédie* qu'on accusait le plus de travailler contre la religion, l'autorité royale et les mœurs : il vient de prendre la fuite, sachant qu'on allait l'arrêter, et l'on a mis la main sur ses papiers.

29 *février*. — J'apprends chaque jour de nouvelles extrémités à la finance; les plus petites caisses sont épuisées; M. Machault fait la revue fréquente de leurs bordereaux et y laisse à peine mille écus. Cependant l'on ne paye pas les parties les plus capitales; des ordonnances pour subsistance des troupes en Écosse n'ont pu être encore payées; on ne paye point les académies; les pauvres savants qui n'ont pour vivre que chaires de professeurs, pensions ou jetons d'académie, on ne parle point de les payer. Chacun se regarde à Paris et à la cour, et ne sait comment exprimer la peine qui le contraint aux retranchements les plus nécessaires.

2 *mars*. — On a calculé que, depuis 1726, où le cardinal de Fleury a commencé son ministère, jusqu'à présent, les bâtiments ont monté en dépense à 350 millions, le tout pour ne faire que des nids à rats, à faire et à défaire. C'est le château de Choisy qui est le plus grand théâtre de ces variations; il n'y a point d'année où l'on ne détruise pour rebâtir ce que l'on change encore l'année suivante.

3 *mars*. — Il passe pour constant que M. le duc d'Orléans est mort sans les sacrements de l'Église,

ce qui se réduit à l'extrême-onction, car il se confessait souvent à son confesseur particulier et inconnu, et il allait recevoir la communion dans l'église. Étant au lit la veille et l'avant-veille de sa mort, M. l'archevêque de Paris y vint avec le curé, et quelques autres personnes; M. le duc de Chartres présent, on l'exhorta à reconnaître son petit-fils et sa petite-fille et à leur donner sa bénédiction; il assura qu'il ne les reconnaîtrait jamais et qu'il ne pouvait parler contre sa conscience. On lui a refusé les sacrements jusqu'à la fin pour cette cause; le mourant a répondu que, les ministres de l'Église lui enlevant cette consolation, Dieu lui en tiendrait compte en autre chose. Il est mort sur ces sentiments; les assistants ont promis de n'en jamais parler, mais peu à peu ces grands secrets transpirent.

Je sais que, lors de la naissance de M. le duc de Montpensier, une méchante pauvresse lui avait présenté un placet pour lui demander aumône et récompense, exposant que Mme la duchesse de Chartres lui avait acheté son enfant pour le supposer à la Maison. Depuis cela, il avait cru avec une foi de martyr que ce fait horrible était véritable, comme si un ange était descendu pour le lui dire, à quoi ajoutant de la mésestime pour sa belle-fille et peu d'estime pour son fils, il avait cru tous ses petits-enfants supposés, ce qui ſaisait un grand scandale, et était d'un grand danger pour l'honneur et la sûreté de la Maison royale.

22 *mars.* — Mon gendre, le comte de Maillebois, passait pour un favori, et voici qu'il est tout à coup disgracié : il vint hier au soir me dire adieu, venant de recevoir ordre d'aller à Maillebois, jusqu'à nouvel ordre. Je crains que le rappel ne soit long à venir, du moins que cette disgrâce ne dure autant que le règne de Mme de Pompadour ; et qui sait combien il durera? car voici que l'éclat de son autorité reprend sur nouveaux ſrais et tout de plus belle. Au ſond M. de Maillebois se moquait d'elle et ne lui avait jamais été attaché d'amitié; même en ayant reçu des avances d'elle, il les avait tournées en mépris, et en parlait avec grande indiscrétion.

24 *mars.* — Un officier dont la troupe est en garnison à Mézières m'a dit que le peuple était si misérable dans cette ville que, dès qu'on avait servi le dîner des officiers dans les auberges, le peuple se jetait dessus et le pillait.

Hier, il y eut assemblée des chambres du Parlement touchant un nouveau refus de sacrements fait par le curé de Saint-Étienne du Mont, celui-là même qui a été déjà repris de justice cet hiver, ayant été mis en prison pour semblable cas avec irrévérence au Parlement. Ce refus de sacrements est fait à un ecclésiastique nommé l'abbé Lemère, soupçonné de jansénisme. On l'interroge, on lui demande s'il croit M. Pâris damné, et, sur sa réponse négative, l'on remporte les sacrements. Le moribond a sommé le curé de lui donner les sacrements. Le Parlement a ses pièces et a nommé un rapporteur.

On a décrété le curé d'ajournement personnel pour comparaître et pour subir interrogatoire hier à 5 heures de relevée, et le Parlement a invité M. l'archevêque de Paris à venir prendre sa place de pair au Parlement pour assister au même jugement.

L'on change le district des intendants des menus, les premiers gentilshommes de la chambre les ayant tracassés; on va leur donner un inspecteur qui sera pour le moins aussi fripon qu'eux. Ceux qui en sortent se sont très enrichis en donnant des fêtes chères et de mauvais goût.

25 *mars*. — Avant-hier le Parlement fut assemblé jusqu'à minuit et demi. On interrogea M. Bouettin curé de Saint-Étienne du Mont; il répondit qu'il n'avait refusé les sacrements à l'abbé Lemère que

par ordre de M. l'archevêque, et l'archevêque répondit la même chose, qu'il avait donné cet ordre. On avait envoyé le sieur Isabeau, greffier, inviter l'archevêque à venir siéger au Parlement; il répondit que ses fonctions pastorales l'empêchaient d'aller prendre place. Le Parlement a défendu au curé de récidiver, lui a enjoint de se comporter plus charitablement avec ses ouailles, d'administrer les sacrements à l'abbé Lemère dans les vingt-quatre heures, le procureur général chargé de faire obéir la cour et d'en certifier lundi prochain ; ledit curé condamné à trois livres d'amende en faveur des prisonniers de la Conciergerie; enjoint aussi à l'archevêque de mieux conduire les curés de son diocèse.

28 *mars*. — Une députation du Parlement, y compris les gens du roi, a été mandée dimanche à Versailles : là, le roi leur a dit à l'ordinaire « qu'il était très mécontent de son Parlement qui allait si vite, excepté de quelques gens sages qui allaient plus doucement » (comme M. Thomé qui avait ouvert l'avis de faire des remontrances). Le chancelier a montré un arrêt du Conseil qui casse tout ce qui s'est fait au Parlement sur ceci et évoque au roi.

29 *mars.* — On ne parle que du pillage de MM. les intendants des menus plaisirs; ils sortent de leur charge avec des 3 à 400 000 livres de profit; ils ferrent la mule effrontément. Les bois pour la dernière fête, qui ne présenta qu'un mauvais feu d'artifice, ont coûté 100 000 écus; on a voulu les revendre et l'on en a trouvé que 15 000 livres. M. de Gesvres ne se cache pas d'y avoir eu 50 000 écus de profit.

30 *mars.* — Comme le roi avait promis qu'il prendrait sur lui que l'abbé Lemère fût administré avant que de mourir, comme le Parlement avait ordonné qu'on y veillât, ledit abbé décéda le 28, à trois heures, sans sacrements. Sur-le-champ assemblée des chambres qui a duré jusque dans la nuit suivante, quatre heures du matin. Là, le Parlement a proposé aux gens du roi de requérir; ils ont répondu, comme le matin, que, sachant de la propre bouche du roi qu'il évoquait cette affaire et qu'il défendait au Parlement d'en connaître, ils ne pouvaient plus s'en mêler. Sur cela, le Parlement a pris son parti de prétendre cause d'ignorance de cette évocation, et de suivre l'affaire avec ardeur. On a décerné décret de prise de corps contre le curé de Saint-Étienne du Mont, on l'a envoyé arrêter, il s'est trouvé absent; l'huissier a été dans

une maison où l'on le disait; on a mis le scellé sur les meubles et on l'a trompetté. L'assignation est donnée à quinzaine, ce qui tombera après les vacances de Pâques, et tous les membres du Parlement sont partis le lendemain pour leurs campagnes, où ils s'attendent à un orage.

31 *mars*. — Le Parlement a quantité d'autres dénonciations de refus de sacrements... Ce qu'on n'a guère vu encore, c'est un archevèque comme celui de Paris, soutenir et affirmer que ce refus de sacrements fait à l'abbé Lemère était par son ordre. L'on assure que le roi a blâmé ce faux zèle, que Sa Majesté avait envoyé un capucin à l'abbé Lemère, mais qu'il arriva trop tard, et qu'elle va prendre le parti d'approuver la procédure du Parlement, qu'ainsi le curé de Saint-Étienne sera battu de deux verges.

12 *avril*. — On ne paye rien dans la maison du roi pour ce qui est de plus pressé; il est certain que les palefreniers du roi ne le sont pas, que leurs femmes vont la nuit demander l'aumône dans les rues de Versailles, et que l'on a envoyé ordre aux auberges de leur faire crédit.

J'apprends avec grande douleur que le mérite de Monsieur le Dauphin paraît diminuer chaque jour, rien de suite, nulle dévotion, nulle application suivie, du papillotage, des questions sans attendre la réponse, air d'étude sans étude, mauvaise et plate compagnie qui l'entoure, rien, rien. Oh! que le royaume est malheureux!

L'on assure que le curé de Saint-Étienne du Mont va être réintégré dans sa cure par ordre du roi et qu'à l'instant dix curés de Paris sont prêts à faire éclater le schisme contre tous ceux qui ne reçoivent pas la constitution *Unigenitus* avec encore plus d'effronterie que le curé de Saint-Étienne.

15 *avril.* — Une personne du Languedoc m'a dit que quantité de paysans désertent cette province et se réfugient en Piémont, Savoie ou Espagne, effrayés, tourmentés de la poursuite du vingtième par régie. L'on m'apprend que le poids tombe davantage sur les roturiers que sur les nobles, que la rigueur des recouvrements pèse sur eux et paraît excessive, au prix de la clémence dont les États les exigeaient ci-devant et de tous temps, joint à ce que l'abonnement était fort doux, et les États avançaient par emprunt, au lieu des maltôtiers qui vendent tout, qui emprisonnent tout, comme des houzards en guerre, et même avec plus d'activité et de malice, pour gagner eux-mêmes.

M. l'archevêque de Paris a voulu pour syndic de

Sorbonne (à la place de celui qui s'est démis pour la thèse de l'abbé de Prades) un moliniste dont il s'est déjà servi. On ne voulait pas l'élire; il l'a fait nommer par lettre de cachet, ce qui mécontente toute la Sorbonne, quelque humiliée, quelque déshonorée qu'elle soit déjà dans le monde. Ainsi rien ne se fait plus que par lettres de cachet, et l'on blâme ce règne de plus en plus, comme le règne des jésuites, de ces moines ultramontains qui gouvernent la cour par les ministres dévoués à leur intrigue.

Deux jeunes bénédictins ont été à l'archevêque de Tours pour recevoir l'ordre de prêtrise; l'archevêque a voulu exiger d'eux la promesse par écrit qu'ils exigeraient de chaque laïque, lorsqu'on recourrait à leur ministère, l'acceptation pleine de la constitution. Ils ont fui cette contrainte de leur conscience et se sont retirés.

18 *avril*. — J'ai lu les remontrances du Parlement datées du 15 de ce mois. Elles sont longues, belles et de la plus grande force... Le Parlement commence par y définir la bulle *Unigenitus*; il démontre qu'elle ne peut être *règle de foi*, puisqu'elle a été susceptible de modification par les ordres mêmes du feu roi et que son acceptation est inséparable de l'explication des quarante évêques ;

il cite au roi plusieurs arrêts de son règne qui lui portent atteinte; enfin le Parlement y parle tout à fait en janséniste, comme on l'appelle, tache qui restera longtemps à cette bulle... Le Parlement démontre qu'il n'y a que lui-même qui puisse juger du schisme que cela occasionne. Il cite le refus de sacrements fait à M. le duc d'Orléans, pour n'avoir pas voulu signer un acte par lequel il reconnaissait ses petits-enfants. L'on menace des horreurs de la ligue que le schisme attire. Enfin le Parlement y déclare, dans les termes les plus respectueux, qu'il désobéira sur ceci.

19 *avril.* — La réponse du roi au Parlement est d'une grande sagesse, et aussi bien qu'elle pouvait être pour se tirer du mauvais où l'on était. Le roi déclare qu'il a déjà puni le curé d'Orléans qui a prêché le fanatisme, et en effet je sais qu'on a dû le faire enlever aujourd'hui avec éclat par la maréchaussée et le conduire à un séminaire. Sa Majesté va aussi s'informer du curé de Mussy-l'Évêque; elle déclare qu'elle fera en sorte que le curé de Saint-Étienne du Mont ne retourne plus dans sa cure, puisqu'il ne s'y prend que d'une façon propre à échauffer les esprits.

22 *avril.* — On a eu hier matin la nouvelle, par

un courrier, que tout le bas peuple de la ville de Rouen était horriblement révolté, et qu'il s'en fallait bien que la sédition fût apaisée au départ du courrier; que cela a commencé par une femme qui achetait quelques livres de coton et qui le trouvait trop cher à cause des nouveaux droits; que, les commis de ce droit étant survenus, elle avait donné un soufflet à l'un d'eux, et que ces commis l'avaient frappée à leur tour, ce qui avait amassé du peuple; puis la populace s'était attroupée jusqu'à 8000 hommes ensemble, et qu'il y avait eu beaucoup de tuerie, car ce peuple normand est fort méchant, qu'il avait pillé trois gros magasins de blé que le roi avait en réserve dans des couvents, pour la provision de Paris. Ce sont des blés venus d'Angleterre et qui ont coûté fort cher; ce pillage peut faire enchérir le blé à Paris aux premiers marchés.

27 *avril*. — Lenoir de Cindré, intendant des Menus Plaisirs du roi, vient d'être exilé à Moulins, avec ordre de se défaire de sa charge, que l'on a donnée à Blondel de Gagny. Le sieur de Cury a le même ordre secrètement. C'est la querelle du duc d'Aumont que l'on venge, parce que ces deux intendants voulaient voler tout seuls, sans en faire part à MM. les premiers gentilshommes de la chambre.

29 *avril*. — Le parlement de Rouen a rendu deux arrêts qui méritent critique tous les deux : l'un pour pendre sur-le-champ les séditieux sans figure de procès ; l'autre, qui déplaît beaucoup à la cour, pour faire visite de tous côtés dans les magasins du roi, afin de savoir quels ils sont et le publier, car le peuple se révolte, dit-on, sachant qu'il y a des magasins dans la province destinés à Paris, et croyant qu'ils sont composés de grains de la province. Cependant ces magasins sont des œuvres secrètes du gouvernement, qui les manœuvre sous main pour soutenir le prix des denrées, et, mettant au jour les dépôts secrets, les marchands en seront discrédités, et le roi y perdra ses avances.

Voilà donc toute la province de Normandie qui s'emporte à une révolte générale pour sa misère ; cela approche de Paris ; le manque d'argent en est cause, et le manque d'argent va se faire ressentir dans la capitale, car les recouvrements des grosses tailles de Normandie vont devenir fort difficiles. Tous les receveurs généraux commencent à se plaindre de leurs embarras ; ils avancent au roi, ils signent leurs billets, mais, les taillables payant mal, l'argent ne leur rentre plus comme ci-devant. C'est par là que l'autorité et la cour manqueront subitement, après beaucoup de vains efforts pour éloigner la banqueroute.

1er *mai.* — J'ai vu des relations du soulèvement de Rouen, puis de la Normandie, qui font trembler : il y avait environ 15 à 16 000 révoltés dans la ville, et cela passe de beaucoup ce nombre dans la campagne. Par les lettres du 28 avril que j'ai lues, cela continuait encore, et le pays de Caux était pillé, surtout aux jours de marché, de sorte que personne n'osait plus apporter auxdits marchés. L'on craignait que cela ne gagnât la ville et généralité de Caen, où sont les peuples les plus mutins et les plus séditieux de France.

2 *mai.* — L'arrêt du Conseil tant annoncé paraît et est du 29 avril. Le roi n'y gronde point le Parlement, comme on avait dit. Sa Majesté rappelle la *déclaration du silence,* un article du lit de justice de 1730 et l'arrêt de 1731, le tout tendant au silence sur la Constitution.

3 *mai.* — La nouvelle de Paris est que, depuis quelques jours, le trésor royal est fermé, en sorte qu'une ou deux fois par semaine on l'ouvre jusqu'à huit heures du matin seulement, et, pendant ce peu d'heures, il y a une affluence de monde et de carrosses qui fait sentir les difficultés de toucher : cela sent, dit-on, la faillite royale.

6 *mai.* — Le Parlement a été assemblé hier depuis huit heures jusqu'à une heure après-midi; il y a eu les avis les plus funestes à l'autorité, et celui qui s'est formé est d'un noir qui doit faire trembler tout bon citoyen, comme tout royaliste. Il règne dans ces remontrances que l'on va faire un ton de sombre, de funeste, de triste définition de l'autorité, de dispute de la législation, que l'on attribue au roi en France et que le Parlement lui dispute, surtout dans les lits de justice, où les conseillers manquent, disent-ils, de liberté, d'où l'on ne peut jamais citer au Parlement les lois registrées en ces séances, sous prétexte de lois fondamentales dont le roi se dit dépositaire, et qu'il prétend être au-dessus des rois. On y réclame donc les lois fondamentales, on y allègue au roi qu'il ne peut les enfreindre.

Le Parlement se vante de s'être souvent attiré l'indignation des rois, et toujours utilement pour eux et pour l'État. On y dit ne pouvoir obéir; on y emploie les moyens que j'avais devinés de moi-même; enfin les magistrats menacent le roi d'abandonner les fonctions de leurs charges, si Sa Majesté ne les laisse pas suivre la procédure indiquée plus haut, qui est, disent-ils, d'une extrême importance pour empêcher le schisme et pour conserver l'ordre public.

7 *mai.* — L'on parle de deux nouvelles révoltes pour la cherté du pain : l'une en Auvergne, l'autre en Dauphiné, et, dans ces deux-ci, la noblesse s'en est mêlée et s'est malheureusement montrée à la tête des séditieux.

Hier, 6 mai, le Parlement assemblé s'expliqua au roi sur le reproche d'avoir quitté ses fonctions, et il dépêcha le soir les gens du roi pour lui dire qu'il ne les avait pas quittées, mais que, dans des conjonctures aussi grandes que celles-ci, il ne pouvait s'occuper que (*sic*) d'autre chose. Il est apparent que le roi aura encore plus mal reçu cette réplique, car l'audace du Parlement augmente à chaque pas.

Les poissardes ont insulté avant-hier, sur le Pont-Neuf, l'archevêque de Paris qui passait, et ont dit : « Il n'y a qu'à noyer ce b... là, qui veut nous empêcher de recevoir les sacrements de l'Église ». Son cocher a eu grand'peur. Je sais que dans ma paroisse, on avait peur que le curé de Saint-Eustache, l'abbé Secousse, ne fût enlevé une nuit, parce qu'il passe pour janséniste. Pendant plus d'un mois, cent femmes de la halle veillaient et étaient de garde : elles se seraient battues comme des soldats.

9 *mai.* — Le soulèvement en Auvergne est plus

fâcheux qu'on n'a dit d'abord. Les nobles de cette province, chacun à la tête de leurs paysans, ont marché chez ceux qui ont des greniers, en ont pris les blés et les ont payés ce qu'ils ont voulu. Ce n'est pas seulement aux monopoleurs qu'ils ont fait cette violence, c'est aux prévoyants, se faisant justice chacun à soi-même, et exerçant ainsi une police arbitraire et anarchique.

10 *mai*. — Le Parlement s'est mis à l'improviste à faire au roi deux sacrifices auxquels on ne s'attendait pas : l'un de lui porter la procédure contre les curés, avec les nouvelles dénonciations de refus de sacrements; l'autre d'obéir à Sa Majesté en reprenant les fonctions de leurs charges envers les particuliers, et, sur cela, ils députent à Sa Majesté pour demander à faire leurs remontrances.

12 *mai*. — Les embarras augmentent. La famille royale, assiégée de dévots molinistes, se jette aux pieds du roi pour lui recommander l'Église. Le vieux Mirepoix lui dit qu'il n'est plus roi par la réponse qu'il a faite au Parlement. M. le Dauphin jette des regards terribles sur les conseillers qui opinent au conseil pour la paix. Voilà de quoi embarrasser plus d'un Louis XV.

31 *mai.* — Me voici à ma campagne pour longtemps.

Le gouvernement d'une petite province nommée la Marche, qui vaquait par la mort du marquis de Saint-Germain, vient d'être donné au marquis de la Salle. Des maréchaux de France et quantité des plus anciens lieutenants généraux le demandaient; mais la Salle est très agréable dans les cabinets et chante supérieurement dans les petits opéras qu'on y a donnés.

2 *juin.* — L'on a présentement trois nouveaux tomes des *Mémoires de l'abbé de Montgon*, qui seront encore suivis de quelques autres. Dans cette lecture, l'on se dégoûte de plus en plus du gouvernement monarchique par l'exemple de celui d'Espagne. Nous allons droit à cette espèce de gouvernement, si bientôt les opinions philosophiques ne viennent à nous relever de l'ignorance. Enfants opprimés sous des précepteurs injustes et stupides, voilà les peuples d'une monarchie absolue. Par lui l'Espagne est devenue à rien, et nous allons par delà le rien par la négligence et les actions absurdes de nos rois. Oui l'Espagne doit nous paraître ce que les valets ivres étaient à l'éducation des jeunes Lacédémoniens : ils doivent nous montrer cet excès d'absurdité dont je parle.

4 *juin.* — Je suis voisin de la grande route d'Orléans, que l'on embellit par inquiétude et aux dépens de l'humanité. M. Trudaine, homme dur et qui a perdu sa vertu par l'orgueil, ordonne partout les grands chemins en tyran. A Étampes on vient de couper une montagne pour entrer dans la ville avec quelques toises de moins de chemin. Cela se fait à corvée et ce qu'il y a de dépense ne se paye point. A Arpajon, l'on creuse un chemin à grands frais pour conserver un cimetière. Le comte de Noailles, qui protège ce bourg, en étant le seigneur, a mis tout son crédit à la conservation de ce cimetière, et cause par là la démolition de quarante maisons, par où l'on va passer. On ne dédommage personne de ces destructions.

19 *juin.* — Le Parlement continue à être mené avec beaucoup d'habileté par le premier président Maupeou. C'est une position unique que de voir à la tête de cette compagnie un chef si piqué, si vindicatif, si sournois, si ferme, et, avec cela, homme du monde, comme est celui-ci, nullement savant, car la science se tourne en pédanterie dans les magistrats, et embarrasse toujours la conduite.

1er *juillet.* — L'évêque de Chartres fait signer trois formulaires ou promesses à tous les prêtres à qui il accorde des pouvoirs : 1° pour les cinq propositions, mais sans distinction du fait et du droit ; 2° pour la réception de la bulle *Unigenitus* ; 3° pour promettre *in verbo sacerdotis* qu'ils refuseront, autant qu'il sera en eux, les sacrements à tous ceux qui ne recevront pas la bulle et qu'ils ne les enterreront pas en terre sainte.

Je sais d'un membre du Parlement que l'on est après à avoir copie de ce triple formulaire, pour le déférer au Parlement, et que l'on a même pensé, ces jours-ci, en avoir une moyennant un louis, mais le vilain prêtre s'en est dédit.

14 *juillet*. — Ce n'est plus seulement la querelle de l'épiscopat avec le parlement de Paris, c'est avec tous les parlements du royaume que cette querelle s'agite et augmente. L'archevêque d'Aix est accouru à Compiègne pour demander justice du parlement de Provence qui va lui saisir son temporel, à cause de quelques prêtres qu'il n'a ordonnés qu'à condition d'un formulaire pour la bulle *Unigenitus*. Le parlement d'Aix les recherche pour les interroger, l'archevêque les cache, et, sur cela, le Parlement va saisir son temporel. Le parlement de Paris va aussi saisir le temporel de l'archevêque de Sens à cause des curés et vicaires qu'il fait cacher ; l'on veut le réduire à vivre dans son séminaire.

20 *juillet.* — Le curé de Saint-Étienne du Mont ayant voulu reparaître dans sa cure pour animer ses prêtres en faveur de la Constitution *Unigenitus*, a été mis à Vincennes par lettre de cachet.

25 *juillet.* — Le Parlement a condamné au feu par la main du bourreau une requête du 11 juin signée par 19 archevêques ou évêques, présentée au roi et imprimée pour demander justice contre le parlement de Paris, qui a déclaré l'archevêque de Paris auteur du schisme.

1er *août.* — Le parlement de Toulouse a fait des remontrances du 17 juillet, que l'on vient de publier imprimées : c'est au sujet d'une affaire de refus de sacrements que le roi a évoquée; le Parlement a obéi, mais remontre avec la plus grande force que c'est une injustice et traite à fond le désordre des évocations. Tous les parlements se montrent ainsi grands jansénistes ; le jansénisme devient la religion universelle et dominante du royaume. La raison en est que ce n'est point une hérésie positive, et qu'il ne s'agit que de l'intrigue des jésuites, contre laquelle tout le royaume se soulève.

7 *août.* — La nuit de samedi à hier, M. le Dau-

phin a été très mal, avec transport au cerveau; mais, sur les quatre heures, il s'est trouvé mieux, et la petite vérole commence à sortir.

13 *août.* — M. le Dauphin paraît hors d'affaire; il est entré dans son dixième jour. Le peuple de Paris a paru s'inquiéter peu de ce grand danger, et tenait de mauvais discours.

L'on parle beaucoup dans le public d'un terrible monopole que M. de Machault exerce dans les blés pour le compte du roi. Voulant retirer les avances qu'a faites Sa Majesté pour subvenir à la cherté du pain cet hiver, le ministère fait vendre ces blés royaux dans les marchés le prix qu'il veut; ces blés sont à moitié gâtés et l'on empêche les particuliers d'en porter du leur aux marchés, de sorte que le peuple est mal nourri, que cela pourra donner des maladies, et que les grains se soutiennent toujours très cher, malgré l'abondance de la récolte. Cela influe aussi sur les autres grains, comme sur l'avoine, ainsi que sur les foins.

24 *août.* — J'ai passé hier la journée à Versailles, et voici ce que j'y ai ramassé :

Le roi est rongé de chagrin et y tombe quelquefois d'une façon à désespérer ceux qui l'approchent. Il y a quatre jours qu'étant à la chasse à Chatou, il était d'une humeur extrême; rêveur, distrait et noir, il semble méditer quelque coup, comme l'expulsion de la marquise, et de prendre un premier ministre, se voyant dans de grands embarras pour son gouvernement : finances, épargnes, parlement, église.

En attendant, la marquise dispose de tout. Mon frère dit tout haut devant moi qu'il ne peut rien accorder au mérite, et que Mme de Pompadour lui arrache toutes les places à donner. Elle se croit reine et semble l'avoir rêvé une nuit. Elle disait dernièrement aux ministres étrangers : « Voilà bien des mardis où le Roi ne pourra vous voir, messieurs, car je ne crois pas que vous veniez nous chercher à Crécy. » Ce *nous* l'assimile à la reine, on se moque fort de ses discours.

30 *août*. — Voici de nouveaux troubles. J'ai parlé du refus de sacrements à Tours; le curé de Saint-Pierre-le-Puellier les a refusés à l'abbé Maignée, janséniste, et ce par ordre de l'archevêque de Tours, qui a couché deux nuits dans cette maison pour garder à vue l'exécution de son ordre. Mais le bailliage a été son chemin, et a ordonné à ce curé de les administrer. Arrêt du Conseil du 23 de ce mois qui casse et annule tout ce qu'a fait ledit bailliage, et les motifs en sont la surprise

que fait au roi la conduite de ce bailliage qui devait renvoyer cette affaire aux supérieurs ecclésiastiques, puisqu'il s'agit de matières de sacrements, que le curé avait les ordres de l'archevêque et que ce bailliage n'a pas suivi l'arrêt du conseil du 29 avril, qui [qu'il] devait se conformer à l'édit de 1695 touchant les sacrements et les matières spirituelles.

31 *août*. — Dimanche dernier, le Roi, la Reine et la Dauphine furent à Paris remercier Dieu à Notre-Dame de la convalescence du Dauphin. On avait fait baisser le pain au marché de samedi, pour faire mieux recevoir Leurs Majestés. Le roi changea de chevaux au Petit Cours. Il y avait quelques badauds qui criaient là : *Vive le roi!* mais dans Paris personne ne cria.

7 *septembre*. — [L'on prétend que c'est Mme de Pompadour qui soutient le Parlement et que M. de Machault l'y porte finement, soit pour se faire aimer du peuple comme une autre Agnès Sorel, soit pour détourner le crédit des dévots et des molinistes qui lui est contraire. L'on parle sourdement du dessein où est le parlement de Paris d'appeler un beau matin, *au nom de la nation*, de la bulle *Unigenitus* au futur concile. Cette démarche,

dont on a déjà parlé plusieurs fois, serait cassée par arrêt du Conseil, mais l'acte resterait, et déclarerait le vœu de la nation malgré le roi, ce qui serait une grande plaie à l'autorité royale.

Ces troubles intestins nous font grand mal chez les étrangers. L'argent devient d'une rareté extrême et la misère s'affiche chaque jour. Tout ceci devrait dégoûter le roi des deux partis qui nous gouvernent, et qui chacun, l'un par l'autre, réduisent son règne à un tel excès de misère et de faiblesse.]

9 *septembre*. — La mauvaise issue de notre gouvernement monarchique absolu achève de persuader en France, et par toute l'Europe, que c'est la plus mauvaise de toutes les espèces de gouvernement. Je n'entends que philosophes dire, comme persuadés, que l'anarchie même lui est préférable, puisqu'elle laisse au moins les biens à chaque habitant, et que, quelques troubles, quelques violences qui y surviennent, ils ne préjudicient qu'à quelques particuliers, et non au corps de l'État, comme celui-ci. Nous voyons ceci dans un grand jour sous le règne actuel : un prince doux, mais de nulle activité, laissant aller les choses dont les abus, commencés par l'orgueil de Louis XIV, vont nécessairement à la perte du royaume : nulle réformation, quand elle est si

nécessaire; nulle amélioration; des choix sans lumières, des préjugés du temps sans examen; par là tout va de plus en plus à la perte nationale, tout tombe par morceaux, et les passions particuilères cheminent sous terre pour nous miner et nous détruire.

Certes, il y a aujourd'hui la violence de moins, et c'est un grand point. Mais les trames sourdes du vice n'en vont qu'à un détriment plus assuré de la société, de la vertu et de la force nationales. Or le même caractère obscur, mol et prévenu, qui a dominé au mal jusqu'ici, n'en rend le remède que plus impossible. Cependant l'opinion chemine, monte, grandit, ce qui pourrait commencer une *révolution nationale*.

[L'on demande où sont les personnages, les chefs de cette révolution. Je réponds : ce sont les parlements et leurs chefs, lesquels s'accréditent dans le public et s'attirent aujourd'hui la confiance générale. Or, étant dangereux pour la cour d'y toucher, ils avanceront et établiront de plus en plus leur pouvoir.]

15 *septembre*. — L'intendant de Languedoc sévit contre les religionnaires, fait marcher des troupes à leurs assemblées, en prend quelques-uns, les jette dans les cachots, ce qui cause beaucoup

d'émigrations qui dépeuplent nos provinces de tous côtés, surtout dans nos provinces méridionales.

21 *septembre.* — On s'attend à une grande crise et de grands changements à Fontainebleau. D'avance le roi en est fort triste; on est persuadé que la marquise sera renvoyée, et que tout son parti n'en est pas mieux. Mon frère est jaune et le roi est de mauvaise humeur; il se détache de mon dit frère par tout le mal qu'on lui en dit.

Il faut qu'on aperçoive au roi de la proximité à la dévotion, ou plutôt à la superstition, car chaque favori y tourne. Mon frère a fait ses dévotions, et M. de Machault sert la messe dans sa chapelle.

Le pain est toujours à quatre sous la livre et l'on crie au monopole royal. Il est dangereux de se mêler de ce prix quand le succès en est aussi mauvais. J'ai vu des gens de finance soutenir qu'il devait continuer dans sa cherté, parce qu'ils sont intéressés dans la nouvelle compagnie des vivres du royaume, qui est la même que pour la fourniture générale des étapes, entreprise générale où l'on gagne déjà beaucoup, car on a sous-traité avec plusieurs provinces à un tiers de province. Cette compagnie, composée des plus favorisés de la finance, se dispose à faire bien d'autres fortunes par les blés. Que le roi se mêle des blés, qu'il en tire même des impôts, et que le pain soit à deux sols, cela sera louable; mais qu'il s'en mêle un peu, et qu'aux effets le pain soit cher, il y aura révolte et l'on déchirera ceux qui s'en mêlent.

23 *septembre*. — Aujourd'hui se donne à Saint-Cloud une fête magnifique pour la convalescence du Dauphin, et qui doit coûter 600 000 livres. Il y a trois semaines que 200 ouvriers y travaillaient chaque jour. Tous les habitants de Paris ont dû y être reçus et régalés gratis.

27 *septembre*. — L'on dit, pour le parti d'avoir ici Mme de Parme, que cette princesse manquait de tout dans ses états, que le roi lui donnait chaque année une grosse somme d'argent pour l'assister, qu'il vaut autant qu'elle la mange en France, et qu'il en coûtera moins. On ne peut pas avoir moins de savoir-faire que n'en a l'infant don Philippe : il ne sait ni gouverner, ni laisser gouverner son petit état; il est magnifique et misérable, n'entendant pas plus la guerre que la politique et l'économie, c'est pitié! Le roi lui retire sa femme comme une fille mal mariée; la petite infante Isabelle va à Madrid : c'est autant de débarrassé pour le pauvre prince.

10 *octobre.* — J'apprends qu'au dernier marché le pain est encore augmenté d'un liard, de sorte que le gros pain est actuellement à trois sous six deniers, ce qui est exorbitant, vu l'abondance de cette année qui est le triple de l'année dernière; mais les soins excessifs et déplacés que l'on s'y donne mettent l'alarme dans toutes les têtes ; chacun veut faire sa provision pour deux années, et personne ne veut apporter au marché comme ci-devant. Il a pensé y avoir révolte à Paris; les boulangers n'avaient point de farine, et ont été obligés d'en aller chercher à Versailles.

Aux fêtes et illuminations pour la convalescence de Monsieur le Dauphin, il y avait quelques boutiques ouvertes : le commissaire a voulu y mettre la police, mais il a été obligé d'user de prudence; le peuple criait qu'il ne pouvait pas se réjouir quand il mourait de faim.

13 *octobre.* — On me mande que le roi a mandé à Fontainebleau le Grand Conseil touchant le décret de M. de Sourches grand prévôt de France : je n'en sais pas davantage.

14 *octobre.* — J'apprends que l'affaire de M. de Sourches et du Grand Conseil consiste dans une prétention qu'ont les notaires de Paris de pouvoir

instrumenter partout où est la cour, tandis que M. de Sourches, grand prévôt de l'hôtel, prétend que les seuls notaires dont il vend les provisions ont ce droit : sur cela il a fait décréter un notaire de Paris par la prévôté de l'hôtel, ce qui a occasionné un *veniat* au Grand Conseil, qui a confirmé ce décret.

17 *octobre.* — La marquise de Pompadour étant malade avec fièvre et rhume, le roi, pour la consoler, vient de lui accorder un brevet d'honneur de la cour, comme avait Mme de Montespan du temps de Louis XIV, sans prendre pour cela le titre de duchesse.

Le Grand Conseil a été mandé à Fontainebleau, comme nous avons dit, pour avoir empêché un notaire de mettre un scellé dans une maison royale, ce qui allait contre les intérêts de M. de Sourches, grand prévôt de l'hôtel (celui-ci fort recommandé par la marquise), et de M. de Gontaud, beau-frère de M. de Sourches. Le roi a réprimandé le tribunal, et M. le chancelier ayant voulu prendre son parti et le défendre, le roi l'a fait taire.

19 *octobre.* — Monsieur le Dauphin se montre de plus en plus bigot et moliniste, ce qui arrive par les hypocrites qui l'obsèdent comme La Vau-

guyon, l'abbé de Saint-Cyr, l'évêque de Mirepoix, Sassenage, etc. L'on remarqua à son retour de Paris à Meudon, comme il était gai et à son aise au séminaire de Saint-Sulpice, chez l'abbé Couturier. Il avait proposé aussi au roi de dîner chez l'archevêque de Paris : le roi ne le voulut jamais permettre, sachant quel mauvais effet cela ferait chez le peuple de Paris, et, comme il y insistait, le roi lui fit cette réponse qui est belle si elle est vraie : « Mon fils, vous devez souhaiter que je vive longtemps, car vous n'êtes pas encore en état de vous conduire. »

21 *octobre*. — Chaque jour de marché, les grains augmentent de prix dans les provinces. Hier, au marché voisin de ma campagne, le blé était à 26 et l'avoine à 16 livres le setier, ce qu'on n'a jamais vu dans une année belle et abondante. On parle de fixer le prix du pain à 3 sous la livre, ce qui fait crier le pauvre peuple et pourrait causer des séditions. Les gens de finance se mêlent trop de cette besogne-ci pour qu'ils ne soient pas la vraie cause du mal.

28 *octobre*. — La résistance continue dans le Languedoc, et les assemblées touchant le calvinisme deviennent plus fréquentes. Aujourd'hui le

gouvernement n'ose plus toucher à rien, qu'il ne trouve d'abord cette fatale résistance qui va fonder bientôt une anarchie universelle.

3 *novembre.* — Par ces opérations de finance que l'on fait souvent de ce règne-ci, on mobilise les fonds des particuliers, et il n'y a point de mal à cela... Ainsi les familles riches se trouveront n'avoir plus que des portefeuilles, à quoi il n'y a que bien : le père de famille en fera ce qu'il voudra, les héritiers ne dépendront point de leur naissance, mais un peu davantage de leur mérite, *male parta male dilabuntur*. Oui, c'est la Providence qui nous envoie ces biens qui nous rapprochent de l'égalité sur la voie de la prodigalité de nos rois.

Les emplois avec privilèges deviennent plus rares, ainsi que les terres plus chères. J'ai vu un homme qui se félicitait hier d'avoir trouvé un emploi avec privilège au denier vingt-deux : bon effet encore du malheur général dont tout le monde se plaint.

La vénalité des offices disparaîtra par la cherté de la Paulette, par la pauvreté des officiers et par le mode des emplois révocables, que le despotisme goûte de plus en plus. Ainsi plus de fonds de bien en offices.

Restera le prix des maisons et des terres, et tout

le reste sera mobilier, ce qui est bon à la république, comme je le dis. Que l'on tourmente encore les testaments et surtout les substitutions ; tout cela nous rapprochera de l'égalité et de la richesse et grandeur par les œuvres et par le mérite, mais non par la naissance.

4 *novembre.* — Les Bretons avancent peu leurs travaux des États ; les gentilshommes qui servent le roi dans les armées s'en sont retirés ; il n'y reste plus que ceux qui ne servent pas et qui par conséquent sont plus libres et moins indépendants, ce qu'il est d'une mauvaise politique d'avoir permis. L'on se répand beaucoup aux États en chansons contre la duchesse de Chaulnes, et son honneur n'y est pas ménagé. L'évêque de Rennes est aussi l'objet de chansons et de haine de la province : il a grande impatience d'être de retour à la cour. De sinistres Bretons disent que le changement de religion en Angleterre leur est fâcheux, parce qu'ils ne peuvent plus se donner aux Anglais, eux qui sont tous bons catholiques, mais s'il y a à craindre quelque révolution par le mécontentement du peuple, ce n'est point qu'ils se donnent à quelque autre puissance, c'est qu'ils se rendent à eux-mêmes en établissant un gouvernement mixte.

7 *novembre.* — Mme de Pompadour a pris à ses armes le manteau ducal et la calotte de velours à son carrosse, en vertu du brevet d'honneur de la cour qui lui a été accordé. Ce brevet lui a été donné à l'occasion d'un tour de malice que lui a joué Monsieur le Dauphin en la faisant tenir longtemps debout.

10 *novembre.* — Nouvelle affaire de sacrements. Le Châtelet étant chargé par la chambre des vacations de faire son devoir sur ces affaires, vient d'en avoir une occasion personnelle à l'un de ses membres. La dame Benoit, femme d'un conseiller au Châtelet, a eu la petite vérole et a été très mal. On a été chercher les sacrements à Saint-Jean en Grève sa paroisse. Comme elle passe pour fort janséniste, le porte-Dieu y a fait difficulté, et a demandé le nom du confesseur qui l'avait absous. Le mari n'a pas voulu le dire, le porte-Dieu l'a refusé, le mari a été au Châtelet qui a décrété le porte-Dieu. Le mari a été au vicaire, le curé étant absent; le vicaire est entré en raison, et, de peur de nouvelles difficultés du porte-Dieu (la malade étant plus mal), il lui a porté les sacrements lui-même. L'archevêque de Paris a mandé le vicaire, il lui a demandé d'où venait cette désobéissance à ses ordres et l'a interdit de ses fonctions.

On ne paye plus aucuns gages dans la maison du roi. Il est déclaré que les gages du Conseil ne seront désormais payés qu'au bout de trois ans, et les bureaux au bout de cinq ans. Cependant les ballets de la cour coûtent prodigieusement : on donne des habits neufs aux acteurs; le *Devin de village* a coûté au roi plus de 50 000 écus.

29 *novembre*. — L'on me mande de la cour que, dans le conseil de mardi 21 novembre, l'avis de mon frère a été tondu, et que c'est le parti opposé qui a prévalu, le roi étant porté à la modération sur les affaires de l'église et craignant le schisme.

30 *novembre*. — Les évêques sont, dit-on, très mécontents de l'arrêt du Conseil du mardi 21 novembre, comme il a été tourné, car il laisse aux tribunaux les mêmes soins qu'ils prétendaient pour empêcher leur schisme pour la bulle *Unigenitus*. La prélature compte même s'opposer à la publication dudit arrêt du Conseil; de sorte qu'il en court diverses éditions dans Paris.

4 *décembre*. — La *Gazette de Hollande* dit que notre état militaire est ainsi aujourd'hui : infanterie, cavalerie, dragons et hussards, 165 000 hommes; milices, 55 000 hommes; total, 220 000 hom-

mes en tout. Je crois que la maison du roi met à plus que cela les troupes réglées, et qu'il n'y a que 35 000 hommes de milices.

15 *décembre*. — Il y a eu assemblée des chambres du Parlement mardi 12 de ce mois. On y a dénoncé un refus de sacrements à une sainte fille de Sainte-Agathe, morte le 5 de ce mois sur la paroisse de Saint-Médard. Comme elle passait pour janséniste, le curé a demandé le nom du confesseur ou billet de confession; on ne put le donner; de là le refus.

16 *décembre*. — J'apprends de grands événements qui se sont passés au Parlement, les chambres assemblées, mercredi 13 de ce mois, matin et soir.

Le Parlement a enfin tranché les difficultés de s'en prendre à l'épiscopat : il n'a point craint le privilège des évêques, ni le bruit et les interdits qu'ils peuvent prononcer. Le fond de tout cela sont les jésuites, qui soufflent le feu et qui économisent la discorde avec une grande adresse et une malice italienne; ils veulent mettre aux mains le sacerdoce et l'empire avec un grand soin, et ils parviennent à accroître la chaleur chaque jour davantage.

Le curé de Saint-Médard a été décrété de prise de corps. On a ordonné une nouvelle visite à l'archevêque pour l'inviter à faire cesser le scandale; même réponse que le matin, qu'il persévérait dans ce qu'il avait dit, et qu'il ne pouvait changer de sentiment ni de langage.

18 *décembre.* — J'ai les relations de ce qui s'est passé au Parlement sur le refus de sacrements par ordre de l'archevêque de Paris à Saint-Médard, à l'égard de la sœur Perpétue.

Cette sœur moribonde est toujours en vie à la communauté de Sainte-Agathe, et toujours n'a pas reçu les sacrements. L'arrêt du 13 a été exécuté, suivant le compte qu'en ont rendu les gens du roi. A l'égard de l'archevêque de Paris, ceux-ci ont proposé une nouvelle et dernière réquisition au prélat, et une nouvelle sommation aux deux vicaires pour administrer la malade. Le Parlement n'y a point eu d'égard, et a prononcé que le temporel de l'archevêque serait et demeurerait saisi à la requête du procureur général du roi; ordonné en outre que le curé et les deux vicaires de Saint-Médard seront sommés dans l'heure même de satisfaire à l'arrêt du 13 de ce mois.

Les chambres assemblées le jour même, à cinq heures de relevée, on a rendu compte touchant

Saint-Médard : on n'a pas trouvé les deux vicaires, on a affiché l'arrêt à la porte ; mais on a appris que la malade n'avait point été administrée. Le Parlement a décrété de prise de corps les deux vicaires, et il a été ordonné aux prêtres habitués de Saint-Médard d'administrer la sœur Perpétue, du plus ancien au plus nouveau, jusqu'à ce que quelqu'un d'eux fît cesser ce scandale.

19 *décembre*. — J'apprends par lettres, à ma campagne, ce qui s'est passé à l'assemblée des chambres du Parlement, samedi 16 de ce mois. Le matin M. le premier président de Maupeou avait été mandé par le roi, et M. Molé a tenu la séance. Pendant cela on a voulu savoir si les sacrements avaient été administrés à la sœur Perpétue de Sainte-Agathe et on n'a pu y parvenir. Les prêtres de la communauté de Saint-Médard se sont cachés ; l'huissier du Parlement n'a pu parler à aucun, et on était encore à en trouver un.

Le soir M. le premier président a rendu compte de son voyage à la cour. Le roi lui a remis un arrêt du Conseil par lequel Sa Majesté casse celui du Parlement touchant le refus de sacrement par l'archevêque de Paris. Sa Majesté défend au Parlement d'en connaître, évoque l'affaire à elle, donne main-levée de la saisie du temporel de l'archevêque, et défend aux pairs d'aller au Parlement pour cela.

21 *décembre.* — Les nouvelles de cette grande affaire d'hier matin, sont qu'il y a eu dimanche un tumulte populaire à Saint-Médard, pour demander des messes, parce que tous les prêtres étaient fugitifs. Enfin l'archevêque de Paris y en envoya cinq à six étrangers, mais la fermentation était grande dans les corps, comme elle l'est dans les esprits.

24 *décembre.* — La désertion augmente dans nos troupes de plus en plus, et, en même temps, les recrues deviennent plus difficiles; l'espèce manque, dit-on, et le prix pour engager devient plus cher. L'on compte plus de 30000 hommes suppliciés pour désertion depuis la paix de 1748.

29 *décembre.* — Les affaires du Parlement vont mal depuis deux jours. Les gens du roi ont été demander jour pour les remontrances, et Sa Majesté leur a répondu : « Je persiste dans ma dernière réponse. Je défends sous peine de désobéissance de mettre à exécution les deux derniers arrêtés de mon Parlement. Je ferai avertir quand je voudrai écouter les deux dernières remontrances. » Dans

le même temps, la sœur Perpétue a été enlevée et transférée à l'abbaye de Port-Royal. L'on me mande que le clergé est fort content, et que, selon les apparences, le Parlement fermera boutique ce matin.

1753

4 *janvier*. — Le couvent de Sainte-Agathe a été dispersé en différents monastères, à la demande de M. l'archevêque; les sœurs que les archers enlevaient jetaient de grands cris.

15 *janvier*. — Le Parlement a fait faire une recherche de toutes les lettres de cachet lâchées contre les anti-constitutionnaires, et il se trouve qu'il y en a eu 45 000. Cela entrera dans les remontrances que l'on projette.

19 *janvier*. — Hier, 18 janvier, il y a eu deux nouvelles dénonciations de schisme : l'une, d'une sœur Henriette Collot, religieuse du couvent de Saint-Loup de la ville d'Orléans, à qui l'on a refusé les sacrements à la mort, l'évêque d'Orléans lui envoyant des prêtres pour savoir ses dispositions sur la Constitution *Unigenitus*. Le Parlement a ordonné d'en informer au criminel et de satisfaire à cette malade dans le jour. L'autre, des religieuses

du Calvaire de Saint-Charles de la même ville d'Orléans, lesquelles, depuis nombre d'années, sont privées de tous sacrements de l'église pour la même cause. Même ordre pour y pourvoir devant le lieutenant criminel d'Orléans. Et ces ordres donnés préalablement à l'évêque d'Orléans, *sous telles peines qu'il appartiendra*. Ainsi ce sera désormais toujours par la voie criminelle que le Parlement va procéder contre les évêques.

21 *janvier*. — L'on remarque l'anarchie du gouvernement et quantité de désordres particuliers où les plaintes sont inutiles et l'abus progressif et multiplié. Dans les capitaineries de chasses, c'est à qui usurpera les uns sur les autres ; on ne réprime, on ne punit personne; le sieur de Montmorin, capitaine de Fontainebleau, tire de sa place des sommes immenses, et se conduit en vrai brigand. Il étend les bornes de sa capitainerie et les postes sur des terres voisines par des ordres qu'il surprend. Il vend à qui il veut des charges, il multiplie ces charges et des permissions de chasse : ainsi les propriétaires ont le chagrin que leur servitude affreuse de la chasse ne serve de rien au roi, mais à des particuliers qui acquièrent le droit de les vexer avec tyrannie.

Le tout est fondé sur le profit de ces tyrans.

Avec de l'argent on se rédime, et bientôt cela deviendra une taille à payer aux capitaines; quelques gens de la cour plus osés que les autres, se défendent même à main armée et ont exempté leurs terres. Les habitants de plus de cent villages voisins ne sèment plus leurs terres, les fruits et grains étant mangés par les biches, cerfs et autres gibiers; ils ont seulement quelques vignes qu'ils gardent six mois de l'année, en faisant des factions et gardes jour et nuit, avec tambour et charivari pour faire fuir ces bêtes destructives.

23 *janvier*. — M. le prince de Conti manque de pain et de bois, quoiqu'il ait 600 000 livres de rentes; il achète et fait bâtir follement de tous côtés, tandis qu'il laisse tomber ses maisons. Il s'est fait une capitainerie de onze lieues autour de l'Ile Adam, où tout le monde est vexé. Ce vent de folie, de prodigalité et de manque de nécessaire souffle de tous côtés en France, du grand au petit, et nos ennemis en profiteront bientôt.

29 *janvier*. — En Bretagne, le régiment royal s'est révolte, et deux compagnies ont écharpé un lieutenant de cavalerie dudit régiment qui voulait y mettre l'ordre; la grande garde a refusé d'obéir; on en a pris le plus grand nombre et l'on va les décimer.

1er *février*. — Les pères du couvent de la Merci, à Paris, viennent d'être interdits, c'est-à-dire leurs pouvoirs de confesser, de prêcher à eux ôtés, parce que le confesseur de M. de Blaru, fameux avocat et grand janséniste, lui a donné l'absolution à la mort sans l'interroger sur sa soumission à la bulle. M. l'archevêque de Paris a mandé chez lui le supérieur de ce couvent qui a répondu que ce n'était pas leur usage dans leur maison; et sur cela M. l'archevêque lui a ôté ses pouvoirs. Ainsi voilà le Parlement et le public punis de tous côtés et la cause moliniste des évêques et des jésuites triomphante par la force ouverte.

6 *février*. — L'on vient de donner une pension de 2 000 écus à M. de Fontanieu, conseiller d'État, homme pour qui il y avait toutes sortes de raisons à n'en pas donner et aucunes à en donner. Il est fils d'un financier très riche; il a augmenté son bien; il est grand menteur; il a été intendant d'armée en Italie, où il a eu réputation d'être grand pillard; il a la charge de garde des meubles de la couronne, où il vend tout. Il s'est chargé du détail des hôpitaux militaires pour y voler et s'y intéresser dans les entreprises. Il a voulu être prévôt des marchands, on a craint qu'il n'y fourrageât trop; il avait déjà 6 000 livres de pension comme

intendant; il a eu depuis peu de grosses successions. Enfin sa femme est morte; il prétend avoir à vendre le bien de ses enfants, ce qu'il ne fera pas, et, pour toutes ces causes, on lui donne six autres mille livres de pension dans des circonstances où l'État est plus ruiné qu'il n'a jamais été.

11 *février*. — La grande nouvelle est que M. Trudaine, accompagnant M. le garde des sceaux, a travaillé une demi-heure avec le roi: l'on croit qu'il s'agissait de quelque nouvel emprunt, le dernier expédient de 22 500 000 livres ayant tout à fait manqué. En effet, la misère commence à assiéger le trésor royal, de façon que la maison du roi manque absolument. On en dit des choses incroyables. Les pourvoyeurs ont déclaré qu'ils ne pouvaient plus fournir la table de Sa Majesté et se sont cachés; il en a fallu prendre de nouveaux sur qui l'on n'est pas moins en crainte; les palefreniers du roi demandent l'aumône, et tout est de même: cependant les dépenses augmentent dans la maison, et il n'y a plus ni ordre, ni règle. Chaque voyage aux maisons de campagne du roi, même celui de Trianon, coûte cent mille livres; M. le premier écuyer s'enrichit dans son district, et ainsi tous les autres; les dames d'atour des princesses gagnent

quatre-vingts sur cent. L'on dit que leur café au lait avec un petit pain à chacune de ces dames coûte 2 000 francs par an, et ainsi de reste ; personne n'a autorité pour morigéner cette maison royale qui est un abîme pour la nation.

2 *mars*. — Comme le roi devait passer huit jours à diverses campagnes avec la marquise et sans approcher de Versailles, le premier médecin Senac en a disposé autrement; voyant l'attaque de goutte de mon frère, il a ordonné au roi pour le bien de sa santé un séjour de quatre jours à Versailles pour prendre les eaux.

3 *mars*. — Le roi prend les eaux à Versailles parce que la bile le tourmentait; son but, en prenant ces précautions, est de ne point rompre son carême, et l'on dit que Saint Louis n'en eût pas fait davantage. Pendant ce temps-là, mon frère a pu avoir l'oreille royale pour les grandes affaires du molinisme, au lieu que, dans son premier projet, Sa Majesté eût été huit jours entre les mains de la marquise, sans qu'il en eût pu approcher à cause de sa goutte.

8 *mars*. — Le Parlement, par son arrêt du 26 janvier dernier, ayant condamné une thèse des

Carmes de Lyon, a ordonné d'enseigner les quatre propositions de 1682, et il a voulu que toutes les universités, facultés et écoles monacales enregistrassent cet arrêt. Cela forme aujourd'hui une grande difficulté et qui peut aller bien loin, car les ultramontains lèvent le nez et se montrent chicaneurs contre ces propositions de 1682. Un écrit a paru et a été condamné au feu par le Parlement; on s'y plaignait du mot d'*indépendance de l'église de France*, disant que cela la constituait schismatique. Le Parlement est convenu, par l'arrêt qui condamne au feu ce mémoire, que le mot d'*indépendance* avait été mal choisi par le substitut Pierron; mais voici pire : plusieurs communautés régulières, ayant écoles de théologie chez elles, hésitent à l'enregistrement de l'arrêt. A Lyon, les PP. de l'Oratoire, qui se sont retournés vers la constitution *Unigenitus*, ne l'ont point enregistré, ayant pris sur cela des ordres de leur archevêque, le cardinal de Tencin, ce qui va faire des affaires à celui-ci avec le Parlement.

13 *mars*. — L'un des fermiers généraux m'a dit hier que le travail des fermes générales ne pouvait se soutenir longtemps comme il est, par la mauvaise gestion de cette grande machine; que le produit du tabac commençait à diminuer chaque semaine.

Cette compagnie de quarante associés n'a pas six personnes qui travaillent, et les autres n'y entendent précisément rien et ne sont bons qu'à recevoir leurs répartitions.

Ce sont des survivanciers et des favoris de la cour qui donnent gros pour avoir leurs places. Les employés sont des insolents et des fripons que l'on prend sur le fait volant la ferme ou la négligeant absolument : il y en a une quantité prodigieuse à qui l'on donne des appointements en pensions sèches pour s'en défaire. La compagnie, n'étant point maîtresse de ces emplois, ne peut ni renvoyer les mauvais employés, ni avancer les bons. Avec cela la misère du temps diminue la consommation; de sorte que, dit cet homme, l'on serait étonné si l'on savait combien gagne peu la compagnie; l'on cache ces défauts pour ne pas affaiblir son crédit. D'un autre côté, les sous-fermiers que la volonté du contrôleur général chasse et déplace à chaque bail, pressurent le peuple et font cent mille vexations pour tirer ce qu'ils peuvent pendant six ans; ils ne font grâce à personne, ayant bien de la peine à vivre et à payer, ce qui ruine le royaume, mais il faut, dit-il, que tout cela tombe au premier bail, et alors le grand crédit des financiers tombera. Leurs grosses avances au roi achèvent de les ruiner. Il y a 27 millions d'avances extraordinaires, dont on ne sait comment il se fera jamais de remboursement.

15 *mars*. — Un vicaire de la paroisse de Sainte-Marguerite assure qu'il a péri plus de huit cents personnes de misère dans le faubourg Saint-Antoine, depuis le 20 janvier jusqu'au 20 février, que ces pauvres gens expiraient de froid et de faim dans des greniers, que les prêtres venus trop tard arrivaient pour les voir mourir sans qu'il y eût de remède. Ce faubourg Saint-Antoine est rempli de petits ouvriers qui travaillent sans maîtrise ; quand Paris devient misérable par l'inégalité des richesses encore augmentée, alors ces petits ouvrages, moins parfaits que ceux des grands maîtres, sont peu vendus à Paris. Que faire pour ces pauvres gens? Ils ne savent où aller, car de se réfugier dans les campagnes, ils ne le peuvent, la misère, le mal-être, l'inquisition financière y étant plus grands que dans les villes. Oui, la finance a fermé tous les asiles à la droiture et au travail sans richesses.

16 *mars*. — L'on prétend que, dans les ordres pour l'assemblée et le recrutement des milices, il y en a de secrets pour les doubler ; en effet, je viens de le voir par la paroisse où est ma maison de campagne : l'on ne devait y rien lever

cette année, et l'ordre est d'y tirer un second milicien.

24 *mars*. — Le roi voulait rester le reste du carême à Versailles; mais, au premier bâillement d'ennui, la marquise lui a persuadé un voyage à Choisy, qui doit être mardi ou jeudi prochain. Cela lui convient pour tenir le roi deux jours avec qui elle veut et sans ceux qu'elle ne veut pas, comme mon frère, qui fait tant d'ombrage à elle et à son parti.

30 *mars*. — M. le duc d'Orléans avait eu ci-devant 50 000 écus de pension comme pauvre, et en attendant la succession de son père; étant devenu par cet événement riche de plus de trois millions de rentes, il avait remis sa pension: mais depuis il a représenté qu'il dépenserait par delà son revenu, et le roi vient de lui rendre ses 50 000 écus, ce qui charge d'autant notre pauvre état.

31 *mars*. — J'apprends que les sieurs de Montmartel et Boulogne s'entendent parfaitement ensemble pour disposer absolument du ministère des finances. Eux seuls se sont rendus maîtres de tout l'argent de la place. Montmartel possède à

lui seul plus de cent millions, et Boulogne de très gros biens; il a part, lui et sa famille, à huit places de fermiers généraux; tout le crédit est renfermé dans eux seuls. Tantôt il fait trembler le ministère de la finance, tantôt il le tire de sa détresse. Avec cela, il file la corde et annonce la faillite générale du royaume ou la banqueroute royale.

Il y a grand bruit en Languedoc, et tout y tend à une révolte de la part des calvinistes; l'on continue d'envoyer aux galères ceux d'entre eux qui sont pris fuyant le royaume, et, dans un des derniers conseils, le roi a prononcé avec colère qu'il n'y avait qu'à pendre tous les ministres qu'on prendrait.

5 *avril.* — L'université de Paris vient d'enregistrer *cum elogio* le règlement du Parlement touchant les propositions de 1682, et a promis de le bien observer. L'on sait qu'il y a eu dans l'assemblée quelques opinions contraires, comme de la part de douze sulpiciens (grands ultramontains), du curé et du vicaire de Saint-Nicolas du Chardonnet; lesquels ont dit que l'on pouvait soutenir l'opinion contraire à la quatrième des propositions de 1682 sur la supériorité du concile au Pape. Si le Parlement avait trace et preuve de cette contrariété ultramontaine, il en ferait bonne justice.

6 *avril.* — Depuis plus de cinquante ans, les anciens habitants de la campagne ne se souviennent pas d'avoir eu une année si abondante que celle-ci. Le prix des grains diminue partout, mais le pain se soutient toujours très cher à Paris et comme à l'ordinaire, ce qui fait crier justement contre le Parlement.

8 *avril.* — L'assemblée des Chambres, jeudi dernier 5 de ce mois, s'est bornée à la lecture des remontrances qui dure trois heures; c'est un vrai livre, et que l'on verra sans doute bientôt imprimé.

Le roi va mardi à Choisy pour deux jours. Mme Infante, duchesse de Parme, a ordre de partir le mois prochain, son époux la redemandant à grands cris.

9 *avril.* — Mme de Pompadour a signé son marché pour l'acquisition du magnifique hôtel d'Évreux[1] à 500 000 livres et un diamant de 20 000 livres pour la princesse de Turenne.

15 *avril.* — Hier les gens du roi rendirent aux chambres sa réponse, qui est que Sa Majesté ne

1. Légué par la marquise au roi, l'hôtel d'Évreux passa ensuite au riche financier Beaujon, qui le revendit à Louis XVI en 1786. C'est aujourd'hui le palais de l'Élysée. (Note de l'édit. Rathery.)

veut point de députation pour lui apporter l'arrêt des remontrances, mais que cela lui soit apporté seulement par les gens du roi.

16 *avril.* — Jean-Jacques Rousseau, de Genève, auteur agréable, mais se piquant de philosophie, dit que les gens de lettres doivent faire ces trois vœux : pauvreté, liberté et vérité. Cela a indisposé le gouvernement contre lui ; il a témoigné ses sentiments dans quelques préfaces ; sur cela on a parlé de lui dans les cabinets, et le roi a dit qu'il ferait bien de le faire enfermer à Bicêtre. S. A. S. le comte de Clermont a ajouté que ce serait encore bien fait de l'y faire étriller. L'on craint ces sortes de philosophes libres. Mon ami d'Alembert est dans ce cas, et est menacé de répréhension par nos inquisiteurs d'État. Les Jésuites sont les plus grands instigateurs de ce système.

19 *avril.* — Madame Infante s'en va le 7 mai à son duché de Parme, bien contristée par le désespoir de ne plus revoir sa patrie et son père. Elle n'a que des talents contraires à l'économie, et son époux est encore plus imbécile qu'elle. Dans un état aussi médiocre, ils ne savent pas aller à quatre mois avec leur revenu d'une année ; elle n'a aucun goût pour la table, la musique, ni le jeu, elle

s'ennuie de tout, comme on est dans le reste de la famille. Elle ne tire de plaisirs que de son cœur, aimant son père et sa famille et ceux qui l'approchent. Le roi est à peu près comme elle, mais les impressions sur le cœur et sur l'esprit passent plus vite chez lui.

23 *avril.* — Autre affaire considérable et embarrassante : M. le comte de Charolais est venu demander à M. l'archevêque de Paris les dispenses de ban pour le mariage de son neveu le prince de Condé avec Mlle de Soubise. L'archevêque a dit qu'il le voulait bien mais à condition du *licet* du curé de Saint-Jean, qu'il se trouverait à la célébration à Versailles et y apporterait son registre. Le comte de Charolais a répondu qu'il n'avait garde, que ce curé était décrété par le Parlement, que cela ferait un faux dans le mariage, et qu'il ne se souciait pas de courir le risque que les princes de Condé fussent un jour déclarés bâtards. L'archevêque a insisté et croit cette occasion propice pour rétablir ce curé décrété dans ses fonctions. Voilà un grand embarras et où la cour soutient l'épiscopat à son ordinaire.

30 *avril.* — L'on multiplie les lettres de cachet, comme si l'on voulait montrer au Parlement le peu

de cas que l'on fait de ses remontrances sur cet article. L'on vient de mettre à la Bastille le sieur de la Beaumelle, qui a professé le droit public à Copenhague et a composé divers écrits très libres. Il a fait aussi une critique sur le *Siècle de Louis XIV* de Voltaire, où il a noté des choses injurieuses sur M. le duc d'Orléans régent : ainsi c'est M. le duc d'Orléans son petit-fils qui a demandé cette punition ; Mme Denis, nièce de Voltaire, l'a aussi demandée, et voilà tout le Parnasse révolté contre Voltaire plus que jamais.

Cependant il y a eu démêlé sur le mariage de M. le prince de Condé avec Mlle de Soubise ; il est décidé que les fiançailles se feront mercredi prochain, et que M. le curé de Saint-Jean ne s'y trouvera pas. M. le comte de Charolais a tenu bon, disant qu'il ne voulait pas supporter la moindre nullité dans la naissance des princes de sa maison, et qu'on en avait déjà assez dit sur Charlotte de La Trémouille.

2 *mai*. — C'est le maréchal de Richelieu qui a obtenu l'agrément de la lieutenance générale de Bretagne pour le duc d'Aiguillon, son cousin. On en offrait 540 000 livres à M. de Chaulnes. M. de Richelieu alla lui demander s'il en avait donné sa parole ; celui-ci lui dit que non ; M. de Richelieu a

couvert l'enchère de 60 000 livres; il lui a été répondu qu'il en fallait l'agrément de la marquise avant celui du roi. Il a été à la marquise pour l'insulter plutôt que lui demander aveu, et il a obtenu sur-le-champ l'agrément du roi.

Les secrétaires d'État ont tenu une assemblée chez M. Chauvelin pour éclairer ce point, s'il y a jamais eu des lettres de cachet données en blanc. Il a été prouvé qu'il n'y en eut jamais, et que M. de la Vrillière en refusa même au Régent.

On ne parle que des richesses immenses de la marquise de Pompadour : on assure qu'elle se retire avec plus de 1 800 000 livres de rentes. Il n'y a point de places de finance qu'elle n'ait vendues, et les profits ont passé par les mains de son chef du conseil, le sieur Collin, ci-devant procureur.

4 *mai.* — Le P. Pérusseau, confesseur du roi, vient de mourir d'une dartre à l'œil. Il est remplacé par un autre jésuite nommé le P. Larivé, que l'on dit petit homme et grand bigot.

7 *mai.* — Je viens de lire l'écrit qui a causé l'emprisonnement à la Bastille du sieur de la Beaumelle : c'est un portrait du roi de Prusse tel qu'il est, et fort en mal. C'est un tableau plutôt

qu'une satire, ses meilleurs amis en parlent ainsi, mais quelle tracasserie politique si cet écrit paraissait imprimé en France! C'est pour cela qu'on a emprisonné la Beaumelle, et non pas pour les plaintes de Voltaire, ni de M. le duc d'Orléans, comme on avait dit.

8 *mai*. — Voilà le trouble et les embarras parvenus à leur excès sur les affaires avec le Parlement. Hier le roi y envoya des lettres patentes portant jussion d'enregistrer celle du 22 février pour s'abstenir de toute connaissance des matières de sacrements, et pour reprendre les fonctions de justice ordinaire, pour première et dernière jussion, *à peine de désobéissance et d'encourir notre indignation*. Le procureur général fut d'avis d'enregistrer ces lettres, ainsi que celles du 22 février, et d'y faire des remontrances. Mais le Parlement, tout d'une voix, hier 7 mai, arrêta ainsi : « Qu'il persiste dans son arrêt du 5 mai, ne pouvant sans manquer à son devoir et à son service obtempérer aux dites lettres patentes. »

10 *mai*. — Hier tout Paris fut en rumeur : dès quatre heures du matin, trois mousquetaires allèrent réveiller chaque membre du Parlement, excepté la grand'chambre et le grand banc; ces

mousquetaires leur signifièrent à chacun une lettre de cachet pour les exiler, trois à leurs terres à cause de leur parenté avec les ministres, les autres à Poitiers, Angoulême, Montbrison, Clermont-Ferrand, Vendôme, Châlons-sur-Marne, Orléans, Bourges et Troyes. Quatre ont été enlevés sur-le-champ, sans leur permettre de se servir de leurs chaises de poste, ni d'emporter avec eux aucune commodité, et on les a menés dans les plus laides prisons provinciales que le roi ait à ses ordres (ce qui sent un peu la cruauté). Tels sont : l'abbé Chauvelin conduit au Mont Saint-Michel; le président de Mazy aux îles Sainte-Marguerite; M. de Lys à Pierre-Encise; et le président de Besigny au Château de Ham. Ces exilés avaient vingt-quatre heures pour partir, et, pendant ce temps-là, ordre de ne voir ni parler à personne.

Cependant la grand'chambre, qui n'est point exilée, non plus que le grand banc des présidents à mortier, s'assembla hier matin à l'heure qui avait été prescrite; M. le premier président rendit compte de la disgrâce de ses confrères, et tout de suite la grand'chambre délibéra, comme avaient fait la veille les chambres assemblées, persistant dans la seule connaissance des procès commencés contre les schismatiques et ne vaquant point à ceux des particuliers.

Ceux qui ont observé le roi sur ceci ont trouvé que Sa Majesté était en grande inquiétude que la punition du Parlement ne passât pas dans son Conseil. Cette inquiétude durait au souper de Bellevue, après la première réunion; mais, après la seconde, mon frère l'ayant emporté pour punir par l'exil et par la prison, le roi finit le conseil en disant : « Faites comme vous voudrez, mais je veux être obéi. » Monsieur le Dauphin lui sauta au col et l'embrassa. Sa Majesté revint souper à Bellevue, il dit deux mots à l'oreille de la marquise, qui lui applaudit, et jamais Sa Majesté n'a paru souper si gaiement; elle chanta et siffla. Ainsi l'on voit que cela se mène par une passion enfantine du roi, qui veut qu'on frappe des chiens désobéissants sans considérer les conséquences.

11 *mai*. — L'on observe partout ici les tristes résultats du mauvais gouvernement des ministres; il n'est plus question du roi, mais des ministres uniquement; il semble que ce soit le caractère principal de la comédie du *Méchant*, par Gresset, qui gouverne en chef le royaume, car il a placé des méchants comme lui en second ordre. Soif de l'injustice, haine des honnêtes gens, amour des fripons, voilà le cri, la devise qu'on a inspirée au gouvernement des hommes. Malheureusement mon

nom, mon triste nom, se nomme à la tête des disgrâces, et je crains qu'il ne passe en mal, en très mal, à la postérité.

12 *mai*. — Mercredi il n'y avait personne aux spectacles ni aux promenades publiques. Depuis cette époque les effets royaux n'ont aucun prix, et l'on n'a pas vendu sur la place pour 10000 livres. Les autres tribunaux ont cessé d'administrer la justice, même par le ministère des procureurs; tout est fermé.

Partout la haine contre l'épiscopat et contre tout le sacerdoce est portée au dernier excès.

Le parlement d'Aix a décrété de prise de corps un curé pour schisme et refus de sacrements.

Mon frère et mon fils étant regardés comme les auteurs d'un si grand désordre, soit par la vengeance de mon frère, soit par leur attachement fanatique du sacerdoce, tout le public, et le plus bas peuple, s'élève contre leur faveur et contre mon nom; je n'ose plus paraître avec ma livrée, craignant d'y être confondu, sans que je mérite d'y participer.

La banqueroute avance; il est certain qu'il s'en faut par an de 32 millions que le roi puisse égaler sa recette et sa dépense.

La marine est plus délabrée que jamais;

M. Rouillé fait encore plus mal que M. de Maurepas; tous les vaisseaux qu'il a fait construire, étant en bois de Lorraine, pourrissent dans le port; nous n'avons pas 26 vaisseaux aujourd'hui en état de servir à la mer; cependant l'on a payé plus de 80 millions de la marine depuis 1748.

13 *mai.* — Avant-hier il y eut un grand incendie à Paris, île Saint-Louis, où trois maisons ont été brûlées. M. le premier président y était, et, comme il rentrait chez lui, il a trouvé l'ordre du roi signifié par les mousquetaires pour transférer le Parlement à Pontoise. Ç'a été avant-hier vendredi que cet ordre est venu pour transférer à Pontoise la grand'chambre, qui se donne pour représenter tout le corps du Parlement, car, dans les deux délibérations de mercredi et de jeudi, les décrets émanés de la grand'chambre ont été intitulés « des chambres assemblées », la tête représentant tout le corps.

17 *mai.* — Les lettres de Pontoise disent que le palais pour rendre la justice n'était pas encore prêt aux Cordeliers de Pontoise, et que ce serait le tout si cela l'était pour aujourd'hui ou demain; qu'alors on recevrait la déclaration du roi, que cette déclaration n'était pas autre chose qu'une copie de celle de 1720 en pareil cas.

Au reste on y fait bonne chère, et il y a plus de tables que de dîneurs.

Il va être défendu, sous peine de la vie, de faire paraître imprimées les remontrances du Parlement. La reine de Hongrie a promis une grosse somme d'argent pour les avoir.

19 *mai.* — Un prêtre habitué de Saint-Côme m'a dit hier que, dans cette paroisse, il y avait 3 000 communiants, et qu'il s'en fallait de 1 200 qu'il n'y eût eu autant de communiants que l'année passée. La même chose à Saint-Sulpice.

A peine les ministres de la religion osent-ils se montrer dans les rues sans être hués, et tout cela vient de la bulle *Unigenitus*, ainsi que de la disgrâce du Parlement.

On a trouvé dans plusieurs lieux publics des billets séditieux portant : « *Vive le Parlement! Meurent le roi et les évêques!* »

On a eu nouvelle hier que le Parlement, composé seulement de la grand'chambre, s'était ouvert jeudi à dix heures aux Cordeliers, à Pontoise. La séance dura deux heures. L'arrêté fut que la déclaration (pour cette translation) serait « enregistrée pour être exécutée conformément aux arrêtés des 5, 7 et 9 de ce mois », c'est-à-dire d'*obéir en désobéissant*, de ne décider que des affaires publiques et non de la justice entre particuliers.

23 *mai.* — Les gens du roi ont été mal reçus à Marly; par deux fois, le roi a refusé de les recevoir à son lever, disant qu'il ne voulait pas voir des gens qui n'avaient que de mauvaises nouvelles à lui dire. Le maréchal de Noailles s'est piqué de les bien régaler à Saint-Germain, où ils ont couché deux nuits, puis ils sont retournés à Pontoise faire ce triste récit.

Au milieu de cette pénurie universelle, on ne s'aperçoit pas à Marly du moindre défaut du gouvernement; jamais la cour n'y a été si brillante, on y joue un jeu ruineux; le roi y gagne beaucoup.

24 *mai.* — Les grandes remontrances du Parlement paraissent d'hier imprimées, et cela va faire un grand chemin dans nos têtes françaises : c'est un ouvrage fait pour fixer et reculer les bornes de l'autorité royale. Les remontrances commencent par dire que les peuples obéissent aux rois, et que les rois doivent obéir aux lois fondamentales dans une juste monarchie.

28 *mai.* — On négocie beaucoup à Pontoise avec la cour; le premier président passe ses jour-

nées à Vauréal chez M. le prince de Conti. Ce prince se donne pour grand négociateur.

Il y a à Pontoise des tables bien servies et fort abondantes chez les présidents à mortier, c'est à qui s'enlèvera les convives.

30 *mai*. — L'on me mande de Pontoise que M. le prince de Conti négocie toujours avec le premier président.

Cependant l'on ne voit à Paris que des gens ruinés par la cessation de justice, des retrayants qui ont leur argent consigné et qui en payent l'intérêt, des créanciers colloqués et qui ne tenaient plus qu'à quelques arrêts de forme quand la justice a cessé dans le ressort du parlement de Paris, et quantité d'autres. Les procureurs au Parlement ne veulent pas travailler, à l'exemple des avocats; ceux du Châtelet se donnent les mêmes airs pour la moitié d'eux; on ne fait rien dans aucun des tribunaux de Paris; le lieutenant civil est obligé de donner des sentences de défense contre ses propres jugements : on n'a jamais rien vu de semblable à tout ceci.

10 *juin*. — Les trente conseillers, ou environ, exilés à Bourges, sont les plus fermes du Parlement; ils ont envoyé depuis peu un grand mémoire

à la grand'chambre, séant à Pontoise, pour protester contre tout ce que déciderait la grand' chambre pour le Parlement, disant qu'elle ne représente point le corps. Ce mémoire est, dit-on, un tocsin très séditieux. On y dit entre autres choses que, si le roi a cent mille hommes pour soutenir ses ordres absolus, ils ont pour eux le cœur et la volonté des peuples.

L'on parle aussi avec plus de douleur que jamais de l'épuisement de nos finances royales : le roi a déjà donné plus de 90 000 livres comptant à un moine bénédictin, qui lui construit de grands télescopes, et ce moine s'en moque.

12 *juin.* — Le mémoire des trente exilés de Bourges dont j'ai parlé commence à faire grand bruit, et je crois que nous en aurons bientôt des copies, même imprimées.

14 *juin.* — Voici que cette maudite et stupide loi de gêne, pour empêcher de planter les vignes et pour arracher toutes celles que peut le gouvernement, s'empare de nos gouvernants plus que jamais : c'est à qui se signalera davantage dans cette carrière. M. de Sauvigny, intendant de Paris, qui est de mes amis, s'y échauffe de bonne foi; il dit qu'il a bien étudié cette matière et qu'il est

convaincu qu'il fallait détruire les vignes en France, parce que les vignerons étaient souvent misérables. Oh quelle stupide loi!

15 *juin.* — Enfin est arrivée cette lettre dont j'ai parlé, écrite par les trente exilés de Bourges, puis une autre par les exilés de Poitiers, et enfin une troisième par les exilés d'Angoulême. Toutes ces lettres déclarent qu'elles désavouent la grand' chambre de tout accommodement qu'elle ferait sans y appeler les enquêtes, demandant à être convoqués préalablement; sur quoi le premier président a déclaré qu'il ne voulait ni ne pouvait plus traiter.

16 *juin.* — Le roi a mandé le président de Montesquieu, directeur de l'Académie française, pour donner positivement l'exclusion à l'élection de la place de l'archevêque de Sens, à Piron et à du Vaudier l'avocat.

L'Académie assemblée a été frappée de ce coup et ne voit plus de liberté dans ces exclusions multipliées; on a remis l'élection à samedi prochain, et l'on ne sait qui on prendra : chacun craint une pareille note de la part de son maître. Buffon, dont l'Histoire naturelle est actuellement examinée en Sorbonne, d'Alembert qui est de l'*Encyclo-*

pédie, se retirent dans la crainte de note subite et infamante; il ne restera que des pieds plats à élire. Je sais encore Bougainville qui espérait, mais que l'on soupçonne de jansénisme; et l'abbé de Condillac, métaphysicien, mais qui a trop parlé de l'âme.

19 *juin*. — Le parlement de Provence enchérit encore sur le parlement de Paris et paraît ne point craindre la cour sur le fait de la bulle *Unigenitus*. Par un arrêté du 16 mai, les chambres assemblées, il est ordonné au procureur général et aux tribunaux de veiller à la liberté des fidèles, d'empêcher les interrogatoires sur la bulle, et l'exaction des billets de confession. Le Parlement a sévi contre l'évêque de Sisteron, qui avait fait schisme à la mort d'un chanoine nommé Eymar.

28 *juin*. — Querelle considérable et qui augmente entre Pâris Duverney et Vandières, directeur général des bâtiments, au sujet de l'École militaire : le second reproche au premier des dissipations de fonds, et l'autre des traits de malhonnêteté, ce qui est croyable par les gens dont celui-ci se sert : il a pris pour administrer les fonds le sieur Valmy [Valsiny [1]], ci-devant intendant du

1. Note rectificative du tome VIII, p. 104. L'éditeur Jannet donne : *Vahing*.

grand prieur d'Orléans, qui l'avait tant ruiné, puis le poète Marmontel.

Il y a un nouveau refus de sacrements à Sens, à la Sainte Table, et contre un anti-constitutionnaire; cela va faire du bruit.

Après beaucoup de contestations, on a élu M. Buffon à l'Académie française, quoique la théologie le répute pour déiste et procède actuellement à l'examen de son dernier livre sur l'histoire naturelle.

3 *juillet.* — Un conseiller au parlement de Rouen, nommé Saint-Ouen, ayant voulu, dans l'assemblée des chambres, faire l'éloge de la bulle *Unigenitus*, la compagnie l'a envoyé au greffe s'instruire de ces (*sic*) maximes sur la bulle et a ordonné qu'il ferait aveu de sa faute en pleine assemblée, ce qu'a exécuté docilement ce conseiller.

6 *juillet.* — Le roi a annulé la protestation des princes du sang faite à l'occasion du mariage de M. le prince de Condé, et a jugé que MM. de Rohan et de Bouillon pourraient désormais prendre le titre de très hauts, très puissants et très excellents princes, ce qui va à leur donner désormais le cordon bleu au même rang qu'aux princes de la maison de Lorraine.

Tous les présidents à mortier ont été à Vauréal déclarer à M. le prince de Conti que le Parlement le remerciait de tant de peines qu'il s'est données pour accommoder les affaires du Parlement avec le roi, déclarant que le Parlement ne pouvait recevoir la déclaration du roi comme elle avait été proposée. Le prince de Conti en a été rendre compte au roi, qui n'a rien répondu. Par là, tout est rompu et le Parlement s'attend pour aujourd'hui à des coups foudroyants.

8 *juillet.* — L'on voit des copies d'une lettre aussi touchante que ridicule de la dame Denis, nièce du poète Voltaire, qui est arrêtée à Francfort avec son oncle à la sollicitation du roi de Prusse. Voltaire est accusé de vouloir faire imprimer les poésies du roi de Prusse, on les garde toujours aux arrêts, et, qui pis est, il leur en coûte 600 livres par jour pour ces frais de garnison.

La marquise est allée à Compiègne plus resplendissante de faveur que jamais. M. de Machault est toujours l'homme de confiance et soutient les dépenses de cour en faisant prendre le présent sur l'avenir. L'on a mangé deux années d'avance sur les recettes générales.

19 *juillet.* — L'évêque de Metz vient, dit-on, de

surpasser ses confrères par l'effronterie du schisme. Il a refusé les sacrements à un prétendu janséniste; il lui a refusé ensuite la sépulture, et, ayant appris qu'on avait mis son corps dans une bière, il a fait venir chez lui cette bière et en a fait tirer le cadavre qu'il a fait jeter dans la rue. Sur cela, le Parlement a décrété de prise de corps ce prélat.

24 *juillet.* — Le parlement de Rouen suit entièrement les exemples du parlement de Paris et vient d'intimer de nouveaux ordres à l'évêque d'Évreux de faire cesser le schisme sur de nouveaux refus de sacrements.

26 *juillet.* — Une personne admise dans la fréquentation de la famille royale m'en a dit ceci : Madame Adélaïde gouverne tout, prononce absolument et décide de tout ce que doit faire M. le Dauphin dans la journée. Elle affecte de contrarier le peu d'ordres qu'a donnés la Dauphine pour marquer son autorité. Celle-ci est assez malheureuse, elle n'a pas le moindre crédit; la sœur détourne le mari de s'attacher à elle. Le Dauphin est, dit-on, un contraste sans exemple des qualités les plus contraires : on lui voit de la bigoterie et non de la religion, des mouvements de bon cœur jusqu'aux larmes et de l'inhumanité, de la douceur et de la

13.

dureté, des traits d'esprit et de la bêtise, de l'enfantillage et de la prudence, mais surtout du singulier (ce qui n'annonce rien qui vaille) ; il se promène à l'heure où les autres se reposent.

29 *juillet.* — Le jugement que le roi a rendu dernièrement en faveur des maisons de Rohan et de Soubise attire à Sa Majesté des affaires embarrassantes : c'est un soulèvement de tous nos princes du sang, excepté du prince de Condé et du comte de Charolais, Mme de Modène à la tête. Elle est allée à Villers-Cotterets mettre le feu sous le ventre au duc et à la duchesse d'Orléans; les autres princes y sont adhérents. Aucuns ne fréquentent Compiègne aujourd'hui que pour se plaindre de cette décision ; M. le prince de Condé y paraît moins que les autres, depuis qu'il ne se mêle plus des affaires du Parlement. Ils se plaignent de ce que le roi accorde à ces prétendus princes étrangers presque les mêmes titres qu'aux princes du sang.

30 *juillet.* — Ceux qui viennent de Compiègne disent que jamais on n'a vu la Cour si farcie de petits collets, de prêtres et d'évêques. L'on n'y parle non plus du Parlement que des États généraux. Le roi écoute tout ce qu'on lui en dit, il

donne quelques signes de tête, et voilà tout. Il est certain que les princes et les princesses du sang recommandent le Parlement partout et le veulent pour juge de leur rang, terrible procès de cour contre les maisons de Rohan et de Bouillon. La princesse de Condé essuie des déboires de la part de Mesdames de France; on en affecte plusieurs par malice; toute cette famille royale est mal élevée. On s'ennuie beaucoup à Compiègne. Le roi y paraît vieilli plus que son âge ne le comporte; il est rembruni; les chairs mollasses et le dos arrondi.

1er *août*. — Cette affaire des princes du sang cause à la cour grande agitation; cela devient sérieux; ils disent qu'ils ne reconnaissent point les arrêts du Conseil, que le roi est bien le maître des honneurs de la cour en donnant ses rangs à chaque personne à sa naissance ou au milieu de sa vie, comme on fait aujourd'hui aux enfants du duc de Penthièvre, mais que, quant à l'état des personnes, ce n'est qu'au Parlement à le donner. Ainsi voilà une nouvelle distinction qui borne l'autorité royale et qui la met au-dessous de celle des tribunaux, le Parlement devenant par là véritable sénat national.

5 *août*. — Le roi a envoyé le 1er août à Rouen

le sieur de Fougères, lieutenant des gardes du corps, avec force lettres de cachet pour mettre à la raison ce Parlement normand qui s'est mis à entendre les maximes du royaume et les règles de la religion, tout aussi bien que le parlement de Paris, et afin d'empêcher l'exécution de ses deux arrêts contre l'évêque d'Évreux.

8 *août.* — L'on refuse au poète Voltaire la permission de rentrer en France.

Le parlement de Rouen continue à imiter de si près celui de Paris qu'il doit incessamment avoir le même sort.

10 *août.* — Le parlement de Rouen ne reconnaissant pas les ordres que le roi lui a envoyés sans lettres patentes, n'en tient compte, et a envoyé à Évreux un huissier pour saisir le temporel de l'évêque. Cependant M. de Fougères reste dans cette capitale pour y donner ordre et secourir les évêques attaqués par les magistrats.

15 *août.* — L'on parle de transférer à Caen ou à Falaise le parlement de Rouen.

L'on mande ici qu'à Vire un curé ayant refusé les sacrements à un prétendu janséniste, le bailliage l'a condamné aux galères et à la fleur de lys.

18 *août.* — L'on vient de donner à l'évêque d'Évreux l'évêché de Bayeux, qui vaut 80 000 livres de rentes, récompense marquée de ce qu'il a fait récemment pour le schisme.

20 *août.* — Je sais qu'à Versailles sept chefs de brigade des gardes du corps ont refusé la commission dudit Fougères, et qu'enfin il l'a acceptée, n'étant pas homme de condition, ce qui le déshonore dans la compagnie.

22 *août.* — Je sais que pour le dernier voyage de Compiègne le roi manquait absolument d'argent, et on a emprunté sur cela deux millions à Montmartel, sans quoi l'on ne savait comment partir. Malgré cette détresse le dessein est formé pour la campagne prochaine de rebâtir entièrement le château de Compiègne.

28 *août.* — L'on prévoit, pour la Saint-Martin prochaine, une révolution dans le ministère, à cause de l'affaire du Parlement, qui est, dit-on, inaccommodable sans cela. Le garde des sceaux déplaît à son travail avec le roi parce qu'il n'a jamais autre chose à lui dire sinon « qu'il n'y a plus d'argent au trésor royal ». Mon frère l'amuse par son département de Paris, dont il lui conte les

détails de police que l'on sait par espionnage, comme les intrigues libertines de nos dames de Paris. M. Rouillé lui déplaît souverainement par sa pédanterie; M. de Saint-Contest ne sait que des anecdotes et ne raisonne jamais; il n'a pu encore travailler que deux fois avec le roi depuis qu'il est en place.

29 *août*. — Mon frère est plus foncièrement brouillé que jamais avec la marquise, et la comtesse d'Estrades travaille par tous ses moyens, et par ceux qu'on lui suggère, à avancer la disgrâce de cette favorite, ainsi que celle de Vandières. L'on voit d'étranges choses à la cour; c'est une terrible école de crimes et de noirceurs, même dans les familles.

3 *septembre*. — L'on vient d'envoyer et de faire marcher en Languedoc vers les Cévennes trente bataillons et trois régiments de dragons. M. de Saint-Priest, intendant de cette province, demandait ces forces depuis longtemps pour exterminer le reste pullulant des huguenots de cette province.

6 *septembre*. — Le 2 de ce mois, le roi répondit aux quinze députés du parlement de Rouen, par l'organe de M. le chancelier, d'une façon qui fait

désespérer que l'on accommode jamais cette affaire entre le Parlement et le clergé. Le roi y donne toujours à la bulle *Unigenitus* la qualification de jugement de l'Église universelle en matière de doctrine, et veut qu'elle soit observée et respectée comme sous le feu roi. On y rappelle les déclarations de 1720 et de 1730, on laisse toujours aux parlements le droit d'empêcher que l'Église n'abuse de sa juridiction, mais Sa Majesté défend à ses juges de se mêler de matières de sacrements. On y déclare (ceci est remarquable) que dans la seule personne royale réside la plénitude de la justice, que c'est d'elle que les juges tiennent leur état et le pouvoir de rendre justice aux sujets, et que, quand, par des considérations particulières, le roi veut se réserver connaissance de quelque cause que ce soit pour la décider par lui-même, il le peut.

9 *septembre.* — Hier samedi 8, sur le midi, naquit un second fils à Monsieur le Dauphin, qu'on a nommé d'avance duc d'Aquitaine. Je souhaite que les peuples et surtout celui de Paris en aient marqué de la joie.

11 *septembre.* — Un homme qui arrive de Versailles me dit que la naissance du duc d'Aquitaine n'y a causé aucune joie dans le peuple de la cour

et de Versailles, *a fortiori* à Paris, tant les esprits sont aujourd'hui mal prévenus pour le trône! L'on y tient des discours très séditieux, même dans les appartements du roi.

14 *septembre.* — Rien de si faux que le bruit qui avait couru de la mort du duc d'Aquitaine. C'est une malheureuse préoccupation qu'a aujourd'hui le peuple de Paris de faire courir des bruits funestes au gouvernement. On a mis quantité de monde en prison à Paris pour avoir fait courir ce mauvais bruit.

15 *septembre.* — L'on a délibéré à Lausanne, en Suisse, avec des députés de nos huguenots français s'il était temps de demander la liberté de conscience, et l'on a conclu que l'heure n'était pas tout à fait venue, et que l'autorité royale serait plus affaiblie dans quelque temps, comme l'hiver prochain.

17 *septembre.* — Je sais que le maréchal de Noailles se montre grand fripon et d'une corruption intolérable dans les conseils du roi, portant à tous les partis les plus avantageux à la maison d'Autriche. Il gouverne absolument les affaires étrangères, et M. de Saint-Contest va chez lui porter le portefeuille, d'où il arrive que tout va si mal au dehors.

18 *septembre.* — Hier devait paraître la déclaration du roi pour former une chambre des vacations, séante aux Augustins. L'on y avait préparé toutes choses pour cette séance, mais l'on prétend qu'il en arriva contre-ordre, ce que je ne sais pas encore.

19 *septembre.* — On arrête toujours beaucoup de monde pour avoir parlé des affaires présentes. La commission du conseil pour juger les appels et pour tenir lieu de chambre des vacations, commence samedi prochain pour le sûr. C'est une contrainte que le chancelier fait à tous les juges du conseil qui la composent; chacun s'excuse, mais on y force les plus jeunes.

22 *septembre.* — Mardi prochain finiront les opéras français, pour ne plus jouer désormais que de la bouffonnerie italienne, jusqu'à la Saint-Martin, la cour attirant à Fontainebleau les trois spectacles dont on prive les Parisiens, ce qui coûtera fort cher au roi. Tout ceci ressemble fort à la régence de Marie de Médicis, quand elle dissipait les épargnes du bon Henri IV.

23 *septembre.* — L'on se plaint beaucoup, à vingt lieues à la ronde de Paris, des vexations des capitaineries et des seigneurs écoutés à la cour

qui conservent le gibier, surtout les lapins et les lièvres, pour dévaster les biens de la terre et ruiner les pauvres habitants. Depuis que M. le duc d'Orléans jouit de Villers-Cotterets, il en a fait revivre la capitainerie, et il y a plus de soixante terres à vendre à cause de ces vexations de princes. C'est un fléau du ciel que ce goût de chasse qu'ont nos princes et nos grands.

La commission d'évocation a commencé hier sa séance aux Grands-Augustins pour enregistrer ses pouvoirs, et commencera mardi sa séance pour juger ce qu'elle pourra.

27 *septembre*. — Le blé-froment diminue de prix; on en porte en abondance dans les marchés. Ce qui se vendait 27 livres le setier l'an passé, en pareil temps, ne s'est vendu que 18 livres au dernier marché de Montlhéry.

Je viens de recevoir les lettres patentes du 18 septembre 1753, portant établissement d'une chambre des vacations dans le couvent des Grands-Augustins de Paris. Le motif en est que le roi n'a pas jugé à propos, *par de grandes considérations*, d'établir une chambre des vacations à Pontoise, où le Parlement avait été transféré par déclaration du 11 mai dernier. Cette chambre est composée de conseillers d'État et de maîtres des requêtes.

28 *septembre.* — M. de Machault, pour fournir au roi de l'argent secrètement et indépendamment du trésor royal, fait la contrebande pour le compte de Sa Majesté, faisant venir par la compagnie des Indes des perses et autres marchandises prohibées.

Madame Infante partit enfin hier pour les petits États de son mari. Il est à souhaiter qu'elle ne revienne jamais en France. Est-il juste que l'État souffre de ce qu'elle a été si mal mariée? Avec elle marche une grande quantité de chariots chargés de toutes sortes de nippes que le roi lui donne.

5 *octobre.* — J'ai vu hier des paquets que Messieurs du Châtelet adressent anonymement à tous les bailliages du ressort du parlement de Paris, pour leur donner avis de leur arrêté du 28 septembre, portant refus d'enregistrement des lettres patentes. Ils ont fait imprimer cet arrêté et l'envoient auxdits bailliages pour les instruire sans doute de la façon dont ils doivent se conduire; c'est un tocsin qui chagrinera la cour.

10 *octobre.* — Le soir où les commissaires des Grands-Augustins vinrent s'installer au Châtelet malgré ce tribunal, il y eut assemblée dudit Châtelet

jusqu'à dix heures du soir, et il y fut résolu de ne jamais reconnaître d'autres supérieurs que Messieurs du Parlement. Lesdits commissaires du conseil sortirent de là pâles et défaits; ils avaient eu grand'peur : un peuple nombreux se pressait dans les salles du Châtelet; ce peuple était consterné et disait que Paris ni la justice n'étaient plus en sûreté.

Tout ceci jette une grande consternation dans le royaume et dans les provinces et rend l'argent très rare.

16 *octobre*. — L'on commence le mois prochain à faire avancer et à manger le mois de janvier 1755 des recettes générales des finances.

Depuis huit mois, l'on ne paye rien à la marine ni pour officier, soldat ou matelot. On a mis à part deux millions pour donner des fêtes pendant le voyage de Fontainebleau, ce qui doit durer jusqu'au 20 novembre prochain : fusées, ballets, concerts, etc., le tout sous prétexte de rejoindre [*sic*, réjouir?] Madame la Dauphine.

23 *octobre*. — L'on a défendu jusqu'aux petites nouvelles à la main que l'on envoyait innocemment dans quelques sociétés de Paris; je connaissais celles dont il s'agit, elles étaient sans réflexions et

d'une sécheresse sage et impartiale. Ce sont là des précautions superflues au gouvernement, mais qui marquent toute la délicatesse de l'absolu pouvoir. Les gazettes de France deviennent un vain répertoire de cérémonial européen, et l'on travaille à rendre les gazettes étrangères aussi inutiles à la politique par les soins et les négociations que nous nous imposons sur cet article.

6 *novembre*. — Pour satisfaire Madame la Dauphine, on a fait venir à Paris le sieur Cafarelli, grande voix italienne, et l'une des plus fameuses qui aient paru depuis longtemps. On a porté le roi à le traiter avec magnificence, gros présents, grosses sommes d'argent, équipages du roi partout où il a été. Le public blâme cela, non par où il faudrait le blâmer (qui est d'encourager cette vilaine musique italienne, où se plongent tous les Français), mais par les dépenses faites dans un temps où le peuple est si pauvre, et le roi si endetté. En toutes choses, le public est un enfant plus mécontent que gâté, qui reproche ainsi à son père tout ce qu'il dépense mal à propos, tristes préparatifs à une révolution dans le gouvernement.

10 *novembre*. — La grande nouvelle est que le

parlement de Paris a un ordre d'être le lundi 12 novembre à Soissons, ou le premier président est déjà rendu ; les autres chambres vont s'y rendre, et ils seront tous en état d'exil par lettres de cachet et d'interdiction de fait, ces officiers se trouvant là sans exercice et sans fonctions.

13 *novembre.* — La nation a conçu que Monsieur le Dauphin était encore pire que le roi pour le jésuitisme ; cette observation l'a réduite au désespoir, et la suite d'un tel désespoir est un soulèvement total contre la royauté. Voilà de funestes choses, mais elles sont vraies. La cour et la nation sont trop loin de compte pour qu'elles se raccommodent ; chaque jour, chaque démarche augmente l'aliénation de ces deux ennemis. Qu'en arrivera-t-il ?

14 *novembre.* — Hier mardi ont dû oommencer les séances de la chambre royale dont la déclaration a paru le même jour. Elle est composée de tout le conseil du roi, conseillers d'État et maîtres des requêtes ; elle siège au vieux Louvre, à l'appartement de la reine mère, ce qui produira quelque embarras pour les prisonniers.

20 *novembre.* — Madame Victoire est très mal

d'une fièvre causée par des indigestions multipliées. Les princesses soupent peu à leur couvert public, puis commandent de petits soupers dans leur cabinet, à l'imitation du roi leur père ; elles se mettent à table à minuit, et se crèvent de vin et de viande.

22 *novembre*. — Il y a eu de nouveaux refus de sacrements à Paris ; un des conseillers du Châtelet qui a été mis à la Bastille avait dénoncé trois de ces actes de schisme, sur lesquels on n'a pas voulu faire droit.

24 *novembre*. — Les nouvelles du Châtelet de mardi dernier 20 novembre sont affligeantes pour la règle et pour la justice. La déclaration pour l'établissement d'une chambre royale a été envoyée au Parc civil avec lettre de cachet, avec ordre d'enregistrer *sans aucune délibération*.

En sortant, les conseillers ayant demandé l'assemblée de la compagnie, le lieutenant civil leur montra une autre lettre de cachet qui leur défend aucune assemblée à ce sujet, et les lieutenants particuliers ont reçu pareils ordres du roi.

Ainsi est gouvernée la Turquie, non qu'on y fasse des actions plus cruelles, mais on peut les y faire : nulles formes, nulles règles fondamentales. Voilà donc où nous arrivons, et l'on voit de toutes parts l'irruption de l'avarice; la sûreté de l'honneur, de la vie, des biens des particuliers dépend seulement de ce suffrage national qui résidait encore dans les parlements. Toute corporation s'abolit en France; il ne reste proprement que deux provinces gouvernées par des États, et encore ces États sont-ils écornés par des intendants et par l'autorité de chaque directeur de nouvelles maltôtes. Les gros hôtels de ville, comme Lyon, Strasbourg, Paris, etc., sont également réduits à l'obéissance prétorienne.

5 *décembre.* — Le sieur de Bougainville était sûr de la pluralité des suffrages à l'Académie française, lorsqu'il a paru une brigue à laquelle on ne s'attendait pas. Mirabaud, secrétaire de l'Académie, Duclos et le comte de Bissy ont lu une lettre de S. A. S. M. le comte de Clermont, prince du sang, qui demande cette place. L'Académie a été pétrifiée, on a dit des injures à Mirabaud de ce qu'il n'avait pas prévenu la compagnie, mais enfin il a fallu délibérer et le nommer.

7 *décembre.* — J'arrive à Paris où j'apprends bien des choses importantes sur l'état des affaires. Le roi est d'une extrême tristesse depuis son retour de Fontainebleau; tout lui donne de l'humeur.

Les domestiques le détestent aujourd'hui ; ils disent que le mauvais état d'affaires où il s'est mis lui aigrit le sang, à quoi se joignent les amassements de soupers et de ragoûts que lui donnent la maîtresse et les favoris.

Le mécontentement est universel dans Paris, et le roi y est haï d'une façon qui fait tout craindre pour l'autorité.

On ne paye personne en finance, les gages de la maison du roi sont retardés de trois années, les receveurs généraux des finances payent à présent le premier quartier de 1755 et ne savent plus où ils en sont.

9 *décembre.* — Le parlement de Rouen travaille à continuer sa résistance, et l'on travaille à le gagner. Celui de Rennes est dans la même circonstance ; l'on parle de quelques procureurs qui se sont noyés de désespoir et faute d'aliments à donner à leur famille, et de plaideurs qui demandent l'aumône. Avec cela, tout a un air de tranquillité à la cour qui étonne les spectateurs.

15 *décembre.* — Il y a grand bruit contre Jean-Jacques Rousseau, prétendu philosophe genevois, pour une brochure qu'il a publiée contre la musique française, à souhaiter qu'il n'y en eût

jamais. Ces preuves consistent dans un grand et pédantesque étalage de science musicale pour établir que ce qui charme est mauvais et ce qui écorche est bon. On avait expédié une lettre de cachet pour le faire sortir du royaume, mais de tristes artistes en ont détourné. On lui a toujours ôté ses entrées à l'Opéra; des gens qui ne le connaissent pas l'ayant rencontré à ce théâtre l'ont maltraité. L'orchestre de l'Opéra l'a pendu en effigie; cela devient une querelle nationale; on a déjà répondu à sa brochure par une autre trop courte; l'on travaille à une réponse plus étendue.

16 *décembre*. — A Soissons la grand'chambre se conduit avec une nouvelle sorte de dignité dont ne s'étaient pas encore avisés les autres exilés à Bourges, Châlons, etc. Les magistrats n'en portent plus l'habit, ils sont en habits modestes avec une épée, ils ne portent point leurs deuils de famille, ou n'ont que des vestes noires; leurs femmes y sont magnifiques en habits, les appartements fort illuminés, de grands soupers et comme des fêtes perpétuelles; ils sont bien davantage avec eux-mêmes qu'à Pontoise, personne ne les allant voir de Paris à cause de leur disgrâce. Le premier président a été voir tous ceux qui lui ont rendu visite, pour montrer qu'il n'exerce plus sa dignité.

20 *décembre.* — Dernièrement un conseiller de la nouvelle chambre passant chez un marchand à la halle, dit à son cocher de le mener à la chambre royale; à ce nom, des femmes le maudirent et le peuple pensa l'accabler, marque des méchantes et contraires dispositions du peuple à Paris. Mon nom est devenu odieux au peuple, et, comme on parlait au marché de la goutte qu'a mon frère, la populace cria qu'il n'y avait qu'à lui donner un mauvais bouillon.

24 *décembre.* — Avant-hier, samedi 22, se passa ceci au Châtelet : à cinq heures du matin, arriva au procureur du roi un courrier qui portait un arrêt du Conseil avec cinq lettres de cachet. L'arrêt destiné à être enregistré au tribunal portait ordre de reconnaître en toute occasion la supériorité de la chambre royale et cassait tout ce qui s'était fait contre. Les cinq lettres de cachet s'adressaient aux cinq commissaires chargés de travailler aux remontrances, et leur défendaient ultérieurement ce travail.

27 *décembre.* — L'on est désespéré à la cour de la résistance du Châtelet, et, après avoir méprisé ce petit tribunal, on le considère jusqu'à ne plus parler que de cela. Il est évident qu'il ne reconnaîtra jamais la supériorité de la chambre royale.

1754

2 *janvier*. — L'on assure que le sieur Boulogne va être incessamment contrôleur général des finances. Il se prépare à accroître le crédit du roi pour fournir aux dépenses de cour et pour accabler le peuple davantage. Je sais que M. de Machault soutient aujourd'hui ces dépenses par une contrebande cachée qui va à plus de 10 millions de profit, ce qui a pour résultat de ruiner nos manufactures.

6 *janvier*. — Il est vrai qu'aujourd'hui les esprits fermentent beaucoup. Je sais d'un des principaux magistrats de Paris, que les Parisiens sont en grande combustion intérieure. L'on y prend des précautions militaires, le guet monte double chaque jour, l'on voit dans les rues se promener des patrouilles des gardes suisses et françaises. Ce même magistrat m'a dit qu'à la suppression du Châtelet, il ne doute pas que l'on fermât les boutiques et qu'il n'y eût des barricades, que c'est par là que la révolution commencerait.

24 *janvier*. — La marquise de Pompadour ne fait autre chose que prêcher le grand avantage qu'il y a pour l'État à être enfin parvenu à faire de belle porcelaine façon de Saxe, et même à l'avoir surpassée. L'on établit rue de la Monnaie un magasin royal pour cette porcelaine. On y voit un beau service que Sa Majesté envoie au roi Auguste de Saxe, comme pour le braver et l'insulter, lui disant qu'on a surpassé même sa fabrique. Aux soupers chez le roi, la marquise dit que ce n'est pas être *citoyen* de ne pas acheter de cette porcelaine autant qu'on a de l'argent.

26 *janvier*. — La reine a dit à M. l'archevêque de Paris, à la dernière visite qu'elle en a reçue : « Mon cher papa (elle l'appelle ainsi), continuez à tenir bon pour la soumission à la bulle, autrement la religion est perdue en France. » Autant en a dit Monsieur le Dauphin.

2 *février*. — J'apprends encore que les receveurs généraux vont baisser les intérêts qu'ils donnent de l'argent qu'on leur prête par billets; ils les mettront à 4, 4 1/2 p. 100, et les fermiers généraux comptent de les mettre à 4 p. 100. Jamais il n'y a eu plus d'argent à Paris : cela vient de la défiance. Manquant d'emploi, on se jette sur

le peu de ceux qui présentent sûreté; les maisons des notaires crèvent d'argent.

5 *février*. — Je sais le profond mécontentement qu'a eu mon frère lorsqu'on a révoqué M. le comte de Mailly d'Haucourt de son commandement de Roussillon. Comme il avait nui à la levée du vingtième par des rôles, M. de Machault persuada au roi que cela venait de mon frère, cet officier général étant beau-frère de M. de Voyer.

9 *février*. — On lit aujourd'hui avec avidité une nouvelle histoire de Charles VI, roi insensé et débile dans ses intervalles, qui fut cause de la perte du royaume dans son règne. On croit y pouvoir faire des applications au temps présent, mais l'on se trompe : le caractère de celui-ci est tout différent. Nous vivons sous un roi très faible d'esprit à la vérité, mais d'une forte mutinerie, rendu tel que j'ai dit par les deux gouverneurs qui l'ont élevé, le cardinal de Fleury et mon frère. Ils l'ont dressé *à la finesse*; il est bon joueur de cartes naturellement, et met sa gloire à donner le change, et le change du change; il prend le mystère pour le secret; on lui a inspiré de la haine du bien public, rapportant tout à lui pour son autorité, méprisant les bons

citoyens et les gens sincères et vertueux comme des sots.

L'on dit qu'un curé d'Aix ayant fait un refus de sacrements, le Parlement l'a brusquement décrété, puis fait fouetter et marquer de la fleur de lys.

21 *février*. — La duchesse d'Orléans a la petite vérole, et l'on craint beaucoup pour sa vie, ayant le sang en très mauvais état depuis plusieurs années pour les veilles, les excès dont elle est amie, et par ses goûts dépravés en tous genres.

22 *février*. — Le parlement de Rouen a recommencé ses séances après les vacances qu'il avait prises de lui-même, et il poursuit ses procédures contre plusieurs ecclésiastiques, et principalement contre l'évêque de Bayeux. A Langres refus de sacrements à un particulier soupçonné de jansénisme, qui en a porté plainte au bailliage. A Toulouse le Parlement a appris que le principal curé de la ville, qui est le curé de Saint-Étienne, avait refusé les sacrements à un moribond en pareil cas, et que ce malade était mort sans sacrements. Le Parlement l'a décrété d'ajournement personnel, ce qui ne tardera pas à être converti en décret de prise de corps.

Ainsi de tous côtés la révolte est complète, et

voilà six Parlements déclarés absolument jansénistes, et désobéissant au roi, tandis que le roi et son conseil ne cessent de casser inutilement ces décrets, d'évoquer à eux ces causes.

23 *février*. — M. le duc d'Aquitaine, second fils du Dauphin, mourut hier de convulsions pour les dents ; il lui en était poussé quatre à la fois.

1er *mars*. — Le roi a cassé le comte de Mailly d'Haucourt pour avoir trop répandu son mémoire apologétique.

Au bal du lundi gras parut à l'Opéra une mascarade singulière : douze masques, en grande robe de palais, avec de grandes perruques fort poudrées, firent deux fois le tour de la salle et embrassaient tout le monde avec gravité et tristesse, et chacun les embrassait aussi. Ils gâtaient de leur farine tout ce qui les approchait ; on leur faisait compliment sur le retour du Parlement, puis ils s'en allèrent sans qu'on sût qui étaient ces polissons. On en parlait hier beaucoup à la cour, et il y a apparence que la police de Paris avait part à ce ridicule que l'on donnait au Parlement.

2 *mars*. — En Languedoc, les États donnent lieu à une assemblée d'évêques, et l'on sait com-

bien les évêques sont puissants en Languedoc sur l'administration du temporel. Ils demandent au roi de casser les derniers arrêts du parlement de Toulouse touchant des refus de sacrements. A Bazas, Dax et Langres, partout nouvelles affaires de cette espèce. L'on craint des deux côtés; le trône est assiégé de ces craintes, ne prononce rien et prétend intimider ceux qui désobéissent : silence sans dessein, révolte, désobéissance et cessation de justice et d'autorité de toutes parts.

5 *mars.* — Le maréchal de Richelieu a fait publier son ordonnance par laquelle il ordonne de courir sus à tous les huguenots qui formeront des assemblées pour célébrer leur rite hérétique; c'est sur cela qu'on a donné aux troupes de la poudre et des balles. Sur cette déclaration il est sorti quantité de religionnaires hors du royaume; en particulier, il est sorti 5 000 habitants de Nîmes.

12 *mars.* — Le Châtelet de Paris agit aujourd'hui avec tout autant de fermeté et de courage que faisait le Parlement pendant son activité. Ayant reçu l'arrêt du Conseil du 6 mars, il a refusé de le reconnaître puisqu'il n'y avait pas de lettres patentes expédiées dessus cet arrêt, et il a continué à délibérer sur l'affaire du curé de Saint-

Nicolas. On y a vu la procédure, et l'on a décrété ce curé d'ajournement personnel.

Chaque jour l'on apprend qu'il y a de nouveaux bailliages qui ont méconnu la supériorité de la Chambre royale après avoir registré son établissement.

L'on assure toujours que le parlement de Toulouse a cessé toutes fonctions et que celui d'Aix va en faire autant.

Les troubles commencent dans le Vivarais; il y a déjà eu deux curés de tués par les huguenots; ceux-ci ont pris les armes et ont, dit-on, de quoi armer 50 000 hommes. Le maréchal de Richelieu a fait placarder ses ordonnances pour attaquer toute assemblée de huguenots. L'on dit que, quand il est parti, le roi lui a ordonné de pousser les huguenots à outrance et de détruire cette engeance.

13 *mars*. — Un principal officier du Châtelet m'a instruit longuement hier de la situation des esprits. Le curé de Saint-Nicolas sera demain décrété de prise de corps. Déjà par son décret d'ajournement personnel, il ne peut plus faire de fonctions publiques. Dimanche au soir, il y avait sept à huit mille âmes dans son église pour voir s'il oserait y venir, et le peuple ne parlait pas moins que de le tirer de l'autel par les cheveux,

s'il avait osé s'y montrer. Et l'on croit qu'il a disparu.

15 *mars*. — L'on vient de refuser les sacrements au curé de Saint-Leu, qui se meurt; c'est l'un des plus fameux curés jansénistes de Paris.

19 *mars*. — L'on m'assure qu'il n'y a point de nuit où l'on n'enlève de pauvres bourgeois, ceux qui n'ont point de famille et que l'on craindrait qui ne contribuassent à quelque sédition dans ce temps-ci; on les mène, dit-on, hors de Paris et l'on ne sait ce qu'ils deviennent ensuite. L'on dit que les commissaires en font des procès-verbaux, et que, de deux nuits l'une, ils sont obligés de veiller pour cela, que les gens du guet marchent toute la nuit déguisés en bourgeois et guettent ceux que l'on prend pour les faire passer de poste en poste.

Le garde des sceaux Machault vient d'écrire une lettre de réprimande à l'évêque de Metz, dont chacun veut avoir des copies. Ce prélat, grand chicaneur, injuste et pétulant, a maltraité de paroles un commissaire du roi pour la réformation des bois en Lorraine; celui-ci s'en est plaint et le garde des sceaux a profité de cette occasion pour traiter en polisson un évêque hautain. Il le menace, il l'humilie, ne parlant de lui dans cette lettre que comme d'*un sujet du roi* qui ne mérite aucuns égards. Ceci réjouit la nation, montrant le contraste d'un ministre à l'autre, puisque celui-ci est capable d'humilier le sacerdoce autant qu'il le faudrait aujourd'hui pour satisfaire la nation.

Le Parlement exilé tombe dans une grande pauvreté; il y a des avocats et des procureurs qui demandent l'aumône dans les rues.

21 *mars.* — La marquise de Pompadour a fait ce qu'elle a pu pour arranger ce carême quelques voyages du roi à Bellevue, et Sa Majesté a mieux aimé rester à Versailles.

Il est grand bruit du refus de sacrements et de l'inhumation en terre profane d'un curé du diocèse de Vannes qui a refusé à la mort de signer la bulle *Unigenitus*. Son propre vicaire l'a traité avec cette fureur schismatique; il y a eu procès-verbal et plainte formée par la famille du curé.

28 *mars.* — M. le comte de Clermont, prince du sang, prit place avant-hier à l'Académie française, à l'heure où l'on ne l'attendait pas et sans harangue de réception.

2 *mars.* — La résistance du Châtelet est plus grande que jamais et se marque ouvertement.

Ainsi voit-on aujourd'hui quarante bourgeois tenir tête à l'autorité royale tout autant que le parlement de Paris, ce qui doit nous ſaire sentir à quel degré est élevé l'honneur ſrançais sur ces matières-ci.

11 *avril.* — La nuit du 8 au 9 de ce mois, on a été pour arrêter quatre conseillers au Châtelet, et l'on en a trouvé trois de ſugitiſs qui ont ainsi échappé. Le seul qui a été mis à la Bastille se nomme M. Quillet, et justement ce sont les quatre plus honnêtes gens et les meilleurs. Tout leur crime est d'avoir été commissaires pour travailler aux remontrances. Il est vrai que l'on songe à ſaire imprimer ces remontrances, à l'imitation de celles du Parlement. Tout Paris est consterné.

14 *avril.* — Voici un nouveau genre de spectacle qui s'établit en France et qui pourra être poussé plus loin : c'est un opéra en pantomimes avec musique instrumentale et magnifiques décorations. C'est Servandoni, grand décorateur italien, qui en est l'auteur.

18 *avril.* — Le roi a permis au duc de La Vallière de vendre à M. de Peyre son gouvernement de Bourbonnais aussi cher qu'il voudrait; l'acqué-

reur a seize ans, et l'on se plaint avec raison combien les grâces se multiplient pour ôter toute espérance à ceux qui les méritent. Le duc de La Vallière est un des favoris des cabinets, il vole ce qu'il peut dans les districts qu'il occupe, et mange son bien en vain luxe ou en folies.

L'on donne pour dot de mariage des commissions de colonels à des courtisans; l'on vient d'en donner une au jeune Lafayette pour épouser Mlle de la Rivière, et l'on m'assure qu'il y a quatre autres pareilles commissions *in petto*, le tout pour être officiers dans les compagnies des grenadiers de France, de sorte qu'il y a présentement trente colonels attachés à ce corps.

21 *avril.* — L'affaire du curé de Carnac, diocèse de Vannes, s'irrite de plus en plus et embarrasse la cour. Les grands vicaires de Vannes ont refusé d'obéir au Parlement, quant à l'inhumation et service du feu curé de ce bourg. Ils ont dit que leur religion et leur évêque ne leur permettaient pas de faire le service pour un *excommunié*, puisqu'il était opposé à la constitution... Pour leur désobéissance à la première partie de l'arrêt, le Parlement a fait vendre leurs meubles pour une grosse amende.

Le P. Laugier a dit dans son dernier sermon

qu'il fallait toujours du sang pour éteindre les hérésies, et qu'il valait mieux en répandre d'abord quelques gouttes pour épargner des flots de sang dans la suite. Ces propos scandalisent beaucoup les peuples aujourd'hui, mais l'on est si bien garrotté par le despotisme et son adresse que l'on ne peut plus s'en dépêtrer.

30 *avril*. — L'on nous effraye à Paris d'un bruit affreux de peste dans les hôpitaux, et surtout à l'Hôtel-Dieu. L'on attribue encore cela à l'exil du Parlement et à la cessation des tribunaux, car les prisons et les cachots ayant regorgé de malades, on les a transportés à l'Hôtel-Dieu, où tout est rempli de scorbut, puis de charbons, anthrax, d'où dérive la peste. L'on prépare déjà l'hôpital Saint-Louis, destiné aux pestiférés, et cela effraye grandement les Parisiens.

2 *mai*. — L'on vient d'exiler le P. Laugier, jésuite qui a prêché le carême à Versailles, et dont les sermons ont paru si hardis; mais il n'y a personne qui ne dise que c'est une finesse des jésuites pour marquer toujours que parmi eux il y a de zélés apôtres, et que l'éducation qu'ils donnent ne contrarie point la pureté évangélique.

L'on ne parle que des maladies épidémiques de

Paris. Il y a des salles de l'Hôtel-Dieu qui sont fermées et où personne n'entre plus. Le scorbut qui y règne ressemble à la peste... Il est vrai qu'en attendant ce terrible fléau, il règne des maux de poitrine qui ſont périr une quantité prodigieuse de monde. Les prêtres, ſossoyeurs et notaires n'y peuvent suſfire : il y a eu telle nuit où il est mort 300 malades à l'Hôtel-Dieu.

9 *mai.* — [On observe que le roi est plus retenu dans ses préventions contre le Parlement par la crainte du Dauphin que par son propre sentiment. Les ministres connaissent son ſaible, et savent qu'il n'y a qu'à l'effrayer sur ce point. Il est arrêté par la seule difficulté de trouver des expédients. On a inculqué le bigotisme et le molinisme dans la grosse tête du Dauphin ; en voilà assez pour accroître les embarras du roi, au-delà de tout ce qu'ils ont jamais été. Il n'ose plus reculer d'un pas sur le parti qu'il a pris pour la bulle *Unigenitus* et contre le Parlement. On l'y engage chaque jour davantage, et le cul-de-sac s'étrécit. Voilà ce que c'est que de s'être trop ſié à des gens ſins et intéressés comme les jésuites et le ministre qui est à leur tête.]

13 *mai.* — Ceci regarde ma ſamille qui est à la

cour. Mon neveu, M. de Voyer, affecte de bouder le roi à cause de l'exil de son beau-père le comte de Mailly; il ne fait presque plus sa cour et y apporte son air très froid. Les jésuites gouvernent le royaume par mon fils; ils prennent beaucoup plus de confiance en lui qu'en mon frère, vu le mauvais état de santé de celui-ci et des coups de dessous auxquels il est sujet et qui ôtent toute confiance en lui. Mon fils est d'un esprit très souple et patient, il s'est fait tout à tous; il s'habitue à souffrir de l'humeur de ceux qui l'environnent et qui le maltraitent sans qu'il fléchisse à eux. Il s'est fait entièrement jésuite de caractère et de conduite.

[Il a arboré la douceur, l'ordre et la règle, ce qui lui donne une réputation de principes, comme on voit à ceux des jésuites qui se font aimer dans le monde, et qui n'en sont que plus utiles à la société en paraissant la servir avec moins d'ardeur.

Il arbore un bigotisme sage, réservé et doucereux, parlant d'affaires publiques et religieuses, avec modération, sophisme et sans génie apparent, n'aimant rien et paraissant aimer tout. Cette conduite peut aller quelque temps quand on est en second, mais quand on est en premier, il faut démasquer ses desseins, et le cri public s'élève contre vous.]

30 *mai.* — Nous devons nous féliciter d'un arrêt qui vient d'être rendu par le Conseil, et qui permet enfin avec toute liberté à chaque ville du royaume d'avoir autant de métiers battants à faire des bas qu'elle voudra. Par combien de sophismes et de contraintes il faut passer, dans une monarchie, avant que d'arriver à la liberté!

4 *juin.* — Le parlement de Rennes se réveille sur l'affaire de Carnac, diocèse de Vannes; l'on poursuit les grands vicaires et les curé et vicaire; le procureur général La Chalotais continue à faire mal son devoir et à être convaincu de corruption.

L'on me mande de Touraine et de Poitou que la mortalité y a été grande par un mal de gorge et de tête qui ne dure que trente-six heures et emporte les malades. A Paris la mortalité continue aussi.

7 *juin.* — Les apparences sont que le retour du Parlement est certain; le monarque s'abaisse par générosité à faire les avances, il écrit de sa main, il voit le chef de la compagnie sans supplique préalable de ladite compagnie.

Bien des gens s'intriguent et tremblent à la cour de ce prochain retour qui menace leur faveur.

8 *juin.* — Il y a eu une révolte à l'Hôtel-Dieu de

Paris par les malheureux prisonniers malades, que l'on sort des cachots pour les guérir dans une salle de force. Ils ont trouvé le moyen d'avoir quelques armes; une sœur de l'Hôtel-Dieu a été poignardée à coups de couteau, et un Suisse égorgé; sept prisonniers se sont évadés et trois ont été repris.

15 *juin.* — L'Hôtel de ville de Paris a obtenu permission de revendre l'hôtel de Conti, qui lui était fort à charge et qu'on l'avait forcé d'acheter bien cher pour en faire un nouvel hôtel de ville; on le revend, à cent mille écus de perte, à des architectes. Cette belle opération-ci a été faite pour plaire à M. le prince de Conti, qui voulait survendre son hôtel.

16 *juin.* — Le bruit était à Paris que les lettres de cachet étaient parties, et que le Parlement allait reprendre ses séances. On est charmé des bontés du roi et l'on s'en prend à ses ministres, ainsi qu'aux jésuites, de tout le mal qui est fait en son nom. Notre monarque est heureux d'avoir été le bien-aimé; sans cela il eût été le bien détrôné.

19 *juin.* — Mlle Alexandrine, fille unique de la marquise de Pompadour, est morte de la petite

vérole au couvent de l'Assomption. Le duc de Chaulnes devait marier son fils avec elle, et en aurait mis trente millions au moins dans sa maison. Voilà bien des édifices renversés; ainsi est confondue la prudence humaine.

20 *juin*. — L'on dit que M. le Dauphin, opposé de volonté au roi sur le fait de la religion, est un commencement de grand malheur pour l'État; qu'il est entouré de l'abbé de Saint-Cyr et de plusieurs menins cagots qui le jettent dans le parti de la plus haute cagoterie. Enfin, l'on va dire dans le public que le roi a de l'humanité, mais qu'il est d'une grande faiblesse, qu'il est environné et séduit; de cette affaire-ci, on n'en voudra pas au roi, mais de plus en plus à la royauté, et une révolution est plus à craindre que jamais.

Les confesseurs disent qu'à Paris les poisons recommencent à devenir à la mode, et qu'il en est question plus que jamais.

21 *juin*. — On a ouvert Mlle Alexandrine; les médecins et chirurgiens ont attesté qu'ils n'y avaient pas trouvé de quoi tuer un poulet, seulement quelques gouttes de sang extravasées dans le bas-ventre. Elle avait senti la veille de sa mort mal au cœur et à l'estomac; elle s'est plainte pen-

dant ses convulsions d'oppression au ventre, et elle prenait le lait d'ânesse. L'on prétend que ce lait a mal passé. L'on cite la mort de M. Le Normant, l'avocat, à qui l'on trouva dans le ventre un fromage de lait pétrifié, mais on n'a pas trouvé pareil symptôme à cette enfant; enfin l'on n'y comprend rien, et l'on parle toujours de poison, mais sans preuves.

24 *juin.* — Les choses sont bien changées : il ne s'agit plus de nommer les uns jansénistes et les autres molinistes : à ces noms, substituez ceux de nationaux et de sacerdotaux, voilà l'état de la question : Français ou partisans de l'inquisition et de la superstition, l'autorité royale pervertie par l'intrigue, voilà tout.

25 *juin.* — Chacun à Paris est partagé entre ces deux futurs événements : le Parlement reviendra-t-il à Paris ou n'y reviendra-t-il pas, et les prêtres triompheront-ils?

Le malheur de ma vie, aujourd'hui, est que mon frère est seul chargé de l'iniquité de la continuation de cette disgrâce du Parlement. Mme de Pompadour a dit tout haut : « Le roi était déterminé au retour du Parlement, mais il a vu ce fripon (parlant de mon dit frère) une demi-heure, et tout a changé. »

26 *juin.* — Les opinions nationales prévalent et peuvent mener loin. L'on observe que jamais l'on n'avait répété les noms de *nation* et d'*état* comme aujourd'hui : ces deux noms ne se prononçaient jamais sous Louis XIV, et l'on n'en avait seulement pas l'idée. L'on n'a jamais été si instruit qu'aujourd'hui des droits de la nation et de la liberté. Moi-même, qui ai toujours médité et puisé des matériaux dans l'étude sur ces matières, j'avais ma conviction et ma conscience tout autrement tournées qu'aujourd'hui : cela nous vient du Parlement et des Anglais. [Remarquez d'autre part *qu'à mesure que la liberté raisonne la tyrannie se raffine.*]

13 *juillet.* — L'on ne parle plus aucunement du retour du Parlement à Paris; les exilés se préparent à passer leur hiver dans leur lieu de disgrâce. L'on parle même d'une tout autre tournure à cette affaire-là. Le clergé promet secrètement quarante millions pour la prochaine assemblée, au mois de mai prochain, savoir dix millions de don gratuit pour les deux assemblées de 1750 et 1755, et trente millions pour tenir lieu du vingtième. Après quoi l'on se moquera de lui et l'on fera revenir le Parlement à Paris. L'on dit encore que c'est le garde des sceaux Machault qui a conseillé

au roi cette apparition du premier président à Versailles, ce qui a mis le clergé en grande crainte du retour du Parlement et a achevé la négociation pécuniaire. Quel tour de passe-passe pour un gouvernement comme le nôtre !

25 *juillet.* — Le parlement de Rouen vient de condamner au feu, par la main du bourreau, le gros ouvrage in-4° du P. Patouillet, contre le Parlement et le Châtelet, sur ce qu'ils ne veulent pas reconnaître la Chambre royale ; on les accuse de vouloir détruire la monarchie, dessein qu'on leur impute et dont on leur attribue l'exécution dès la première race; ce jésuite vomit quantité d'injures contre l'autorité et la liberté des magistrats.

26 *juillet.* — L'on vient de m'envoyer dire que M. de Saint-Contest, secrétaire d'État, était mort avant-hier au soir à Paris.

Supposant ce décès véritable, je sais bien qui devrait lui succéder; mais considérant que l'intrigue de cour gouverne seule ces choses-là, qu'elle forme seule les exclusions et les inclusions aux places, je ne vois qu'un filet de volonté du roi pour régler un choix aussi important que celui de ce département. Le roi a l'esprit bon et juste, mais il craint le bien, il ne veut offenser personne ;

il craindra d'avoir du bruit dans son conseil, et surtout il redoutera les cris aigres du maréchal de Noailles.

29 *juillet.* — L'on compte trente-cinq candidats qui se présentent, qui agissent, qui intriguent, qui offrent de l'argent pour obtenir la place de secrétaire d'État des Affaires étrangères, vacante par la mort de M. de Saint-Contest, gens de robe, gens d'épée, des ducs, les plus grands seigneurs, pour donner le plus de ridicule que l'on peut au roi.

2 *août.* — La nomination de M. Rouillé au département des Affaires étrangères a fort surpris la cour, la ville et les provinces.

Nous apprenons encore que M. le garde des sceaux Machault n'a plus le ministère des finances, et qu'il vient d'être donné à M. Séchelles, intendant de Flandre.

3 *août.* — Il est certain que M. de Machault a présentement le département de la marine; il y trouve une occupation douce et une place qui ira parfaitement à son fils aîné, quand il aura la chancellerie; mais on dit qu'il a rendu sa santé mauvaise par gourmandise.

24 *août*. — Mme la Dauphine accoucha hier à sept heures du matin d'un prince; voilà une brave Allemande et qui nous donne bien des héritiers au trône.

L'archevêque d'Arles (de Jumilhac) a donné un soufflet à un gentilhomme qui est venu s'en plaindre au roi; cela augmente beaucoup l'irritation générale contre le clergé dans le public.

28 *août*. — Un homme fort instruit des affaires de la cour et du Parlement m'assure qu'aucun des ministres ne sait rien de ce qui doit se passer lundi prochain à la séance du Parlement, mais que le premier président le sait fort bien, et qu'il l'a déclaré à la compagnie sans dire de quoi il s'agit, ce qui fait croire que tout se passera bien.

31 *août*. — La naissance du duc de Berry a causé peu de joie et presque aucune sensation à Paris. Chacun se plaint et crie; les vivres sont augmentés de cherté à Paris, ainsi que tous les autres objets de dépense. Les réjouissances pour la naissance du duc de Berry ont dû être faites hier, et non demain dimanche, de peur qu'on n'en attribue la cause au retour du Parlement, sur quoi la cour est bien alerte.

Pour le sûr les quatre prisonniers du Parlement

sont en liberté, et siégeront lundi avec leurs confrères.

Le parlement de Bretagne, avant que de se séparer, a rendu un arrêt fulminant contre l'évêque de Vannes : il est condamné à 6 000 livres d'amende payable sans déport, et les grands vicaires de cet évêché sont décrétés de prise de corps ; ce Parlement s'est moqué d'un arrêt du Conseil signifié à leur (*sic*) procureur général et à leur greffier en chef.

2 *septembre*. — [Le Parlement reprend ses fonctions.] Je viens de voir les lettres patentes du roi, du 30 août, qui suppriment la Chambre royale, avec beaucoup de compliments et actions de grâces de ces officiers du Conseil.

9 *septembre*. — Enfin, j'ai des nouvelles de ce qui s'est passé au Parlement. Le roi lui a envoyé une *Déclaration* dont le préambule insulte cette compagnie ; on la dépeint comme coupable et désobéissante, le roi lui fait grâce, mais le dispositif accorde tout ce que désirait le Parlement. Le roi veut la paix et prescrit le silence plus que jamais sur la bulle *Unigenitus*, il commet le Parlement pour réprimer, *dans tous les cas*, tous les infracteurs de ce silence ; quant aux procédures

précédemment faites sur le schisme, le roi les éteint, mais veut que la contumace soit purgée quant aux arrêts définitifs.

26 *septembre*. — Le roi est adoré de son peuple par le parti qu'il prend de plus en plus entre le clergé et le Parlement.

Il y a eu grande députation d'évêques au roi. Ils ont dit qu'ils ne pouvaient obéir à la déclaration registrée au Parlement. Le roi leur a répondu que, s'ils n'y obéissaient pas, il abandonnerait au Parlement ces contraventions suivant la loi pour apaiser les troubles qu'ils avaient excités.

28 *septembre*. — Il y a eu deux refus de sacrements à Paris, depuis la rentrée du Parlement, l'un à Saint-Hilaire, l'autre à Saint-Jean-en-Grève; l'archevêque les désavoue et commence à redouter le Parlement.

1er *octobre*. — Une lettre de Nantes du 27 octobre [*sic*, septembre] porte que l'évêque, au lieu de revenir à résipiscence sur l'affaire de refus des sacrements, vient d'en faire un nouveau avec affectation à un prêtre de la Roche-Bernard, qui est mort sans sacrements. Comme il n'y avait point de messe le dimanche en cette paroisse, l'évêque a envoyé un grand vicaire pour faire les fonctions de pasteur. Le procureur du roi y a envoyé aussi deux brigades de maréchaussée pour rétablir le bon ordre dans cette ville de la Roche-Bernard, où les habitants se battaient tous les jours pour leurs sentiments touchant la constitution *Unigenitus*.

6 *octobre*. — L'on me dépeint la cour et le ministère comme plongés dans un vain luxe et dans une dépense qui tient du pillage d'une ville incendiée ou prise d'assaut. Chacun y fait sa main, chacun tire à soi. Le ministère et les places se remplissent de renards qui, simulant la décence et la finesse de conduite, ne pourvoient qu'à leur personne et poussent l'indifférence jusqu'à la haine et l'irrision pour le bien public. M. de Séchelles, nouveau contrôleur général des finances, est encore plus délié que mon frère, c'est beaucoup dire.

L'on ne fait que pousser le roi à de nouvelles dépenses de cour, sans que son goût l'y porte; l'on plonge dans les plaisirs ses langueurs léthargiques; la malice et la bassesse des courtisans en font un Henri III, malgré lui.

Voici que le roi prend l'Opéra à son service, et il ne sera quasi plus à ce public de Paris; on l'assujettit aux Menus plaisirs du roi, c'est-à-dire à l'inspection des premiers gentilshommes de la Chambre, comme les Comédies française et italienne qui changent chaque année de directeurs. On en ôte la direction à l'Hôtel de Ville.

Ce qui me désespère, c'est d'entendre vanter le bien public en ceci et l'encouragement aux arts. Ah! maudits arts! combien coûtez-vous au royaume! La marquise de Pompadour est l'auteur d'un si méchant parti, sous prétexte d'amuser les ennuis du roi. Elle vient d'acheter tous les marais autour de son hôtel [1] pour en faire un grand parc.

7 *octobre*. — Il y a une armée de contrebandiers, au nombre de plus de deux mille hommes armés, qui courent les provinces, principalement celle d'Auvergne. Ils en usent galamment avec la noblesse qui les soutient; les commis de fermes sont impuissants à les arrêter et l'on croit qu'il sera bientôt nécessaire d'y faire marcher des troupes.

17 *octobre*. — La terre de M. de Vandières, frère de la marquise de Pompadour, nommée Marigny, vient d'être érigée en marquisat, et ce nouveau marquis a été présenté au roi en cette qualité.

1. L'hôtel d'Évreux, aujourd'hui palais de l'Élysée. (Note de l'éditeur Rathery.)

Le parlement de Paris vient de décréter d'ajournement personnel les trois députés du chapitre d'Orléans qui ont refusé les sacrements à l'un de leurs confrères. Cependant les évêques deviennent plus doux; je sais que l'archevêque de Paris a donné des ordres secrets à ses nouveaux prêtres de faire en sorte qu'il n'y ait plus de bruit.

2 *novembre*. — L'on fait marcher des troupes réglées contre les contrebandiers d'Auvergne. Ils prétendent ne rien faire d'injuste, et donnent les marchandises à juste prix. Ils avertissent de leur arrivée deux jours auparavant, et, vendant du tabac aux receveurs de cet impôt, ils en exigent le payement pour des sommes de 6 000 à 10 000 livres. Ce sont des soldats et officiers réformés qui disent n'avoir pas d'autre métier pour vivre.

6 *novembre*. — La marquise de Pompadour avait pris un grand terrain aux Champs-Élysées pour se faire un potager; il était déjà planté et les murs élevés de six pieds de haut. Elle a appris que le peuple de Paris en murmurait, surtout en ce que cela lui retranchait de ses promenades : elle a sur-le-champ détruit son potager pour le mettre en marais comme ci-devant.

15 *novembre*. — On me mande que, pour la seconde fois, l'évêque de Soissons (Fitzjames) est exclu du chapeau de cardinal par rancune des conseils de conscience qu'il donna à Metz en 1744 à Sa Majesté, touchant ses amours avec Mme de Châteauroux. Le Prétendant a fait une nouvelle tentative pour donner la nomination à ce parent; Sa Majesté l'a refusé vivement.

26 *novembre*. — Nouveau refus de sacrements dans une paroisse du diocèse de Boulogne : le moribond est mort, et on l'a enterré sur les confins du cimetière, les pieds en terre sainte, la tête et le corps dans la rue, disant qu'en fait d'appel de la bulle *Unigenitus*, c'est la tête et le cœur qui pèchent et non les pieds. On ne doute pas que le Parlement ne sévisse sur cela à sa rentrée.

3 *décembre*. — L'on voit avec étonnement que chaque année les loyers des maisons de Paris augmentent de prix, malgré la diminution des biens et des profits des particuliers; d'abord dans les beaux quartiers, comme dans le faubourg Saint-Germain, celui de Richelieu ou faubourg Saint-Honoré; ensuite, par contre-coup, le Marais et le quartier de l'Université arrivent aussi hors du prix ordinaire. On en cherche la raison; en

voici un essai : la mode et son empire président à tout chez les Français, car la mode a mis la vertu et les éloges dans le bon air, le vice et le mépris dans le moindre ridicule. Il est donc ridicule de ne pas demeurer à Paris, ou dans les beaux quartiers ; voilà de quoi mettre en mouvement tous les efforts de la noblesse.

La mode veut aujourd'hui que les courtisanes soient payées plus cher, qu'elles représentent, qu'elles soient chargées de diamants, qu'elles aient de beaux carrosses et des maisons délicates et bien meublées.

La mode veut qu'il y ait beaucoup de divorces : ainsi il faut hôtels aux maris, hôtels aux femmes, hòtels aux enfants, au lieu que ci-devant les familles logeaient dans la même maison, et chacun se contentait d'une petite chambre avec un cabinet.

La mode veut qu'on ait des logements spacieux, que les domestiques aient des feux tout l'hiver, qu'on ait du feu dans chaque pièce. La mode veut aujourd'hui que les financiers représentent comme des gens en place, etc., etc.

5 *décembre.* — Voici de grands événements et bien des changements. Le roi a répondu avant-hier à la députation du Parlement : « qu'il avait

puni l'archevêque de Paris, l'ayant exilé à sa maison de Conflans pour avoir désobéi à sa déclaration du 2 septembre, qu'il voulait qu'on obéît et que la paix régnât dans le royaume; qu'ainsi Sa Majesté comptait que le Parlement ne sévirait pas contre ce prélat; qu'il pouvait donc poursuivre le clergé de Saint-Étienne du Mont, mais avec la circonspection que demandaient les choses spirituelles, et qu'il concourût de tout son zèle à faire régner la paix. » Le Parlement a sur-le-champ donné des ordres nécessaires pour que l'on donnât les sacrements à la demoiselle Lallemant et que l'on pourvût au service de cette paroisse.

7 *décembre*. — On a fait un nouveau règlement pour que les duchesses aient toujours le fond dans les carrosses du roi et de la reine, et les femmes de qualité non duchesses sur le devant; mais ce règlement ne s'applique pas aux ducs, et ceux-ci veulent éviter ces concurrences.

M. le Dauphin a décidé, au contraire, que les menins auraient le fond, quoique non ducs, ce qui chagrine les ducs, et, comme cette décision contredit celle du roi, Sa Majesté a dit : « Que voulez-vous? Mon fils l'a décidé ainsi. »

18 *décembre*. — Il est à observer que mon frère

devient absolument le maître du gouvernement, y dominant sous les noms de ceux qu'il met en place. M. de Séchelles est son commis, mon fils s'assure des détails de la guerre.

L'on vient de donner de grosses pensions aux principaux banqueroutiers de la cour, comme duc de Boutteville, Fimarcon, Tressan, etc., disant qu'ils ne sont pas capables de commander par leur désordre : autre grief du public.

19 *décembre*. — J'ai reçu des lettres du 12 de ce mois d'un de mes amis qui commande à la chaîne de troupes contre Mandrin et les contrebandiers. Il n'est pas vrai que nous y ayons eu un échec pour nos dragons ; tout au contraire, on a pris cinq de ces révoltés et l'on guette les autres avec soin et diligence.

22 *décembre*. — Le présidial de Troyes vient de faire vendre tous les meubles de l'évêque pour 6 000 livres d'amende, à quoi il avait été condamné pour refus schismatique de sacrements. Toute la ville de Troyes y a applaudi, a acheté ses meubles ; on a peu enchéri, et l'on a été trop charmé que cette valeur ait monté à peu de chose.

La duchesse de Villars, ancienne coquette, aujourd'hui bigote des jésuites, a été trouver le premier président et lui a dit que, puisque le Parlement se mêlait aujourd'hui du spirituel et avait fait exiler l'archevêque de Paris, elle venait à lui pour lui demander la permission de manger des œufs ce carême. Le magistrat lui a répondu qu'il en parlerait à sa compagnie où il avait effectivement quelque crédit, et qu'il en écrirait à l'Hôtel-Dieu et aux Petites-Maisons où l'on vendait des œufs.

24 *décembre.* — Une grande bande de contrebandiers est arrivée dans la ville de Beaune en Bourgogne. Les maires et échevins ayant voulu leur refuser les portes, la milice bourgeoise n'a pu leur résister; il y eut quelques gardes bourgeois de tués; deux cents contrebandiers sont entrés avec leurs marchandises; ils ont été chez les magistrats, ils les ont réprimandés et menacés; de là, ils sont allés chez le receveur des fermes et ont exigé une contribution de 20 000 livres.

28 *décembre.* — L'évêque de Chartres ayant voulu parler au roi touchant l'exil de l'archevêque de Paris à Conflans, ce petit prélat a dit qu'un évêque devait résider dans sa capitale, le roi lui a dit : « *Eh bien, monsieur, allez dans la vôtre* », où il est exilé.

1755

1er *janvier*. — L'on parle beaucoup dans le public d'une guerre comme prochaine avec l'Angleterre pour raison de nos colonies, surtout dans l'Amérique septentrionale, tant vers l'Acadie qu'en Virginie. Le duc de Mirepoix prend aujourd'hui congé du roi et part ces jours-ci pour Londres.

3 *janvier*. — A l'assemblée des Chambres d'hier, le premier président a rendu compte de la réponse du roi touchant les délibérations de l'assemblée précédente. Sa Majesté trouve que le bailliage de Troyes est allé trop vite. Cependant Sa Majesté a puni l'évêque de Troyes et l'a exilé à une abbaye près de Sézanne, dans son diocèse, et, sur tout cela, le roi veut que le palais en reste là sur l'affaire en question.

6 *janvier*. — Nous armons actuellement 17 vaisseaux de guerre ou frégates dans nos ports d'Océan; on y travaille jour et nuit, et l'on a envoyé cinq

millions pour y satisfaire; tout cela regarde l'Amérique septentrionale.

L'on veut bâtir à neuf l'église de Sainte-Geneviève, et, pour cela, on lui donne quatre sous de plus par augmentation aux billets de vingt sous. Ces quatre sous iront moitié en augmentation de lots, et les deux autres sous pour cette église.

7 *janvier*. — M. de Séchelles, contrôleur général, couve ses desseins et avance à pas lents. Il est, dit-on, parvenu à obtenir du roi le retranchement de la bouche particulière à ses maisons de Choisy et de la Muette, malgré les cris des gouverneurs de ces campagnes. On a montré à Sa Majesté que chaque poulet lui revenait à cent écus, etc. Ce retranchement va à plusieurs millions.

L'on vient de mettre en prison plusieurs banquiers de pharaon qui taillaient dans plusieurs maisons de femmes de qualité à Paris.

8 *janvier*. — Les dernières nouvelles que me donne un de mes amis, qui a un commandement contre les contrebandiers, sont qu'on lui envoie un renfort de troupes, qu'ils sont très mal informés de l'ennemi, le pays étant contre les royalistes et pour ces rebelles, que l'on dit faire la guerre aux riches fermiers généraux, et non au roi. On leur

donne même des faux avis dont il faut se défier, et le peuple et les bourgeois craignent le ressentiment des contrebandiers qui se montrent cruels quand ils sont offensés. Quelques bandes se sont jetées dans les forêts vers la Saône, d'autres dans le Vivarais et le Bourbonnais depuis la petite bataille d'Autun.

11 *janvier.* — Un homme qui fréquente beaucoup la cour de M. le prince de Conti m'a dit ceci : que ce prince a augmenté ses revenus de plus de 500 000 livres annuelles depuis qu'il est en faveur près du roi, et que cependant ses domestiques ne sont pas payés, que chez lui on meurt de faim, qu'on n'y est pas chauffé l'hiver, et que sa maison de l'Isle-Adam tombe faute d'entretien.

14 *janvier.* — M. de Séchelles, contrôleur général des finances, vient d'être déclaré ministre d'État, et a été appelé dimanche au Conseil. Il n'y a que six mois qu'il a les finances, et le voilà déjà à cette importante place; le feu roi n'y appelait ces sortes de ministres qu'après plusieurs années d'épreuves.

Cruauté à Saumur, d'où l'on a enlevé, par lettre de cachet, un vieillard de quatre-vingts ans, infirme, parce qu'il parlait mal de la constitution *Unige-*

nitus; c'est un ecclésiastique forcené qui a été chargé de l'exécution de cette violence.

19 *janvier*. — L'on prépare l'armement maritime et guerrier à Brest avec grande diligence et dépense. L'on dit notre marine en bien mauvais état, et toujours *ouvrage de montre* en toutes choses : 70 vaisseaux construits depuis la paix qui se pourrissent au port; nuls agrès, nuls canons ni munitions, aucune possibilité de les armer. L'on vient de donner ordre à la compagnie des Indes de livrer à notre marine tous les canons de fer et de bronze qu'elle a pour ses vaisseaux, car nous manquons de tout.

20 *janvier*. — L'évêque d'Orléans a révoqué tous les pouvoirs qu'il avait donnés aux prêtres de son diocèse pour n'en plus donner qu'aux zélés constitutionnaires; c'est de quoi le Parlement veut prendre connaissance. Le despotisme des évêques se fait trop remarquer aujourd'hui, et cela va bientôt devenir la question principale.

L'évêque de Troyes, dans son exil, vient de donner un mandement qui confirme ce que je viens de dire sur le despotisme des évêques : il borne les pouvoirs aux seuls curés et vicaires, il défend aux malades de s'adresser à d'autres prêtres, même approuvés, sinon dans les cas où les curés et vicaires ne s'y pourraient transporter. C'est de quoi l'on a appelé comme d'abus au Parlement, puisque cela gêne trop les consciences et rend les confessions impossibles au lit de mort.

25 *janvier*. — Le roi a dit à la cour de sa propre bouche que tout était accommodé avec les Anglais, et que l'on restait dans les colonies *in statu quo*.

L'archevêque d'Aix a été décrété de prise de corps par le parlement de Provence.

L'on parle de saisir le temporel de l'archevêque de Paris, s'il persiste dans son obstination de désobéir à la déclaration du 2 septembre dernier.

27 *janvier*. — Il règne encore une mutinerie impuissante dans le haut clergé, qui cherche à effrayer le roi sur la loi du silence.

L'on est scandalisé de voir les meubles du curé de Sainte-Marguerite qui ont été annotés, et que l'on va vendre incessamment : ils sont somptueux, voluptueux, entre autres une chambre de bains avec lit de Perse très précieux.

29 *janvier*. — Le bruit est grand dans Paris que mon frère remet la surintendance des postes et qu'elle va être donnée à Marigny, frère de la mar-

quise de Pompadour : fausse nouvelle certainement, car le secret des postes mérite un autre homme que cet homme nouveau et dont on connaît l'insuffisance. Le secret des postes est l'*œil de Jupiter*, cette trappe par où ce dieu voit ce qui se passe dans le cœur des hommes. Pour dire le vrai, cette faculté inquisitrice de la royauté sent moins le père de famille que le despote.

30 *janvier*. — On assure que Mandrin a passé par la Franche-Comté et qu'il est retiré dans les montagnes de Suisse. L'on assure aussi que c'était le roi de Sardaigne qui lui faisait fournir ses marchandises de contrebande.

31 *janvier*. — L'affaire de l'église s'irrite par le stupide entêtement de l'archevêque de Paris. Le Parlement s'assemble matin et soir depuis trois jours et continuera aujourd'hui et demain. Les paroisses de Saint-Étienne-du-Mont et de Sainte-Marguerite sont désertes, il n'y a plus de prêtres. A Saint-Étienne, il y a deux prêtres factionnaires qui attendent, derrière une trappe, qu'on leur demande les sacrements, et, quand on n'a point de billet de confession, ils ferment la trappe et vous renvoient.

Le Parlement a député un secrétaire à l'archevêque de Paris à Conflans pour lui demander quand il voudrait finir ce trouble, cette méthode singulière d'administration à Saint-Étienne et à Sainte-Marguerite et cet abandon de la desserte des paroisses. L'archevêque a répondu qu'il persistait dans sa réponse de novembre dernier, qu'il n'était comptable qu'à Dieu de son administration, et que le Parlement était absolument incompétent de se mêler des sacrements comme il faisait.

1er *février*. — Effectivement, le curé de Saint-Gervais a obéi à l'arrêt du Parlement et a porté les sacrements à l'abbé Coquelin, au refus de celui de Sainte-Marguerite et de celui de Saint-Paul, qui y a allégué de mauvaises raisons. Voilà donc le Parlement qui se fait obéir dans Paris en matière d'administration de sacrements, au préjudice des ordres de l'archevêque, et l'on traite cette conjoncture comme une calamité de peste ou de guerre. Voilà une grande guerre allumée dans la discipline.

17 *février*. — L'on assure que le roi a donné à l'archevêque de Paris l'option de ces trois choses, et qu'il doit se déterminer avant le 21 : ou de se démettre de son archevêché, ou de donner un mandement conforme à la loi du 2 septembre, ou

de l'abandonner au Parlement qui lui fera son procès comme rebelle, ainsi qu'il fait aux curés et autres ecclésiastiques. Quelques-uns même prétendent que Sa Majesté se serait exprimée avec une brièveté impérative en disant : « *Soumission, démission ou punition.* »

18 *février.* — Fischer, colonel des chasseurs, a été battu à plate couture par les contrebandiers, quoiqu'il se soit vanté de les avoir exterminés. Ces troupes légères pillent le pays, au lieu de le secourir. Tout le monde est pour ces contrebandiers. Il est certain qu'on a envoyé un négociateur pour traiter avec Mandrin en Savoie.

21 *février.* — Aujourd'hui le roi a rendu la réponse au Parlement touchant celle que lui avait faite l'archevêque de Paris. Sa Majesté a déclaré qu'elle l'avait puni de nouveau pour l'éloigner des mauvais conseils que ce prélat recevait de certaines gens; qu'ainsi il ne souhaitait pas que le Parlement le poursuivît ultérieurement pour les peines qu'il avait méritées. L'archevêque de Paris vient d'être exilé à Champeaux, près de Melun, où il ne verra personne, et il a congédié la plupart de ses domestiques.

26 *février*. — Voltaire étale enfin ses richesses : il a loué à vie une belle maison au bord du lac de Genève, où il arbore une grande représentation et invite ses amis. Les magistrats de Genève l'y considèrent et le favorisent comme un homme qui vaudra beaucoup à leur ville par illustration et par le monde qu'il y attirera. On lui attribue plus de cent mille livres de rente avec beaucoup d'argent comptant.

3 *mars*. — Le roi vient d'exiler l'archevêque d'Aix à Lambesc, à cinq lieues de la métropole, pour mêmes raisons que l'archevêque de Paris, pour résistance à sa déclaration du 2 septembre dernier.

4 *mars*. — Mandrin, avec soixante de ses partisans, s'est retiré dans l'État de Genève et attend le printemps pour recommencer ses courses. Fischer, sous la sauvegarde de quelques chasseurs, est venu dans le Genevois pour lier une négociation, mais il a échoué et est retourné en France.

C'est la *Gazette étrangère* qui nous apprend que l'on a commencé à abattre les bâtiments qui offusquent la belle colonnade de Perrault et qu'on va achever le Louvre, que le roi y destine un fonds de 37 millions, qu'on en fournira deux par an en temps de paix et un en temps de guerre, que l'on fait venir de Lyon un grand architecte nommé Soufflot.

17 *mars.* — L'on dit déjà la guerre commencée, et que les Anglais ont tiré sur un de nos vaisseaux à l'entrée de la Manche, où nous avons eu 80 hommes de tués; ils demandaient le premier salut de notre part, se prétendant les seigneurs dans la Manche. Ce bruit se confirme.

18 *mars.* — Dans l'assemblée des chambres d'hier il se passa de grandes choses. Le premier président dit que le roi l'avait remis à dimanche prochain, jour des Rameaux, pour lui donner de nouveaux ordres touchant les déportements de l'archevêque de Paris. L'on procéda au jugement du fond de l'appel comme d'abus des délibérations du chapitre d'Orléans et de leur refus schismatique d'administrer un de leurs confrères opposant et appelant de la bulle *Unigenitus.* Mais, ô malheur! ô disgrâce pour la constitution *Unigenitus* et les constitutionnaires! Voici qu'incidemment à cela le procureur général a appelé de l'exécution de cette bulle et le Parlement a prononcé qu'elle n'était point règle de foi, défendant de la regarder ainsi à tout ecclésiastique, *de quelque ordre, qua-*

lité et dignité qu'ils soient (ce qui veut dire les évêques), leur ordonnant de se renfermer dans le silence général respectif et absolu ordonné par la déclaration du 2 septembre dernier.

Voilà la Constitution anéantie nationalement; la voilà qualifiée et condamnée à un éternel silence.

23 *mars.* — Jeudi, vendredi et, je crois, samedi, le Parlement a été assemblé, toujours pour interroger les curés de Paris et recevoir leurs dépositions touchant les ordres que vient de leur donner leur archevêque. Je n'en ai pas encore la relation ordinaire que me fournit un de mes amis dans le Parlement, mais voici comment on dit que l'archevêque leur a donné ses ordres. Il ne leur a point écrit, mais il les a mandés à Conflans, huit par huit, et leur a parlé ainsi : « Messieurs, j'ai adhéré aux remontrances de MM. les cardinaux de Soubise et de La Rochefoucauld, et suivant leurs idées pour plaire au roi, je vous ordonne : 1° de porter les sacrements à tous malades qui les demanderont sans exiger préalablement de billets de confession ; 2° que ce seront les curés eux-mêmes qui les porteront; que les curés commenceront par bien examiner *s'il y a danger* au malade, et, s'il y a danger, ils administreront; 3° ils s'informeront des domestiques, tout autant qu'ils pourront, du nom

du confesseur; 4° si le malade est suspect sur sa soumission à la bulle *Unigenitus*, ils ne manqueront pas de l'interroger sur cela; 5° cet ordre n'est donné que provisoirement et jusqu'à la prochaine assemblée du clergé, déclarant ledit seigneur archevêque ne vouloir s'en rapporter qu'à un concile provincial ou national ou au pape. »

25 *mars*. — J'ai été hier à Versailles, où j'ai trouvé les têtes bien tournées contre le Parlement, et tout le ministère poussant le roi contre cette puissante compagnie. On lui dit sans cesse qu'elle détruit son autorité, et, en vérité, ce sont les prêtres et les ministres qui détruisent le gouvernement et les sujets. L'on blâme le gouvernement de ces deux dernières démarches : de l'arrêt du 18 avril [*sic*, 18 mars], qui déclare abus dans l'exécution de la constitution, et encore davantage de son interrogatoire des curés de Paris.

L'on prévoit une guerre prochaine; l'on dit qu'elle durera au moins dix années.

Monsieur le Dauphin est malade; son estomac ne fait plus de fonctions; on ne paraît pas se soucier de sa santé, quelque précieuse qu'elle soit.

31 *mars*. — Voici un bruit très agréable qui court depuis hier, que nos discussions avec l'An-

gleterre seraient absolument accommodées, et que le roi l'aurait dit à quelques courtisans.

Cependant j'apprends par des commerçants de Bordeaux qu'il y a quantité d'armateurs et de frégates de guerre anglaises qui croisent, au nombre de quinze à seize dans la mer de Guyenne et vis-à-vis la Garonne, pour empêcher l'arrivée de nos vaisseaux de Toulon à Brest.

1er *avril.* — Le comte de Frise est mort en trois jours d'un sang échauffé par la débauche. Il avait hérité ici des biens du maréchal de Saxe, son oncle, et il jouissait de grands bienfaits du roi qu'on pourra donner à d'autres, et qu'on ne sera pas assez sage pour retrancher.

5 *avril.* — Il faut toujours définir le monarque pour juger des événements dans une monarchie telle que la nôtre. On ne peut être moins propre qu'est Louis XV au coup d'État; il ose légèrement et témérairement, puis il s'ennuie et il craint; jamais il n'y a eu d'homme moins courageux d'esprit que ce prince. De là arrive que chaque ministre qui l'approche sent peu à peu ses forces et n'a qu'à oser pour exécuter. C'est ainsi que le cardinal de Fleury l'a gouverné pendant dix-sept ans; ainsi la marquise, qui n'est plus la maîtresse depuis

trois ans, continue à le dominer par le ton et par la hardiesse; ainsi chaque ministre tire à lui la couverture et la déchire.

Or le Parlement est un ministre de bien autre force que les autres, surtout depuis son rappel : il est *indéplaçable*, il a pour appui le prince de Conti qui, avec un esprit incorrect, un jugement médiocre, représente cependant à lui seul aujourd'hui près du roi la nation et le Parlement. Ainsi, quand il boude à l'Isle-Adam, Sa Majesté lui dépêche courrier sur courrier pour l'entendre de nouveau. Voilà où en sont les choses.

Dans ces circonstances, le clergé va s'assembler aux Augustins le 15 mai prochain. Les deux armées seront en présence; d'un côté le clergé, à cette espèce de concile national, lancera les foudres ecclésiastiques, et, de l'autre, le Parlement des arrêts au nom du roi. A tout cela, le roi ouvre la bouche, dit peu de choses et ne pense rien. Il vit au jour le jour.

6 *avril*. — Voici qu'il a paru hier un arrêt du Conseil d'avant-hier vendredi, 4 avril, qui casse en partie celui du Parlement du 18 mars. On y laisse subsister le jugement au fond contre le chapitre d'Orléans, et la prescription du silence suivant la déclaration du roi du 2 septembre dernier. On y

casse la qualification de la bulle à laquelle le Parlement a donné le titre de *règle de foi*, et le roi la qualifie de nouveau *loi de l'église et de l'État*, disant que le Parlement l'a registrée comme telle, et que le roi joint au corps des pasteurs l'a reçue comme telle.

Voici donc un nouveau triomphe pour le clergé qui était abaissé, et une flétrissure qui abaisse le Parlement qui triomphait. Mais le public improuve ceci et y voit de la tergiversation au trône.

11 *avril*. — La fermentation est grande dans le Parlement, m'a-t-on dit; cependant le roi a rappelé M. le prince de Conti près de lui, et a eu, ces jours-ci, quelques conversations avec lui sur ceci.

Mais voici que des affaires plus sérieuses se réalisent dans leurs maux cuisants. Nos troupes s'embarquent à force à Brest, et, si le vent est bon, la flotte française doit mettre à la voile mardi prochain, 15 de ce mois. Toutes négociations avec les Anglais paraissent rompues, et la guerre n'est que trop certaine. Nos vaisseaux sont mal équipés, et, après cet approvisionnement, il ne reste pas, dit-on, à Brest, de quoi armer deux chaloupes.

Du moins, si nous savions perdre le Canada de bonne grâce, le royaume serait sauvé. L'Espagne ne fait rien pour nous. Le garde des sceaux, ministre de la marine, est dans un état dangereux et douloureux et ne peut vaquer à son service.

20 *avril.* — Je viens d'avoir copie des 12 articles (et non 14) arrêtés au Parlement pour représenter au roi. On y justifie la conduite de ce corps, on y inculpe le clergé, et même l'on reproche assez nettement au roi qu'il a changé de principes, suivant la dernière réponse faite au premier président. Ces articles sont assez libres et montrent toute la force que le Parlement se sent depuis son rappel à Paris pour tenir en bride le clergé. C'était hier le grand jour, et je n'en sais pas encore nouvelles. Le roi devait à onze heures rendre la réponse au Parlement sur ces représentations.

22 *avril.* — J'ai la réponse du roi; elle est *impératoire* et prononce avec dignité. Il y a trois points : il maintiendra la déclaration du 2 septembre, le Parlement doit en être assuré, dit-il; personne ne peut éteindre ni diminuer son autorité qu'il tient de Dieu; que le Parlement se conduise suivant les assurances qu'on vient de lui donner et qu'il se conforme à ses intentions qui sont la modération et la clémence.

30 *avril.* — J'ai dit que le Parlement n'attendait

qu'une occasion pour appeler au futur concile de la constitution au nom de la nation, considérant tous les désordres causés par la bulle en France.

Le jésuite Duplessis, fameux missionnaire, criant comme un possédé dans ses prédications furibondes, a prêché en public contre le Parlement, tenant d'une main la constitution *Unigenitus*, et de l'autre l'arrêt du Parlement qui en défend l'exécution. Ces sortes de sermons ressemblent fort à ceux de la Ligue.

5 *mai.* — L'Opéra vient d'être donné en ferme pour trente ans aux sieurs Rebel et Francœur, autrement les *Petits Violons*.

M. de Machault, garde des sceaux, va de plus mal en plus mal : l'humeur maligne qu'il a ne peut sortir de ses entrailles.

7 *mai.* — Il y eut hier assemblée des chambres du Parlement. Deux points y furent traités : 1° à Auxerre, le procureur du roi avait refusé d'administrer des témoins à un conseiller qui s'était plaint d'un sermon où l'on avait déchiré le feu évêque d'Auxerre (M. de Caylus). On a mandé cet officier. 2° Sur 34 thèses soutenues en Sorbonne après la déclaration du 2 septembre dernier, où l'autorité temporelle est attaquée et ladite déclaration mal

observée, on a encore gourmandé le procureur général.

9 *mai.* — Notre flotte est partie du 3 de ce mois; on en a eu un courrier à Marly; il portait nouvelle qu'elle avait disparu de dessus l'horizon au moment où il partait de Brest.

M. le garde des sceaux a enfin paru à Marly, mais changé comme un moribond. L'évêque de Mirepoix n'a pas, dit-on, trois jours à vivre. Il n'a plus d'estomac et vomit tout ce qu'il prend.

12 *mai.* — L'on vient de dénoncer au Parlement deux nouveaux faits coupables contre deux évêques. L'évêque de Meaux est en procès pour un couvent de filles qu'il supprime; quelques-unes résistent; cette année il les prive de sacrements. L'évêque de Langres a fait mettre en prison une veuve qui a mal parlé de lui. Elle s'en est accusée à confesse; le confesseur l'a menée au grand vicaire, et celui-ci au grand pénitencier, d'où l'évêque l'a su. Cette dame passant les prisons de l'évêché, on l'a coffrée, et on l'y détient depuis deux ans. On ne savait ce qu'elle était devenue, lorsqu'on l'a sue là : plainte au présidial et au président. Cela va se traiter ces jours-ci à l'assemblée des chambres.

15 *mai*. — L'on disait hier que la Sorbonne faisait grande résistance et même mépris des injonctions du Parlement. On a rompu l'assemblée de la Sorbonne de mardi pour y convoquer hier les évêques qui sont de la maison et société; et le bruit est qu'ils ordonnent absolument le mépris de l'arrêt du Parlement, comme injuste et flétrissant pour la Sorbonne.

17 *mai*. — L'on vient d'avoir nouvelle que le fameux Mandrin a été pris dans un château de Rochefort, proche de Valence. On l'a mené à cette ville les fers aux pieds, et il ne tardera pas à être roué. Avec lui, l'on a pris neuf de ses principaux lieutenants, de sorte que voilà nos fermiers généraux bien tranquilles désormais. C'est la Morlière, chef de partisans, qui a fait ce beau coup d'épée et qui en recevra grosse récompense. L'on croit que ce misérable Mandrin a été vendu traîtreusement par quelques-uns de ses compagnons.

La dame Lescombat, veuve d'un architecte qu'elle a fait assassiner, est condamnée depuis longtemps à être pendue. L'on parle pour la sauver d'essayer sur elle l'inoculation de la petite vérole.

18 *mai*. — Jeudi dernier, comparurent à

l'assemblée des chambres le syndic de Sorbonne avec dix autres docteurs. Le premier président leur parla durement; il leur demanda quel esprit de vertige les avait donc poussés au parti qu'ils avaient pris. Il leur défendit jusqu'à nouvel ordre de s'assembler de façon quelconque : ainsi, la Faculté ne peut pas seulement à présent faire soutenir une thèse sans l'avoir présentée au procureur du Parlement. Il demanda le scribe et les registres, et y fit inscrire la déclaration du 2 septembre, après quoi il leur dit avec dureté : « Retirez-vous ».

23 *mai.* — Le duc de Lamballe, fils aîné de M. le duc de Penthièvre, vient de mourir d'une fièvre maligne. Il ne lui reste plus qu'un fils et une fille. Pourquoi la Providence conserverait-elle cette grande collection de biens et de charges à une race de bâtardise comme celle de Mme de Montespan, dont son siècle a tant murmuré, une femme hautaine que Louis XIV enleva à son mari qui l'aimait beaucoup? Les deux autres rejetons de cet adultère, MM. de Dombes et d'Eu, n'ont point voulu se marier avec raison.

Un financier nommé Grimod, frère de feu Du Fort, chef de la poste, et de La Reynière, vient de mourir en peu de jours et laisse tout son bien aux prêtres de Saint-Eustache, pour bâtir le portail de cette paroisse, tant les prêtres ont manié habilement ses craintes et les mouvements de sa conscience.

26 *mai.* — L'amiral Holborn fit voile le 10 mai, de Portsmouth, pour aller joindre l'escadre de l'amiral Boscawen, ce qui fera une très grosse flotte qui poursuit la nôtre. Le 8 de ce mois on enleva sur la Tamise par force mille matelots. On en a enlevé encore un plus grand nombre de divers autres ports du royaume.

On a nouvelle que notre flotte voyage avec un vent très favorable pour l'Amérique. Deux corvettes viennent de partir de Brest pour y porter des ordres et en rapporter. Pendant que nos fantassins étaient à bord, on les a beaucoup exercés aux manœuvres maritimes et à tirer juste sur mer.

Par la cession de l'Acadie, les Anglais prétendent avoir toute la rive droite du fleuve Saint-Laurent; ils qualifient d'insultes nos conservations et nos actes.

26 *mai.* — Le roi de Sardaigne est irrité avec raison de la capture de Mandrin; on l'a pris au château de Rochefort, quatre lieues en avant dans les terres de Savoie; les habitants ont défendu ce

château, et quinze Savoyards ont été tués à cette bataille. S. M. Sarde demande que l'on condamne les principaux assaillants aux galères. Nous dissimulons que ce soit la Morlière ou son lieutenant qui aient fait le coup, et nous prétendons que ce ne sont que des commis. Mandrin a été jugé promptement et a été roué à Valence. Il n'avait jamais servi et était fils d'un marchand du Dauphiné.

29 *mai.* — Le premier président a rendu compte à plusieurs de ces messieurs de sa conversation avec le roi à Marly. Sa Majesté a approuvé le sursis donné sur les procédures et information contre l'évêque de Troyes; grande approbation royale de la conduite du Parlement avec la Sorbonne, et Sa Majesté a dit que c'était là précisément le cas de 1682, qu'elle soutiendrait sa déclaration du 2 septembre, qu'elle ne souffrirait pas que ses sujets empiétassent sur son autorité.

31 *mai.* — Depuis les injonctions du Parlement à la Sorbonne, il ne s'y tient plus d'assemblées. L'on sait que les principaux Sorbonistes vont en cachette chez les évêques de l'assemblée.

4 *juin.* — Il est avéré que Mandrin a été pris

sur terres de Savoie dans un château appartenant à la vérité à un Français. Il y a eu une espèce de siège, treize sujets du roi de Sardaigne de tués, et le château pillé. Le sénat de Chambéry a fait des protestations à ce sujet.

13 *juin*. — L'assemblée du clergé a accordé promptement au roi seize millions, dont six paraissent donnés comme pour tenir lieu d'abonnement au vingtième. Cette assemblée a répété plusieurs fois avec affectation le mot de *don gratuit*. En même temps Sa Majesté lui a recommandé de travailler incessamment à une meilleure répartition de leurs impositions.

15 *juin*. — Les parlements viennent de montrer leur équité en Languedoc. Un fameux avocat de Montpellier, nommé Singla, étant secrètement de la religion protestante, a voulu se marier à la catholique ; il a trompé les prêtres, on s'en est aperçu, on a ordonné un plus exact examen de sa communion, il s'en est plaint au parlement, on a appelé comme d'abus; et les tribunaux ont donné raison aux prêtres.

16 *juin*. — L'assemblée du clergé se conduit avec prudence par les soins de notre gouvernement.

Le roi a fait dire qu'il voulait qu'on égalisât davantage les départements des décimes, non que le second ordre fût trop chargé, comme on avait dit, mais pour la moitié du royaume, nos provinces delà la Loire l'étant trop relativement à celles de deçà, à cause que, depuis le commencement de ce siècle, la mode est venue d'habiter la capitale et de quitter ce qui en est éloigné, d'où il est arrivé que les provinces sont devenues extrêmement maigres.

18 *juin.* — L'on va arranger un grand espace dans la plaine de Grenelle pour les revues du roi : cela s'appellera le nouveau champ de Mars. Il sera entouré de larges fossés, avec des amphithéâtres de tous sens pour les bayeurs et des endroits pour les carrosses. C'est le sieur Pâris Duverney qui est l'auteur zélé de ces folles flatteries; il a déjà acheté dans la plaine sept à huit cents arpents pour cela, et l'on prend ces terres qui étaient bonnes à l'agriculture, comme si la plaine des Sablons, où cela se passait ci-devant, plaine aride et inutile à tout bien, n'y était pas aussi bonne.

On a nouvelle que le célèbre M. Dupleix vient d'arriver à Lorient avec toutes ses richesses, et on l'attend à la cour ces jours-ci. Il a demandé une escorte de maréchaussée pour garder ses pierreries; sa femme a une parure de diamants noirs qui sont d'un prix inestimable.

21 *juin*. — L'on parle de la santé de M. le Dauphin comme fort mauvaise, et même désespérée. L'estomac ne fait plus de fonctions, et cependant il trompe ses médecins et oblige ses gens à lui apporter à manger secrètement; ils lui obéissent criminellement, et cela augmente le mal.

24 *juin*. — L'abbé de Bernis, notre ambassadeur à Venise, est arrivé ici, et, à son arrivée, a eu l'abbaye de Saint-Arnoul, qui vaut 30 000 livres de rentes. Il a fait son chemin par les dames et par le bel esprit, homme qui se pique de paresse et de faire des vers mols, faciles et tendres, comme Ovide.

M. de Brou, âgé de vingt-deux ans, vient d'être déclaré intendant de Rouen. Lui et son père ont extorqué la réputation de capacité et de bon esprit : une espèce d'usage a fait leur mérite.

2 *juillet*. — Le premier président du Parlement a mandé M. de Bernage, prévôt des marchands, et lui a lavé son bonnet sur la cherté du charbon à Paris, il a dit qu'il y avait de la manœuvre à tout

cela, et lui a ordonné de faire cesser cette cherté dans trois jours, sinon qu'il serait mandé à l'assemblée des chambres.

Le roi vient de donner 1 500 000 livres à M. le prince de Conti pour payer ses dettes entièrement. Le prétexte en a été le prétendu tort qu'on a fait à ce prince pendant sa minorité sur la vente d'Orange au roi. Les commissaires ne l'ont fait monter qu'à un million, mais le roi y a ajouté de sa grâce 500 000 livres pour l'achèvement de l'acquittement de ses dettes.

3 *juillet.* — Enfin la dame Lescombat a été pendue aujourd'hui pour avoir fait assassiner son mari.

Il est grand bruit de suppression de plusieurs offices du Parlement, vu qu'il y en a plusieurs vacants et qu'on ne saurait trouver à vendre.

13 *juillet.* — Il y a une grande affaire au sujet d'un curé d'Auvergne qui a refusé les sacrements à deux collecteurs qui ne voulaient pas augmenter la taille des ennemis de ce curé. *Res nefanda!* Cela a fait conflit de juridiction entre le bailliage et la Cour des aides; le curé, emprisonné dans les prisons communes des deux juridictions, a été écroué par ordre du Parlement; mais l'on croit que la

Cour des aides, pour faire sa cour à nos ministres, aura fait échapper le curé coupable.

27 *juillet.* — Par les bruits de ville, la guerre paraît sûre; quantité d'officiers généraux sont allés à Compiègne offrir leurs services. Le duc de Mirepoix est à la cour depuis quatre jours.

30 *juillet.* — Le successeur de Mandrin se nomme le *Piémontais.* Il tâche d'enchérir sur les désordres et les témérités de Mandrin.

31 *juillet.* — La nuit de dimanche à lundi dernier, M. Kône, ministre d'Angleterre à Paris, partit sans prendre congé. La *Gazette de France* déclare que le duc de Mirepoix est parti de même.

L'on assure que le peuple anglais, à Londres, a vu avec peine le départ du duc de Mirepoix; il estimait beaucoup cet ambassadeur. Ce peuple n'a pas mené grande allégresse de leur victoire du 8 juin, de onze vaisseaux anglais contre trois vaisseaux français; il voit la guerre et toutes ses horreurs avec peine.

3 *août.* — Le sieur de Monclar, procureur général du parlement d'Aix, a été mandé à la cour il y a bien deux années; sur son *veniat*, chacun le

fuyait publiquement et le recherchait en particulier comme homme de beaucoup d'esprit et de mérite. Le chancelier n'a rien eu à lui dire ; enfin le roi vient de le renvoyer chez lui avec une grosse pension ; et en même temps son antagoniste, le sieur de Saint-Michel, lieutenant civil de Marseille, a eu ordre de ne pas s'approcher de dix lieues de cette dernière ville. Leur querelle venait de ce que le président de Provence avait enjoint aux bailliages de son ressort de faire mieux exécuter aux écoles de théologie les quatre propositions de 1682, et Saint-Michel avait refusé d'obéir, fondé en cela sur une grande protection de M. le Chancelier.

4 *août*. — On assure que c'est le comte de Noailles qui est choisi pour l'ambassade solennelle où nous irons faire des espèces d'excuses au roi de Sardaigne d'avoir manqué à sa dignité en enlevant Mandrin dans ses États et en le rouant contre le droit des gens.

7 *août*. — L'on parle de quatre maréchaux de France que l'on va créer pour cette guerre, savoir : M. de Biron, Mylord Clare, Luxembourg et comte d'Estrées ; et, comme ce serait quatre maréchaux de cour, propres à ne jamais servir, l'on parle aussi d'en ajouter un cinquième propre à com-

mander véritablement, qui serait le sieur de Chevert, soldat de fortune et qui a eu le mérite de se beaucoup vanter.

9 *août*. — Le 7 au soir fut disgraciée la comtesse d'Estrades, dame d'atour de Mesdames de France, et cousine de la marquise de Pompadour. On l'éloigne de la cour seulement, et on lui demande la démission de sa charge.

10 *août*. — La disgrâce de la comtesse d'Estrades occupe la cour; l'on ignore encore les causes secrètes. Il est vrai que sa brouillerie avec sa cousine madame de Pompadour n'avait été que replâtrée depuis deux ans. Elle s'était mise, depuis deux mois, à en parler mal continuellement; elle prenait grand crédit sur la famille royale et surtout sur M. le Dauphin. L'on dit que le Dauphin et Mesdames en sont fort en colère. Mon frère, en l'apprenant, s'est trouvé mal.

13 *août*. — Le clergé assemblé a délibéré des sottises; il a chargé le cardinal de La Rochefoucauld de dire que, si le roi ne réprimait pas incessamment le Parlement sur ses entreprises, principalement quant à la Sorbonne, il allait se porter aux dernières extrémités. Le roi a reçu très mal la

députation, et a répondu qu'il avait chargé son Parlement de l'exécution de la déclaration du 2 septembre, et qu'il s'en rapportait entièrement à lui de toutes ces choses-là. Ainsi l'on ménage le clergé pour l'argent qu'il donne, et tout son crédit consiste aujourd'hui dans celui d'une synagogue qui prête de l'argent.

21 *août*. — Samedi dernier, à la chasse dans la plaine de Villepreux, M. le Dauphin tua l'un des écuyers du roi nommé Chambors[1], et ce qu'il y a de pire est que ce fut non par hasard mais par enfantillage : il dit à son page qu'il voulait lui brûler la moustache, le faisant mettre à genoux pour lui tirer sur l'épaule, il ne vit pas le sieur de Chambors qui avançait pour lui donner la main à la descente d'un fossé. Le coup et même la bourre lui sont entrés dans l'épaule et la lui ont toute fracassée, de sorte qu'on n'espère rien quoiqu'il ne soit pas encore mort. M. le Dauphin en est au désespoir; il se jeta aux genoux du mourant et lui demanda pardon en pleurs; de là il alla à Versailles, au grand galop, et l'on ne put l'empêcher d'aller donner une commotion très violente à

1. Le fils de ce personnage fut élu député aux États-Généraux de 1789 par le tiers-état du pays de Conserans. Cf. *Recueil de documents relatifs à la convocation des États-Généraux de 1789*, par Armand Brette, t. II, p. 88.

Madame la Dauphine dans l'état où elle est, criant aux chirurgiens qu'il avait tué son meilleur ami. Il a juré de ne plus porter fusil. Ce pauvre Chambors a sa femme grosse et était un très bon sujet.

Cet enfantillage du Dauphin dure toujours, à vingt-six ou vingt-sept ans qu'il a; quatre jours auparavant, s'amusant à faire lever des perdrix dans un chaume, son fusil était parti, et plusieurs de la compagnie avaient eu du plomb dans leurs habits, et le même sieur de Chambors avait eu son chapeau percé. Tout cela fait dire que notre Dauphin sera un homme de peu de mérite.

22 *août.* — Hier matin mourut l'ancien évêque de Mirepoix, qui avait la feuille des bénéfices. Tout le monde en avait été très aise.

J'apprends que les officiers ne montrent aucun empressement à lever des compagnies, que le découragement prend de tous côtés, faute d'affection et d'argent. L'on va les aiguillonner en donnant le pas et le rang à ceux qui auront levé des troupes plus diligemment. La croix de Saint-Louis n'est plus un appât aux officiers. L'on croit nécessaire d'augmenter la solde du soldat d'un sol, ce qui va à 6 ou 7 millions.

23 *août.* — Avant-hier mourut, le soir, M. de

Chambors dont nous avons parlé. L'on cacha sa mort à M. le Dauphin jusqu'au lendemain, pour lui donner une bonne nuit de plus.

24 *août*. — L'on m'a observé ce matin que le ministère nommé la feuille des bénéfices était conféré au cardinal de La Rochefoucauld. C'est le moins mauvais, mais le mieux eût été un laïque : un homme de cette robe ne pourra jamais obéir aux parlements comme il faudrait.

4 *septembre*. — L'avocat Pothouin étant mort ces jours-ci, l'archevêque de Paris a mandé le curé de Saint-Méry qui l'a administré. Comme il était l'un des plus fameux parmi les avocats jansénistes, l'archevêque a prétendu que l'on devait l'interroger sur la bulle *Unigenitus* et l'obliger à réparer « le scandale de son opposition », ce que ledit curé n'avait pas fait, et, sur cela, l'archevêque l'a interdit de toutes fonctions hors de sa cure. Question si cela sera dénoncé au Parlement.

A Troyes, nouveau refus de sacrements à une jeune fille dévote; sentences vigoureuses du bailliage.

Mon frère se montre consterné de la disgrâce de Mme d'Estrades, qui abat son crédit et augmente le nombre de ses ennemis de cour.

5 *septembre*. — Madame, fille de M. le Dauphin, mourut la nuit de lundi à mardi dernier, en peu d'heures, d'une convulsion.

M. Pallu, conseiller d'État et beau-frère de M. Rouillé, secrétaire d'État, va en ambassade à Venise. L'intendance des classes qu'il avait va au fils aîné de M. le garde des sceaux Machault; c'est un de ces emplois qu'on nomme ici gracieux; cela vaut 18 000 livres de rentes pour signer son nom deux fois par an.

6 *septembre*. — Tous nos vaisseaux de l'Océan qui rencontrent des vaisseaux anglais sont contraints à aborder et à être visités par lesdits Anglais, puis on les laisse continuer leur route.

Le bruit est grand que le roi a fait mettre l'embargo sur tous les navires marchands des ports de ce royaume, et qu'on en a frété particulièrement quatre-vingt-dix, tant au Hâvre-de-Grâce qu'à Dieppe, ce qui menace d'une descente du Prétendant.

Relation du combat vers le fort Duquesne : cela s'est passé le 9 juillet; les Anglais, dissimulant leur perte, conviennent cependant qu'elle est très grande. Leur armée était de 2 000 hommes. Ils croient que nous avons aussi beaucoup perdu.

8 *septembre.* — Notre général, qui a si bien battu les Anglais, se nomme Contrecœur; c'est un aventurier qui s'est trouvé bien du talent et qui commandait au fort Duquesne. Il a dit à ses compagnons : « Mourons jusqu'au dernier, mais défendons-nous bien. » Il s'est avisé de ce stratagème de s'embusquer dans un bois, et les Anglais n'ont pas assez su la guerre pour fouiller ce pays avant que d'y passer.

9 *septembre.* — L'on vient de déclarer l'arrangement des fermes et sous-fermes. L'on supprime les sous-fermes, on les réunit aux fermes générales et l'on augmente de vingt la compagnie des fermiers généraux; ainsi, ils seront désormais soixante au lieu de quarante, et toute cette compagnie donne au roi désormais vingt millions de plus, ce qui met le bail général à 231 millions. Ils seront maîtres absolus de la disposition de leurs emplois.

15 *septembre.* — Sa Majesté demande encore à chacun des secrétaires du roi 40 000 livres, et à ceux des petits collèges à proportion, ce qui produira en tout 40 millions. L'on va demander aussi aux receveurs généraux et tous autres financiers, de façon que ce roi aura touché, dit-on, avant le 1er janvier prochain, 120 millions. La cour en est

resplendissante de joie, et le contrôleur général tout radieux.

L'on dit qu'il règne actuellement de grands troubles dans l'assemblée du clergé; le cardinal de La Rochefoucauld les a mécontentés par son dernier rapport de ce qu'il avait fait à Versailles. Il en est sorti très échauffé.

16 *septembre.* — L'on vient en France de donner ordre à tous les Anglais de sortir de France.

18 *septembre.* — Il y a deux jours que M. le comte de Saint-Séverin s'est retiré de l'exercice et des fonctions de ministre d'État, ayant assistance au Conseil. Cette retraite est forcée et par ordre du roi, comme toutes celles de pareille espèce.

20 *septembre.* — J'entends répéter à tout ce qui raisonne de finance qu'il y a beaucoup d'argent dans Paris, et qu'on n'y en a jamais tant eu, mais l'on ne veut pas voir que cela vient d'un mauvais principe et non d'un bon. 1° Le royaume s'appauvrit en général, loin de s'enrichir dans son capital; les campagnes se désertent aussi, l'agriculture diminue d'abondance; le luxe augmente partout, le commerce perd ses économies, il ne va qu'au seul luxe, il manque de matières premières, tout

court à la capitale, ce qui y forme des obstructions, et inertie dans les membres. Il manque de matières, ce qui est l'essence du commerce; nous n'avons à donner que des bagatelles comme sont nos modes; nous ne sommes plus que les corrupteurs de l'Europe pour le vain luxe, nous ne sommes en fait de commerce que des revendeuses à la toilette; il est vrai que cela va bien loin. Nous sommes mauvais marchands de blés, puisque nous en manquons souvent pour nous nourrir et que nous les rachetons bien cher à l'étranger. Le vin est chargé d'aides, le sol est abandonné aux fermiers généraux. Toute la conduite du commerce et de la circulation de l'argent est livrée à des ministres, c'est-à-dire à des courtisans qui en corrompent les voies par leurs vues fausses et intéressées.

2° Tout l'argent des provinces, ainsi que les personnes riches, ont afflué à Paris.

3° Ceux qui ont de l'argent à placer sont embarrassés dans le choix de ces deux partis : on a affaire ou à des seigneurs qu'on ne peut faire payer ou au roi et à ses éponges financières, et le roi fait mal ces affaires; mais l'on soutient son crédit par l'exactitude du payement, ce qui soutient aussi l'illusion; l'on recourt à ce dernier parti, ce qui augmente la ruine par la facilité des emprunts.

4° Ainsi il n'y a de riches aujourd'hui que les financiers; il n'y a pas un commerçant ou autre particulier qui soit riche sans être mêlé dans les finances du roi, ce qui annonce tôt ou tard une faillite générale.

25 *septembre.* — L'on m'assure que la [comtesse?] d'Estrades se trouve être d'une richesse immense, elle ne sait que faire de son argent, elle le cache jusqu'à présent. Cela fait peur à ceux qui ont été ses plus intimes amis; elle a fait quantité d'affaires à prix d'argent, elle laissait manquer de tout Mesdames de France dont les atours lui étaient confiés.

26 *septembre.* — Le roi est très seul à Fontainebleau, il n'y a presque personne : la raison en est qu'il n'y a rien aujourd'hui à demander, ni pour le militaire ni pour le civil, et il n'y a point de spectacles qui méritent curiosité; les comédiens italiens n'y vont point cette année, ni aucun membre de l'Opéra.

L'on a élu à l'Académie française, pour remplacer l'ancien évêque de Mirepoix, l'abbé de Boismont, prédicateur et amant de la duchesse de Chaulnes, brigue honteuse, lâche complaisance de cette compagnie qui achève de se décrier par cette élection.

1er *octobre.* — Nous faisons paraître beaucoup de brochures touchant nos querelles sur les limites de l'Acadie. Tout roule sur le mot *comme aussi.* Nous avons cédé, par le traité d'Utrecht, ladite Acadie, *comme aussi Annapolis royale.* Les Anglais disent que cela veut dire *où est comprise,* et nous *ainsi que, de plus.* Il y a dans le latin *ut,* en quoi nous avons visiblement raison, et ceux-ci se plongent dans une chicane ridicule.

4 *octobre.* — S. M. Britannique a destiné le château de Douvres pour y mettre tous les prisonniers français que les Anglais font journellement. L'on dit aussi que nous songeons fort à attaquer les Romains dans Rome et à faire une descente en Angleterre; on a loué quantité de petits navires pour cela dans nos ports. Cela sera, dit-on, précédé de l'arrivée du prince Édouard en Angleterre, et beaucoup de jacobites se donnent des mouvements pour cela.

12 *octobre.* — Le charbon manque à Paris; l'on en dit la raison, et l'on s'en prend à mon cousin le prévot des marchands qui s'entend avec le duc de Gesvres, gouverneur de Paris, grand pillard. L'on dit qu'il y a une nouvelle compagnie qui fait du charbon d'une certaine manière, et que le magis-

trat y est intéressé, de façon qu'il empêche qu'on ne vende le charbon forain jusqu'à ce que le sien soit débité.

15 *octobre.* — Il y a de nouveaux colonels, huit en tout; ce sont des jeunes gens produits par la faveur, par le nom et par des mariages de nom, aucun par le mérite.

Enfin il a passé dimanche au conseil d'État de donner des lettres de marque ou de représailles contre l'Angleterre pour leur prendre, à notre tour, tous les vaisseaux qu'on leur trouvera. En conséquence l'on donne ordre d'arrêter tous les vaisseaux anglais qui se trouveront dans nos ports : ainsi voilà donc la guerre déclarée.

16 *octobre.* — Mon frère est fort uni avec le maréchal de Bellisle pour préparer la guerre par terre, s'il est nécessaire. L'on parle de faire entrer M. de Bellisle au Conseil; le roi le voudrait assez, mais il craint les princes du sang et autres jaloux. Les intrigues redoublent à la cour. La marquise de Pompadour paraît augmenter de faveur, mais mon frère présente à ce parti un front assuré et qui se soutient par lui-même

Cependant les bruits sont mauvais sur la continuation de sa faveur; l'on dit qu'il branle au manche, et que ses actions tombent à vue d'œil. Il continue de ne voir que Mme d'Estrades, et il la fréquente assidûment. La marquise clabaude beaucoup de cette fréquentation, affectée pour lui déplaire. L'on prétend que mon frère avance dans ses desseins, et qu'ils ne vont pas moins qu'à faire chasser la marquise. Il ne faut qu'un moment pour consommer ce coup d'État; le roi gémirait quelque temps, puis il n'y penserait plus, et alors les ministres seraient, dit-on, les maîtres d'un règne qui deviendrait bientôt despotique.

Car il sort quelques bonnes choses de cette boutique de la favorite : elle adoucit les coups de despotisme des ministres, c'est par elle que le roi s'est accommodé avec le Parlement, c'est elle qui a adouci notre cause contre les Anglais et qui a jeté le roi dans des partis de douceur et d'équité. Cela se fait, si vous voulez, par le seul dessein de contredire mon dit frère qui est pour le despotisme et pour les troubles qui y mènent, mais cela va cependant au bien des peuples.

Mais voici une affaire qui recommence les troubles entre l'autorité royale et le parlement de Paris. Un conseiller au Grand Conseil a eu des voies de fait avec un conseiller au Parlement. Procédure criminelle au Châtelet. Le Grand Conseil a voulu, suivant son privilège, que son conseiller fût jugé par cette cour suprême; il a fallu tirer la procédure du greffe du Châtelet. Le Grand Conseil l'a ordonné au greffier, celui-ci n'a osé obéir sans l'ordre et l'attache du Parlement. A la fin, il a fallu obéir. Le Parlement a cassé l'arrêt, avec termes méprisants contre « les gens tenant le Grand Conseil ». Enfin déclaration du roi du 10 octobre qui casse l'arrêt du Parlement rendu les chambres assemblées.

Il y aura ce matin, 16 octobre, assemblée des chambres qui sera, dit-on, longue et tumultueuse. Les bailliages, comme est le Châtelet, sont les gens du Parlement; ils n'ont à obéir au Grand Conseil que *par emprunt*. L'on cite, dans l'arrêt du Conseil du 10 de ce mois, deux édits ou déclarations de Louis XII et de Henri II, qui ordonnent à ces bailliages d'obéir et d'exécuter les ordres du Grand Conseil comme ceux du Parlement même, le roi en ayant fait une cour souveraine; mais je demande, quand ces ordres se croisent et sont contraires entre le Parlement et le Grand Conseil, *quid juris*? A qui obéiront les bailliages? Le Parlement voudrait que le Grand Conseil en obtînt préalablement de lui permission, comme de Parlement à Parlement.

17 *octobre*. — La grande affaire contre le Grand

Conseil, ou plutôt contre la législation royale, s'est tournée à ordonner des remontrances et, en attendant, suspendre l'exécution de la loi.

Au fond, il s'agit de moins que rien, et le fait n'est pas comme j'avais dit ci-dessus. C'est ce qu'on appelle un petit criminel. Un conseiller honoraire au Grand Conseil, nommé Lorière, a perdu 150 louis au trictrac contre un officier, et, ne le payant pas, il y a eu querelle, plainte de part et d'autre chez le commissaire au Châtelet. Le Grand Conseil réclame son officier pour le juger, et a donné des ordres au greffier du Châtelet de lui apporter les minutes. Le Parlement prétend avec raison que le Grand Conseil n'a point d'ordres à donner aux bailliages et qu'il fallait lui demander un arrêt, une espèce de *pareatis* ; du moins les deux parquets devaient-ils s'assembler ; en un mot il fallait se concerter, et le ministère devait concilier ces deux compagnies et les entendre avant que de faire prononcer le roi, surtout par une loi conçue en forme de déclaration.

27 *octobre.* — Déclaration du 7 de ce mois permettant désormais aux sujets du roi le commerce et la fonte des matières et monnaies d'or et d'argent, monnaies étrangères et nos anciennes espèces,

de façon qu'elles ne seront plus confisquées quand on les trouvera dans les successions, mais on aura quinze jours pour les porter aux hôtels des monnaies, où l'on en donnera le prix au taux fixé ordinaire, *comme matières*.

29 *octobre*. — L'on voit dans le public l'extrait des demandes du clergé et de la réponse du roi. Cette réponse est précisément : *Lanturelu*. Aucune satisfaction sur les évêques exilés, sur les modifications que demande le clergé à la déclaration du 2 septembre. Le roi répond seulement qu'il les veut soutenir et qu'il s'en réserve l'interprétation dans le besoin ; qu'il empêchera les tribunaux de mettre obstacle aux lois de l'église dans les choses *purement spirituelles*. Ainsi le clergé s'en va avec sa courte honte, et les parlements ont le triomphe de la raison dans toute sa plénitude.

8 *novembre*. — Mort du maréchal de la Mothe-Houdancourt, chevalier d'honneur de la reine. Son gendre, M. de Gamaches, n'ayant pas fait sa cour assidûment, ne lui succède pas.

10 *novembre*. — L'on dit que le duc et la duchesse de Luynes se retirent de la cour mécontents de ce que le duc de Luynes n'a pas été fait

chevalier d'honneur à la place du maréchal de la Mothe. Ils se plaignent d'avoir été mal récompensés de cent mille écus qu'ils ont dépensés à nourrir la reine, car elle soupait chez cette dame tous les soirs.

13 *novembre.* — L'assemblée du clergé s'est séparée divisée en deux partis : le bon de dix-sept voix, à quoi le cardinal de La Rochefoucauld s'étant réuni, cela a fait dix-huit, et l'autre de seize évêques. Ceux-ci sont pour le rigorisme et veulent plus que jamais des refus de sacrements, billets de confession, interrogatoires sur prétendus scandales. Les dix-huit ont mis ce principe, que l'on ne devait pas plus refuser la communion à un moribond dans sa maison qu'à un dévot à la sainte table, attendu que cette maison était alors lieu public, qu'ainsi on ne les interrogerait pas sur les prétendus scandales, mais que, s'ils allaient d'eux-mêmes dire anathème à la constitution, l'on remporterait les sacrements (ce qui est aussi le sentiment du Parlement), et, sur ces deux délibérations opposées, le clergé a obtenu du roi permission d'écrire au pape, ce que le roi ne devait pas permettre ; or, comme ce pape-ci est doux, l'on croit qu'il sera pour les dix-huit.

17 *novembre.* — Cette nuit, à trois heures et demie, Madame la Dauphine est accouchée d'un prince qui se nomme le comte de Provence.

19 *novembre.* — Les princes du sang boudent le roi et le ministère, et vont tous à leurs campagnes. N'ayant rien eu de la dépouille du prince de Dombes, ils voient bien qu'il faut renoncer désormais aux emplois d'autorité et n'espérer qu'à des pensions du trésor royal.

22 *novembre.* — Le roi semble affecter plus que jamais de déférer le premier ministère à la marquise de Pompadour. L'on voit bien que c'est par elle que passent les opinions et les avis de quelques gens de travail et qui lui sont affidés, comme du garde des sceaux Machault et de quelques ambassadeurs ou gens à portée de l'être.

24 *novembre.* — L'on vient d'établir une nouvelle loterie royale : fonds de trente millions, durée de douze ans, à remplir avant le 1er avril prochain, billets de 6 000 livres. Elle a cela de nouveau qu'elle conserve et augmente l'espérance des hasardeux, à mesure que le temps s'avance, par des lots de faveur qui vont en augmentant, et tels qu'ils enrichiront un heureux. Cependant ces bil-

lets de 6 000 livres rapportent 4 p. 100 jusqu'à leur extinction.

30 *novembre.* — Il y a scission parmi les évêques de l'assemblée : ils ne veulent plus se fréquenter. Au *Te Deum* de Notre-Dame pour la naissance du comte de Provence, ils ne voulaient pas se réunir dans la même chambre. On les distingue présentement en deux ordres, les *Feuillants* et les *Théatins*, les premiers parce qu'ils sont sectateurs du cardinal de La Rochefoucauld qui a la *feuille* des bénéfices, et *Théatins* comme sectateurs de feu l'évêque de Mirepoix qui avait été de cet ordre.

6 *décembre.* — La nouvelle loterie royale de 30 millions vient d'avoir un succès prodigieux ; en huit jours de temps elle a été augmentée, et même de 800 billets par delà, ce qui fait dire qu'on la poussera à vingt millions par delà les trente pour satisfaire tout le monde. Ces billets de loterie gagnent 10 p. 100 sur la place. Ainsi ceci prend tout l'air du Mississipi ou rue Quinquempoix de 1720.

11 *décembre.* — L'on travaille nonchalamment à la marine, les fonds manquent souvent. Les commis sont fort riches et s'intéressent dans les

affaires. Un M. de Montalembert, ci-devant page de M. le prince de Conti, a prétendu avoir un secret pour faire de meilleurs canons pour la marine, il a reçu 1 800 000 livres, et n'a encore fourni que sept canons, mais il a acheté des terres, y a bâti, a fait une salle de spectacle, et les canons ne viennent pas. Toute la cour est intéressée dans son entreprise, surtout le duc de Chaulnes qui se dit grand machiniste; il a aussi l'entreprise des mines de Bretagne.

M. de Séchelles vient de rétablir l'usage de donner des sols d'intérêts aux dames de la cour dans les fermes du roi, ce qui fait dire, par allusion au jeu de piquet, qu'il y joue bien, mais qu'il écarte mal.

15 *décembre*. — L'hôtel de Soissons va devenir une nouvelle halle.

Samedi, il y eut assemblée des chambres au Parlement touchant la *Lettre circulaire de l'assemblée du clergé*. On est convenu d'une députation au roi touchant cet imprimé, avec neuf articles de remontrances, mais c'est un secret de compagnie en attendant qu'on fasse au roi ces remontrances, et que cela soit imprimé. Hier les gens du roi ont dû demander jour à Sa Majesté.

16 *décembre*. — Mme la princesse de Conti se prétend ruinée et va, dit-elle, se retirer à l'abbaye de Beaumont près Tours, chez sa sœur, qui en est abbesse. C'est une marotte destinée à tirer du roi des dons considérables, quoiqu'elle n'en ait aucun besoin, car elle est d'une avarice qui va jusqu'à la crasse. Autant en fait M. le prince de Conti à l'occasion du mariage de M. le comte de la Marche, son fils, avec Mlle de Modène ; il ne peut, dit-il, passer outre, faute d'argent, et, n'ayant point de revenu à lui donner (quoiqu'il lui détienne son bien), le mariage ne se conclut point. Ainsi la mère et le fils se mettent également à la gamelle des pauvres pour tirer du roi, et, pendant ce temps-là, le roi abandonne les pauvres taillables qui mériteraient toute sa commisération.

17 *décembre*. — C'est pour demain jeudi que le roi donnera audience à la députation du Parlement touchant l'assemblée du clergé.

30 *décembre*. — Le maréchal de Bellisle est déclaré commandant général de nos côtes, depuis Dunkerque jusqu'à Bayonne, et l'on nommera des officiers généraux sous lui.

L'on va donner des ordres pour assembler les

milices du royaume, qui se montent à 60 000 hommes et elles marcheront à nos côtes.

31 *décembre*. — La misère augmente, et on la prévoit encore plus grande cet été, si la paix ne survient pas.

Le roi rembourse tous ceux qui avaient des charges de police avec droits sur les denrées. Cette affaire avait été faite sans connaissance de cause par M. Orry et les traitants y ont gagné beaucoup en les remboursant.

1756

2 *janvier*. — Ce sont de grandes plaintes dans le public à Paris et de grosses injures contre M. de Séchelles, contrôleur général, sur le rétablissement des quatre sols pour livres sur les droits de consommation à Paris; les pauvres gens ne peuvent plus subsister, tout va renchérir cet hiver et tout était déjà fort cher.

L'affaire du sieur de Montalembert devient chaque jour plus odieuse : non seulement il a escroqué au roi deux millions, mais à divers particuliers, comme à la dame de Roffignac et au comte de Brassac, seigneurs d'Angoumois et de Périgord, à qui il a pris leurs bois et leurs forges, par autorité du roi, sans les payer.

3 *janvier*. — Nouvelle querelle de cérémonial : ci-devant et de tous temps, les princes du sang donnaient chez eux le fauteuil aux ducs et pairs et les reconduisaient à la seconde porte en prenant la main; voilà qu'aujourd'hui ils se sont conciliés

pour le refuser; c'est aux visites du jour de l'an qu'ils ont commencé. M. le duc d'Orléans l'a prescrit ainsi au maréchal de Richelieu, qui l'a dit aux autres ducs; ceux-ci ont résolu de ne pas aller souhaiter la bonne année aux princes, puis M. le prince de Conti a désavoué M. le duc d'Orléans et a dit qu'il se regarderait comme brouillé avec tous ceux des ducs qui ne le viendraient pas voir au jour de l'an. Sur cela, ils y sont venus tous à Versailles, mais audience debout. Le roi doit en décider au premier jour sur des mémoires réciproques.

4 *janvier.* — Enfin voilà la guerre déclarée aux Anglais. Avant-hier, 2 de ce mois, M. Rouillé lut à l'audience des ministres étrangers une déclaration datée du 21 du mois dernier déjà envoyée à La Haye à M. de Bonnac, notre ambassadeur, pour la remettre au colonel York, ministre anglais, et dont celui-ci a donné son reçu. Par là le roi déclare « que S. M. Britannique doit lui rendre les vaisseaux qu'elle nous a pris, et convenir incessamment d'un congrès pour régler nos limites en Amérique, sinon qu'il prendra ce refus comme déni de justice et comme déclaration de guerre, et que Sa Majesté regardera les Anglais comme perturbateurs du repos de l'Europe ».

6 *janvier*. — Le maréchal de Richelieu vient d'être nommé commandant général sur les côtes françaises de la Méditerranée, comme M. de Bellisle l'a été sur l'Océan.

L'on prétend faire des descentes en Angleterre, à l'île de Minorque ou à Gibraltar, par où l'on charmerait l'Espagne.

19 *janvier*. — L'on compte 103 prises faites par les Anglais sur les Français et 4 000 matelots dont la plupart meurent de misère et comme d'une maladie épidémique, dru comme mouches.

L'on délibère beaucoup à Londres sur la déclaration de la France pour avoir réparation des insultes ou la guerre.

26 *janvier*. — L'on n'est pas content au Parlement de la réponse du roi qui fut rendue le 23 touchant les remontrances contre le Grand Conseil. Le roi y déclare que la juridiction ancienne et ordinaire sera conservée au Grand Conseil (Sa Majesté évite le mot de ressort et de territoire), et que les juridictions royales lui obéiront pour cela ; — que le Grand Conseil continuera à payer les officiers, — et que, s'il y a quelque chose à ajouter aux anciens règlements pour la sûreté des minutes, il en fera un règlement. On a remis à demain à délibérer

sur cette réponse; les chambres sont très en colère de tout ceci.

30 *janvier*. — La marquise de Pompadour influe, dit-on, plus que jamais sur les affaires, elle ordonne aux ministres. M. Rouillé va souven prendre son ordre; la bassesse augmente à la cour, chacun va ramper plus que de mon temps devant l'idole. La duchesse de Mirepoix est devenue sa favorite ou sa suivante, elle voyage avec elle dans le carrosse de la marquise, Mme de Mirepoix sur le devant de la voiture.

On renouvelle le bail des postes, et l'on dit que les ports de lettres seront augmentés de prix, parce que l'on charge ces fermiers d'abattre et de rebâtir ailleurs l'hôtel des postes, tant à cause de la colonnade de Perrault qu'on veut faire paraître, que pour détruire une certaine tribune de pierre d'où Charles IX canardait ses sujets huguenots le jour de la Saint-Barthélemy.

La reine peint de mauvais tableaux, Mme de Modène en fait de grands à l'huile; toute la cour peint ou enlumine; voilà l'occupation la plus à la mode aujourd'hui à la cour; Mme de Pompadour grave.

31 *janvier*. — J'ai entendu quelques-uns de nos

ministres raisonner du dernier arrêté du Parlement : ils ne se cachent pas de dire que le Grand Conseil, tel qu'ils veulent l'établir, est nécessaire à l'autorité royale, c'est-à-dire au despotisme qui tend à s'aggraver, de plus en plus.

5 *février*. — Le Grand Conseil a rendu un arrêt le 31 janvier, et on l'a imprimé. Par cet arrêt le Grand Conseil se donne les violons, il se prétend égal aux parlements et venant de la même souche qui est le roi, tandis que tous les parlements du royaume le regardent seulement comme une misérable commission d'attribution, et qu'il faudrait supprimer; ils invoquent l'esprit des lois fondamentales, et montrent au roi l'irrégularité d'avoir ainsi deux cours de justice. Le roi ayant envoyé au Grand Conseil la réponse qu'il a faite au Parlement il y a huit jours, le Grand Conseil fait sur cela un commentaire fort étendu, et l'envoie à tous les bailliages du royaume pour les (*sic*) faire observer dans les occasions.

6 *février*. — Le parlement de Paris s'est assemblé aujourd'hui; il a été beaucoup plus sage qu'on ne pensait : il a déclaré qu'il y avait *tant d'illusion* dans le réquisitoire du procureur général du Grand Conseil et dans l'arrêt de cette cour qu'il n'y avait

pas lieu de délibérer sur cela, d'autant plus que les bailliages du ressort avaient fait leur devoir pour les ordres du Parlement et contre ceux du Grand Conseil.

9 *février*. — Les ordres sont arrivés à Dunkerque et autres ports de mer pour arrêter tous les Anglais qui y étaient. Nos troupes marchent à force aux côtes de Normandie.

On attend à Dunkerque le maréchal de Bellisle et M. de Soubise. L'on s'apprête en France à bien attaquer l'Angleterre par terre et par mer, pour avoir satisfaction de tant d'insultes.

10 *février*. — Dimanche au soir, fut déclaré à Versailles que la marquise de Pompadour était reçue au nombre des dames du palais de la reine, d'où l'on conjecture que c'est aussi une déclaration qu'elle n'est plus ouvertement maîtresse du roi.

12 *février*. — On s'en doutait : la marquise devient dévote pour plaire à la reine; cependant elle conserve toujours son rouge et a soin de sa parure plus que jamais. Elle a pris pour confesseur le P. de Sacy, jésuite, célèbre déjà par quelques ouvrages et surtout par des directions : voilà l'ordre des jésuites tout relevé.

Il est étonnant combien nous avons peu de maréchaux de France en état de servir, à la quantité que nous en avons : il ne reste absolument que les maréchaux de Bellisle et de Richelieu, tous deux peu éprouvés, si ce n'est pour les détails et la valeur. L'on conte une plaisanterie du maréchal de Richelieu : se proposant lui-même pour le commandement en chef, il avait soutenu qu'il n'y avait que lui et le maréchal de Bellisle ; à quoi mon frère lui avait répondu : « Mais il y a le maréchal de Maillebois », et M. de Richelieu répliqua : « Si vous comptez les morts, que ne me parlez-vous du maréchal de Turenne ? »

13 *février*. — Déchaînement universel contre la promotion de Mme de Pompadour à la place de dame du palais de la reine. Cependant, entrant en semaine de service dimanche dernier, elle y a paru à souper au grand couvert, parée comme un jour de fête.

On se plaint de cette nouvelle dame du palais associée à la plus haute noblesse à laquelle parviennent les dames de qualité ; ces dames s'entendent pour représenter à la reine qu'elles ne peuvent rester dans leurs places ayant pour compagne Mlle Poisson, fille d'un laquais qui avait été condamné à être pendu. La reine la reçoit mal. La marquise s'en est plainte au roi, qui n'en a pas dormi de la nuit.

Mme de Pompadour prétend encore faire la paix entre la France et l'Angleterre et en avoir tout l'honneur, autre extravagance mal conduite, car il arrive de là que le roi ménage l'Angleterre, et ne lui fait pas tout le mal en politique qu'il pourrait lui faire, comme seraient le rétablissement de Dunkerque et la restitution d'asile à la maison Stuart.

16 *février*. — Le roi, chassant dans la forêt de Saint-Germain, a rencontré le régiment d'Orléans qui marchait vers la Normandie, et l'a trouvé sans officiers, sans drapeaux, tambours ni armes; tout cela était sur des chariots, et les officiers à Paris. Le roi a grondé très fort; le colonel lieutenant, qui est mon neveu, marchait bien à la tête du régiment, mais cette négligence a roulé sur son compte et lui a attiré une vespérie [1].

L'argent manque absolument; jamais il n'a été si rare. Il ne se fait plus aucunes négociations à la bourse; il n'y a pas même d'argent à l'hôtel des monnaies. Il y avait toujours une réserve de 4 à 5000 livres chez le sieur Regnard, directeur de la

1. « Vespérie », réprimande que l'on fait à quelqu'un. *Objurgatio, reprehensio.* (*Dictionnaire de Trévoux.*)

monnaie, pour en donner sur-le-champ à ceux qui apportent des lingots ou de la vaisselle; cela vient de manquer, le trésor royal avait tout pris, il a fallu donner des billets.

22 *février*. — Hier samedi, le Parlement a dû se rendre en grande députation auprès du roi, pour y recevoir la réponse de Sa Majesté, et lui faire de nouvelles remontrances sur le Grand Conseil, et sur l'invitation faite aux princes de venir au Parlement délibérer sur cette matière.

23 *février*. — Samedi, 21 de ce mois, il y eut assemblée au Parlement; les gens du roi avaient été mandés à Versailles et en rapportèrent que Sa Majesté avait remis à aujourd'hui lundi, à onze heures, pour entendre la députation de la magistrature.

La compagnie délibéra là-dessus et décréta que, pour donner au roi la plus grande marque de son obéissance, les députés expliqueraient à Sa Majesté, à Versailles, quelles sont les causes de l'invitation faite aux pairs, le droit et le devoir pour ceux-ci d'assister aux séances du Parlement, le droit du Parlement de les inviter, surtout quand les lois fondamentales de la monarchie sont attaquées. La défense qu'on leur a faite étant irrégulière, les députés remettront à Sa Majesté une expédition en forme du présent arrêté.

24 *février*. — J'apprends que M. le maréchal de Bellisle a signé la requête, après s'être fait tirer l'oreille.

Le roi a très mal pris cette requête, et l'on apprend que, la recevant de M. le duc d'Orléans, ce prince a demandé au roi : « Quelle réponse ? » et que Sa Majesté, s'étant contentée de lire les noms des signataires, avait dit : « Voilà ma réponse », en la jetant au feu, action indécente vis-à-vis des princes et des grands du royaume.

Au Grand Conseil, les conseillers sont brouillés, et les deux partis ne se parlent ni ne se regardent plus ; ils ont été divisés sur l'arrêt qui fait tant de bruit.

25 *février*. — Le roi répondit le 22 à la députation du Parlement : « J'examinerai ce que vous venez de me donner, et je vous ferai savoir mes intentions. »

Ainsi le Parlement suit sa pointe avec vivacité et rigueur. L'autorité royale va reculer, dit-on, l'on travaille dans l'assemblée des ministres à cette déclaration qui réduira beaucoup les droits du Grand Conseil.

L'on dit que la réponse de la reine à la demande du roi, pour donner une place de dame du palais à la marquise, a été comme il suit, et que c'est le président Hénault qui l'a composée. Il faut savoir que, quoique la reine aille voir le roi chaque jour à son lever, quand ils ont quelque chose à se demander, c'est par lettre. Cette réponse est donc : « Sire, j'ai un roi au ciel qui me donne la force de souffrir mes maux, et un roi sur la terre à qui j'obéirai toujours ».

28 *février*. — Hier la députation du Parlement fut à Versailles recevoir la réponse, et on l'a sue sur les quatre heures. Cette réponse du roi, du 27 de ce mois, est conçue de façon qu'il parle en roi, mais qu'il recule dans ce qu'il a avancé. — Il ne déroge point aux privilèges des pairs, il les maintiendra toujours. — Il veut qu'en pareilles convocations on l'informe préalablement des motifs de convoquer.

2 *mars*. — Il est très vrai qu'il y a environ un mois le roi avait consenti enfin, mais avec peine, à remettre M. Chauvelin dans le ministère.

Mais voici une autre affaire bien considérable : M. de Séchelles, contrôleur général, *est devenu fol*. Il y a huit jours qu'il perd la tête et ne sait plus ce qu'il fait, ni ce qu'il dit ; on s'en aperçut à un comité, puis à un conseil, et cela n'a été qu'en augmentant depuis, de sorte qu'il est tombé dans une totale imbécillité.

10 *mars*. — La guérison de M. de Séchelles est à désespérer de plus en plus ; l'on remet de semaine en semaine son apparition à Versailles. Le cerveau est ébranlé et perdu, il n'a plus de mémoire.

16 *mars*. — L'on craint que M. le duc de Chartres ne devienne bossu ; son épine du dos s'est tournée subitement. L'on a fait venir de Genève le sieur Tronchin, élève favori du grand Boerhaave. Il l'a pendu à une porte, a manié son corps et a fait craquer ses os.

M. de Séchelles a reparu à la cour avec un très mauvais visage.

17 *mars*. — Un jésuite, professeur de théologie à Rouen, a fait soutenir une thèse contre nos fameuses et salutaires propositions de 1682. Le Parlement l'a obligé de se rétracter et les magistrats allaient pousser plus loin cette affaire, quand le roi a rendu un arrêt d'évocation au Conseil.

20 *mars*. — Mercredi dernier, 17 de ce mois,

le roi déclara M. de Moras, gendre de M. de Séchelles, pour adjoint de son beau-père; il a la commission de contrôleur général, il a déjà été reçu à la Chambre des comptes, et a prêté serment au chancelier de France.

21 *mars*. — Un habile homme de mer que j'ai vu m'a dit que notre prétendue entreprise sur Port-Mahon était impossible, que les ennemis y seraient aussitôt et même plus tôt que nous, et que le même vent qui nous portait de Toulon à Mahon portait aussi les ennemis de la Manche au détroit de Gibraltar; que ce grand bruit affecté de cette entreprise avait tout l'air d'une feinte.

23 *mars*. — L'on doit commencer ce soir l'inoculation du duc de Chartres, et de la princesse sa sœur; tout tremble au Palais Royal. Le sieur Tronchin, fameux médecin de Genève, l'entreprend et en répond; il a fait venir d'Angleterre du pus de petite vérole comme le meilleur, sur quoi l'on dit plaisamment que cela va former une nouvelle branche de commerce pour l'Angleterre.

La marquise de Pompadour a été saignée pour un petit rhume; elle en est guérie et embellie; elle a abjuré la bigoterie qu'elle avait si bien commencée.

25 *mars*. — On a délibéré depuis peu au Conseil pour envoyer le parlement de Rouen à Gisors. La cour est mécontente de sa hardiesse dans ses remontrances sur le Grand Conseil, et à cause de l'affaire de Bayeux qui a produit des remontrances encore plus hardies.

30 *mars*. — Aujourd'hui ont paru des arrêts du Conseil qui cassent ceux de Rouen et de Grenoble, touchant l'enregistrement de la déclaration du 10 octobre dans les bailliages. On les casse comme attentatoires à l'autorité du roi, l'on fait biffer ces deux arrêts dans les bailliages, et enfin cela est plus opposé que jamais aux principes de nos parlements, aux lois fondamentales du royaume et aux remontrances faites avec tant de raison et de droit.

6 *avril*. — Le roi a envoyé une lettre de cachet à la Sorbonne, portant que l'on n'admettrait plus les bacheliers à soutenir leurs thèses qu'ils n'eussent reçu la Constitution. Sur cela, assemblée des chambres pour remontrer combien cet ordre est contraire à la déclaration de 1754 qui impose silence sur cette maudite bulle.

7 *avril*. — On sut hier au soir qu'à l'assemblée du Parlement l'on reçut une lettre de cachet qui

lui défendait cette assemblée, tant au sujet des pairs que du Grand Conseil, et demandant les gens du roi pour leur donner, dit-on, la décision prise sur ces deux affaires.

11 *avril.* — Les ministres du conseil disparaissent et se réduisent bientôt à rien. Outre M. le maréchal de Noailles qui est retiré, M. de Puisieux est tombé en éthisie; il a demandé quatre mois de congé pour aller rétablir sa santé à Sillery, et M. de Séchelles n'est quasi plus capable de rien. Reste donc à trois ministres : mon frère, le meilleur, qui n'entend rien à la politique; M. de Machault, *idem*; de Saint-Florentin, encore moins, et M. de Rouillé qui est un petit pédant quasi imbécile.

12 *avril.* — Il y a eu samedi assemblée des chambres à Paris pour condamner plusieurs livres faits par les jésuites ou ex-jésuites, comme la deuxième partie du P. Berruyer; l'*Analyse de Bayle*; etc.

Nouveau refus de sacrements à Sainte-Marguerite; l'archevêque de Paris est plus entêté que jamais.

13 *avril.* — La cause de la grande brouillerie du

parlement de Rouen avec la cour provient d'une trahison d'un nommé Tanneguy-Duchâtel, de Bayeux, qui, protégé à Versailles par une jolie femme de chambre, a prétendu supplanter le fils du feu sieur de Bussy, son cousin bienfaiteur, dans les charges de lieutenant général du bailliage de Bayeux, et en a obtenu les provisions. Le parlement de Rouen n'a pas voulu recevoir ce traître et a protégé le trahi. Sur cela, la cour a supprimé le bailliage de Bayeux entier et l'a recréé tout de suite pour admettre Duchâtel et exclure Bussy. Lettres de jussions itératives, refus et remontrance dudit parlement, lequel poussera la résistance jusqu'au bout. Malheureusement il a raison au fond et la cour a tort.

15 *avril.* — Le 12 de ce mois, le Parlement a condamné au feu un mandement de l'évêque de Troyes, qui prêchait le schisme. Le mandement est en pleine contravention à la déclaration du silence de septembre 1754.

30 *avril.* — L'on fait tenir ce discours à mon frère : « que le ministère du cardinal de Richelieu a été célèbre pour avoir abaissé les grands seigneurs, et qu'il espère que le sien le sera encore davantage pour avoir abaissé le Parlement ». En

effet la réception que le roi a faite publiquement au Grand Conseil a été remarquable par le désir visible de soutenir cette compagnie et d'amoindrir le Parlement.

L'on vient d'envoyer au parlement de Rouen les troisièmes lettres de jussion pour la suppression du bailliage de Bayeux, et ces parlementaires disent qu'ils n'obéiront pas, et qu'ils vont apporter leurs têtes au roi.

Tout fermente ici, et ce que j'y trouve de fâcheux pour moi est que mon frère se montre à la tête et seul pour ce terrible dessein. Gare la même agression que celle contre le cardinal Mazarin! Il est détesté, haï dans le public et dans nos halles de Paris; si cela continue, je me retirerai à la campagne. Il est beau de servir son roi, mais non contre la juste liberté de sa patrie.

3 *mai*. — Tout le monde crie de l'énorme pension donnée à M. de Séchelles, à sa retraite, ainsi qu'à sa famille, sans aucune cause. Elle va jusqu'à plus de 100 000 livres; savoir : 80 000 à lui seul; 8 000 à son frère Nassigny, qui s'est retiré de tout service, et 12 000 à sa fille, Mme Hérault : tout cela n'est que trop ridicule.

7 *mai*. — Actuellement, il y a un soulèvement

général contre les intendants de province, et même contre le ministre. Chambre des comptes, cours des aides provinciales, députés de parlements, tous se concertent pour remontrer au roi les abus de son conseil, du ministère et des intendants.

Ceux des intendants qui ont les mains nettes ne sont pas attaqués, mais on s'en prend à leurs secrétaires, qui pour la plupart sont des fripons.

13 *mai.* — Le parlement de Rouen vient de rendre un arrêt bien hardi contre l'exécution d'un arrêt du Conseil. Cet arrêt du Conseil avait fait biffer celui du Parlement, défendant d'enregistrer la déclaration du 10 octobre pour le Grand Conseil. Le parlement de Rouen a fait venir le registre du bailliage de Coutances et a biffé à son tour l'arrêt du Conseil, disant qu'il était contraire à l'autorité royale et souveraine exercée par le Parlement; il a donné un *veniat* au procureur du roi et au greffier de ce bailliage, pour rendre compte de leur conduite, et, en attendant, les interdit de leurs fonctions. Certes, je n'ai point vu encore d'arrêt plus hardi ni plus agresseur de l'autorité du roi.

14 *mai.* — Aujourd'hui, à une heure, a été reçue par le roi la députation du parlement de Rouen. Un

président (à cause de la maladie du premier président Pontcarré) a harangué avec fermeté, ce que la cour a qualifié d'insolence. Le roi leur a répondu avec indignation ; il s'agit de la suppression et de la création soudaine du bailliage de Bayeux. Sur quoi il y a eu trois lettres de jussion envoyées successivement.

Sur cela, a dû partir cette nuit M. le duc de Luxembourg, gouverneur de Normandie , pour faire changer les registres du Parlement et les accommoder comme on voudra ; il a pleins pouvoirs, forces et nombreuses troupes pour les faire obéir.

29 *mai.* — Les magistrats du parlement de Rouen ont discuté des remontrances au roi sur la radiation de leurs registres, disant que si on ne leur accorde pas cette réparation, ils lui remettent tous la démission de leurs charges, et, en attendant, tout service a cessé.

31 *mai.* — Courrier de M. de Luxembourg. Le parlement de Rouen envoie sa démission totale, dit qu'il n'a plus sa liberté depuis la présence de M. de Luxembourg. On a tenu hier au soir comité sur cela chez le chancelier. C'est mon frère, par haine contre M. de Luxembonrg, qui lui a procuré

cette désagréable commission, au lieu d'y envoyer, comme il y a deux ans, un homme tel que M. de Fougères.

1er *juin.* — Il y a grand bruit, grande fermentation à Rouen à cause des affaires du Parlement, et, sans une garnison de 3000 hommes qui y est, tout se soulèverait.

2 *juin.* — Le parlement de Paris a fait apporter devant lui les actes passés en Sorbonne depuis son arrêt du 18 mai. On les a imprimés, pour que le public les jugeât mieux. On y voit l'arrêt du Conseil du 25 mai qui casse celui du Parlement, en ce ce qu'il avait défendu l'*adhæreo* de 1729. Sur cet arrêt la Sorbonne se résout à obéir, et remercie le roi du secours que Sa Majesté lui a donné dans sa douleur, etc.

8 *juin.* — L'on parle du nouveau contrôleur général Moras comme d'un ministre dont la tête va tourner, ainsi qu'elle a fait à M. de Séchelles, son beau-père. Le gendre est moins actif, moins élevé, et certainement moins versé dans les affaires économiques. C'est un gros garçon à qui le travail coûte; aussi n'en a-t-il pris que ce qu'il lui en faut, depuis qu'il est maître des requêtes. La graisse

empêche le sang et les esprits de circuler comme il faut; déjà le travail le surcharge, il fait peu, mais l'on prétend que ce qu'il fait est bon.

17 *juin.* — Le zèle se ralentit dans le parlement de Paris : on se lasse d'être toujours en butte au ministère en faisant son devoir avec labeur et courage.

A Rouen, le duc de Luxembourg est allé s'établir avec sa femme et sa maison pour y résider quelque temps. Il a de nouvelles lettres patentes portant ordre aux membres du Parlement de continuer leurs fonctions et d'administrer la justice, sous peine de désobéissance et d'être punis comme rebelles, et une instruction secrète pour les laisser rétablir ce qui leur plaira dans leurs registres, et se conduire comme ils voudront, pourvu qu'ils commencent par obéir.

18 *juin.* — Le parlement de Paris a déjà rédigé les remontrances sur la Sorbonne, et le premier président dit que ce sont les plus belles remontrances qu'il ait encore vues au Parlement.

Le roi a fait réponse à cette compagnie qu'avant son départ pour Compiègne, il leur enverrait son règlement touchant la suppression de ses charges, et les agréments à donner. A Rouen le Parlement se montre plus hautain que jamais. Le premier président a déclaré à M. de Luxembourg qu'il ne pouvait conférer avec lui parce qu'autrement la compagnie se défierait de son chef et qu'il ne serait plus utile au service du roi. Cependant l'assemblée des chambres étant continue, le Parlement ne juge plus aucune affaire.

L'abbé de Pomponne, doyen du Conseil, étant au lit de sa mort, le curé de Saint-Roch lui a refusé les sacrements, à cause qu'il se nomme Arnauld, et qu'il avait ci-devant appelé, mais, sa famille lui ayant parlé, avec hauteur et mépris, il a donné les sacrements de mauvaise grâce, ce qui pourra avoir des suites.

23 *juin*. — Deux nouvelles pensions données dans la famille de M. Rouillé pour le consoler de n'avoir pas eu part au traité de Vienne, l'une de 10 000 livres à Mme de Beuvron, sa fille, qui est très riche, sous prétexte qu'il ne s'en fallait que d'un an que M. Rouillé ne fût secrétaire d'État quand elle a été mariée, et que l'usage est de donner 10 000 livres de pension aux filles de secrétaire d'État. L'autre de 6 000 livres à sa nièce, Mlle de Castellane. On est toujours aussi prodigue de pensions malgré la misère des peuples.

24 *juin.* — Petite sédition auprès du marché de l'Abbaye pour des marchandes de pois qui fraudaient les droits de M. le comte de Clermont à ce marché. Le commissaire a arrêté quelques-unes de ces marchandes dont les maris, soldats aux gardes, ont menacé le commissaire qui a eu grand'peur.

25 *juin.* — Le dixième ou second vingtième militaire a passé au Conseil; il s'agit présentement qu'il passe dans les Parlements. L'on pense que le Parlement doit le refuser, car il est refusable.

29 *juin.* — Le Parlement de Bordeaux a cessé de rendre la justice, à l'exemple de celui de Rouen, sur les nouvelles lettres de cachet qui ordonnent des *veniat* à cinq de ses membres. Celui de Rouen demeure dans le *statu quo* en se servant de cette formule : *les chambres restant assemblées*. Celui de Toulouse va en faire autant; il attend la cassation de son arrêt qui ordonne que l'on soutienne tous les ans à l'Université les quatre propositions de 1682.

4 *juillet.* — Le procureur général du parlement de Paris a, depuis deux jours, la déclaration pour le doublement du vingtième. On l'assaisonne, pour consoler le peuple, de quelques diminutions sur les droits sur le bois de chauffage.

Mais voici un grand coup et tel qu'il étend prodigieusement les droits du parlement de Paris et des autres parlements du royaume. On a imprimé à Paris, sans permission, et l'on vend publiquement au palais les arrêtés du parlement de Bordeaux des 26 mai et 16 juin derniers; ils s'y plaignent des arrêts du Conseil et des lettres de M. le chancelier qui maltraitent ce Parlement à cause de la résistance à l'attribution du bureau des finances pour juger toute affaire domaniale du roi en Guyenne.

Les gens du roi ont apporté légèrement cet imprimé à l'assemblée des chambres, en requérant la suppression, comme étant imprimé sans permission et en contravention des lois de police. Le Parlement a pris un tout autre parti que le prévu; il a été fort aise d'être saisi par là de ces plaintes graves du parlement de Bordeaux, et, ne prononçant rien sur cette suppression proposée, il a ordonné des remontrances au roi sur les surprises journalières faites à la religion de Sa Majesté, surprises qui tendent à détruire la sûreté des officiers des *différentes classes de son Parlement*, ce qui tend à anéantir toute magistrature, toute justice dans l'État. Voilà, ce me semble, la première fois que le Parlement déclare à Sa Majesté et au public son système foncier que tous les parlements n'en font qu'un seul, mais distribués en différents quadrilles ou classes.

Voici donc le commencement de la jonction visible et publique de tous les parlements pour faire cause commune et demander l'observation des lois fondamentales. Maintenant, à chaque article, nous verrons revenir ce refrain des lois constitutives. Cela va net à l'assemblée des États généraux du royaume, et même cette réunion des parlements avec la jonction des princes et des pairs, où ceci les mène, a plus de poids et d'effet encore que les États généraux : voilà un gouvernement national tout formé, avec un avantage de plus, savoir que le clergé ne s'y trouve pas.

6 *juillet*. — On a trouvé au feu cardinal de Soubise trois millions d'argent comptant; il ne donnait rien aux pauvres.

13 *juillet*. — Sur la déclaration pour le doublement du vingtième, les chambres assemblées, la grand'chambre a été d'avis de l'enregistrer purement et simplement.

Le procureur général a apporté un nouveau mandement de l'évêque de Troyes, le plus singulier qu'on ait encore vu de cette espèce : il est du 6 juin dernier, affiché aux portes des églises de

Troyes le 11 juillet. Il condamne l'écrit intitulé : *Arrêt du Parlement du* 12 *avril dernier*, comme attentatoire à l'autorité de juridiction de l'église, et toutes sortes de qualifications qu'il lui donne, calomnieux, scandaleux, etc., tendant à supprimer la loi, puisque l'on ne peut être chrétien sans se soumettre de cœur et d'esprit à la bulle *Unigenitus*, etc.; défend de le lire sous les peines de droit, ordonne de le publier, etc.

14 *juillet*. — Un bachelier de l'Université de Caen, nommé Lelorier, ayant bien soutenu sa thèse, a été refusé à la réception; on l'accuse d'opposition à la bulle *Unigenitus*. Il a été exilé sur lettre de cachet.

22 *juillet*. — Le projet de suppression de charges du Parlement doit coûter au roi quatre millions. Le Parlement demande que ce remboursement leur soit payé comptant. L'on fixe les charges de président à mortier à 500 000 livres, celles des enquêtes à 200 000 livres, celles des conseillers à 50 000 livres.

2 *août*. — Mandement de l'évêque de Troyes du 6 juin 1756, qui ordonne des prières de quarante heures pour la conversion du parlement de Paris.

Ce Parlement, le 30 juillet, l'a condamné à être brûlé par la main du bourreau; l'on va décréter de prise de corps cet évêque. Ses créanciers ont saisi ses revenus; il est absolument ruiné, et ne sait où donner de la tête; c'est ce qui cause son extrême contumace.

4 *août*. — Sa Majesté a mandé les gens du roi du Parlement, le 31 juillet, et leur a dit qu'il était las des lenteurs du Parlement à enregistrer les trois édits (ceux des cartes, du doublement du vingtième et de la suppression de 60 offices du Parlement); qu'il voulait que cela fût fait le lendemain lundi, 2 août, et qu'ils vinssent lui en rendre compte; qu'au reste il désapprouvait fort la conduite de l'évêque de Troyes, et qu'il l'en avait puni; et réellement on a su peu après que ce petit prélat constitutionnaire avait été enlevé et envoyé à l'abbaye régulière de Murbach, en Haute-Alsace, où il est resserré.

10 *août*. — L'on mit hier à la Bastille le sieur de La Beaumelle, auteur et éditeur des *Mémoires et lettres* de Mme de Maintenon. Il était étonnant qu'on eût toléré de lui tant de choses indiscrètes et méchantes; mais il avait fait un héros du maréchal de Noailles et grand bruit de sa protection,

ce qui n'a été cependant que jusqu'à un certain degré.

12 *août*. — Le 10 août, le roi répondit aux députés du Parlement en ces termes : « Mon Parlement abuse de mes bontés; je veux être obéi demain sans délai, et je ne recevrai plus à ce sujet (du doublement du vingtième) aucunes représentations ni remontrances ».

18 *août*. — A Bordeaux on ne rend plus la justice depuis l'exil de cinq membres.

A Paris Sa Majesté a fait demander aux gens du roi les trois déclarations bursales du 7 juillet; c'est pour tenir un lit de justice samedi prochain, 21 août.

24 *août*. — Le lit de justice du 21 août s'est passé tranquillement. Les officiers du Parlement ont répondu qu'ils n'opinaient pas. Le premier président harangua avec grande force et dignité; il fit surtout une grande apostrophe aux ministres à qui il impute une grande inimitié contre les Parlements, et cela fut tourné avec une grande éloquence.

27 *août*. — L'archevêque de Paris avait loué

une maison de campagne à Vitry, vis-à-vis Conflans; le roi lui a défendu de se donner cette récréation.

A Saint-Omer, on a ordonné à des religieuses de se défaire de leur organiste, parce qu'il était opposé à la bulle.

31 *août.* — Les religieuses hospitalières du faubourg Saint-Marcel de Paris, manquant de supérieur et de supérieure depuis deux ans, se sont adressées au Parlement, qui a fait sommer l'archevêque de leur en donner; il a répondu qu'il était lui-même leur supérieur, et qu'on ne pouvait leur élire une prieure qu'en sa présence. Le Parlement considérant que ce prélat ne pouvait venir à Paris, suivant les ordres du roi qui le retiennent à Conflans, a regardé cette réponse comme une désobéissance; il y a eu soixante voix pour le condamner à 2 000 écus d'amende sans déport, c'est-à-dire payables sur-le-champ.

28 *septembre.* — L'archevêque de Paris, ayant célébré une grande messe, a monté en chaire et a prôné; il a excommunié formellement les religieuses hospitalières du faubourg Saint-Marcel, et M. d'Héricourt, conseiller au Parlement, qui avait présidé à l'élection d'une supérieure, ce qui va

porter le Parlement, en chambre des vacations, à quelque éclat contre lui.

2 *octobre.* — La guerre où nous nous précipitons contre la liberté de l'empire et pour soutenir et augmenter la tyrannie autrichienne, est l'œuvre des favorites, favoris, cabinets, etc. On a bien vu, sous de mauvais règnes et de méchants ministères, la France se tenir neutre et laisser la tyrannie autrichienne s'élever à de grands degrés, mais non jamais l'assister; cela était réservé à notre âge courtisan. Quelle honte pour le roi!

12 *octobre.* — L'on assure que l'archevêque de Paris a tout à fait excommunié les religieuses hospitalières du faubourg Saint-Marcel; il a voulu faire retirer les hosties du tabernacle; mais la supérieure en a refusé les clefs.

17 *octobre.* — Le parlement de Provence vient de juger l'affaire de l'archevêque d'Aix, au sujet de son formulaire pour la bulle *Unigenitus*, qu'il ne voulait pas rétracter, et on l'a condamné à 10000 livres d'amende et à la saisie de son temporel.

27 *octobre.* — La chambre des vacations con-

damna au feu, avant-hier, une prétendue lettre circulaire imprimée de l'évêque de Troyes aux autres prélats français pour les soulever contre le roi et le Parlement.

L'on voit imprimées les remontrances de ce Parlement au roi touchant le nouveau vingtième et les quatre sols pour livre. Je n'en ai point vu de plus hardies : elles sentent plus le cahier d'États généraux que des représentations de Parlement.

3 *novembre.* — M. de Maurepas vient d'avoir permission d'aller à Paris, et partout où il voudra, excepté aux lieux où le roi sera. De là, l'on conjecture qu'il va revenir au ministère.

5 *novembre.* — On a brûlé aujourd'hui en grève le mandement de l'archevêque de Paris, auteur du schisme pour la bulle; il y a eu grand concours et applaudissement du peuple. Le Châtelet, en l'absence du Parlement, a cru devoir le remplacer ainsi par sa diligence et sa sévérité.

11 *novembre.* — Il y a eu cet été une grande cabale pour chasser mon frère de sa place; la marquise et son parti dans les cabinets l'avaient brassée.

Ce parti de la marquise est composé de M. de

Soubise, qui, quoique honnête homme, y a été embarqué par les intérêts de son ambition, le garde des sceaux Machault, l'abbé de Bernis, M. de Poyanne, homme médiocre et insolent comme un laquais, etc., voilà les principaux. Le roi, par habitude, se laisse gouverner par ce parti, et, s'il trouve quelque contre-poids dans ses ministres, il suit en cela les plus mauvais partis, déférant à deux cabales contraires qui l'emportent successivement.

13 *novembre.* — On va en foule les dimanches à Conflans pour écouter le prône qu'y fait notre archevêque exilé. Au dernier prône, il excommunia ceux qui lisent la dernière sentence du Châtelet (cette sentence qui a condamné son jugement [*sic*, mandement?] au feu), et il envoie à ses curés ce nouveau mandement.

Sur cela, le Châtelet vient de rendre une nouvelle sentence qui défend à tous les curés de publier ce dernier mandement, sous telles peines qu'il appartiendra, ce qu'on a fait publier à son de trompe hier dans la ville de Paris. L'on a remarqué que le peuple y a fort applaudi.

M. de Maurepas s'est conduit avec une grande sagesse, n'ayant vu que sa famille. Son retour a été une grande intrigue de cour.

Tout le monde assure que la lettre du pape est arrivée pour finir les querelles de la Constitution entre le clergé et les tribunaux; que le pape veut bien que les parlements punissent les curés qui refusent les sacrements aux opposés à la bulle, mais non qu'ils enjoignent aux curés de les administrer, n'étant pas compétents pour cela, et que c'est le seul article qui déplaira aux parlements; que d'ailleurs Sa Sainteté trouve bon que le roi prescrive le silence, et qu'il en a le droit, qu'il n'y a pas de péché aux laïques de ne pas recevoir cette bulle. Cependant tout le monde dit que ce bref est tel que ni les parlements ni les évêques n'en seront contents.

18 *novembre.* — Hier l'archevêque de Paris fut mandé à Choisy, et y conféra avec Sa Majesté touchant le bref du pape qui vient d'arriver.

L'on dit ce bref pacifique tourné avec beaucoup d'habileté pour avoir la paix; il ne donne presque tort à personne.

27 *novembre.* — L'on prévoit famine à Paris. Le pain y est à trois sols six deniers la livre, et cela monte bien vite ici quand cela commence. On y prend le monopole pour le commerce. Les sous-fermiers, ôtés de la ferme royale, ont mis leurs

fonds en achats de blés. L'on dit qu'ils seront chers cet hiver ; on en achète, et le gouvernement favorise ce mauvais commerce.

2 *décembre.* — Le curé de Saint-Pierre-Lantin, à Orléans, quoique bon moliniste, ayant obéi au Parlement plutôt qu'à son évêque, et ayant célébré les divins mystères dans une église, vient d'avoir une lettre de cachet qui l'a relégué bien loin. Sur cela, l'on s'attend aujourd'hui à de grands cris du Parlement.

Les parlements enregistrent ou n'enregistrent pas l'impôt du dixième, suivant leur degré de hardiesse.

J'ai dit qu'à Rouen l'enregistrement avait pour condition que les deux vingtièmes cesseraient trois mois après la cessation d'armes, quoique l'édit du roi y soit contraire. A Besançon même dialogue, même résistance.

Les États de Bretagne et le Parlement prennent le même train, de conditionner l'abonnement avant de registrer.

Enfin tout est en grande confusion dans le royaume : embarras pour l'autorité, pour l'argent et pour la religion; chacun tire de son côté; la marquise de Pompadour est aujourd'hui pour les évêques.

6 *décembre*. — L'on m'a convaincu que de plus en plus la marquise de Pompadour devient le premier ministre de France, et que le roi se livre aux conseils faux et contradictoires de cette femme. Cette favorite a peu d'esprit, mais Louis XV, par sa timidité, par son manque de clairvoyance et d'expédients, s'est mis fort au-dessous d'elle; ainsi, dans ses propositions, elle se trouve avoir sur lui la supériorité des âmes fortes sur les faibles. Elle veut fortement; d'un autre côté, elle a eu l'industrie de s'associer des hommes propres aux affaires, comme MM. de Machault et de Bernis.

8 *décembre*. — Hier le Parlement, chambres assemblées, a supprimé le bref du pape. Le parlement de Rouen a été plus loin et l'a déclaré abusif.

Les abbés de Bernis et de La Ville ayant contribué à former le bref tel qu'il est, ils prétendent aux vues les plus ambitieuses, comme à avoir le chapeau de cardinal.

11 *décembre*. — L'on prétend certaine la nouvelle que le parlement de Besançon a pendu l'un des directeurs du dixième. Comme ce financier levait l'impôt sans enregistrement au Parlement, cette compagnie l'a fait arrêter, et lui a fait son procès comme concussionnaire.

14 *décembre.* — Il y eut hier lit de justice au parlement de Paris.

On y porta trois déclarations ou édits dont on fit la lecture et enregistrement devant le roi.

Ces lois sont : 1° une transcription modifiée du bref du pape touchant le respect dû à la constitution *Unigenitus*; 2° une suppression d'environ soixante charges au Parlement, deux chambres des enquêtes retranchées, la quatrième et la cinquième; 3° une ordonnance pour la discipline du Parlement, les assemblées des chambres et les enregistrements; il y est dit qu'on ne pourra assister aux assemblées des chambres qu'après dix ans d'exercice d'officier au Parlement, que tout édit et autre point de délibération ira de droit à la grand'chambre, et qu'enfin les parlements feront autant de remontrances qu'ils voudront, mais que, quinze jours après leur présentation, les lois, quelles qu'elles soient, seront tenues pour registrées et édictées et qu'elles auront leur entier effet.

15 *décembre.* — Effectivement lundi au soir les enquêtes s'assemblèrent chacune dans leur chambre, puis descendirent et se réunirent toutes, ainsi que les requêtes et la première chambre des enquêtes. Là ils ont signé un acte de démission de leurs charges, très motivé, sur ce qu'ils sont désho-

norés par les ordonnances lues au lit de justice. Ils portèrent le soir à onze heures cet acte à M. le chancelier, et, comme il n'a pas voulu le recevoir, ils l'ont jeté sur son bureau.

Hier mardi, l'on donna avis à la grand'chambre de cette démission universelle. Il y eut trois présidents à mortier qui offrirent la leur, et presque toute la grand'chambre allait imiter les enquêtes, lorsque le sieur Pasquier, ami particulier du garde des sceaux, fit revenir le plus grand nombre à ne se point démettre, mais il est resté douze grands chambriers à qui cela fait beaucoup d'honneur.

A l'instant les avocats, étant venus au palais, ont tous quitté leurs robes, et ont déclaré qu'ils fermaient leurs cabinets

16 *décembre*. — Hier six nouveaux démissionnaires de la grand'chambre furent ajoutés aux onze premiers, ce qui fait présentement dix-sept en tout.

Tous les avocats et procureurs se sont retirés du palais et ont pris l'habit bourgeois.

17 *décembre*. — Je viens d'avoir nouvelle que la grand'chambre avait été très bien reçue hier à Versailles. Sa Majesté les a félicités sur leur attachement et leur soumission et leur a permis de

délibérer. Ainsi on commence à espérer que le roi reculera.

20 *décembre.* — Il est revenu dans le public que l'abbé Chauvelin, dans une de ses dernières harangues à une assemblée des enquêtes où l'on traitait du dernier lit de justice, a dit en propres termes que « c'étaient les derniers soupirs de la royauté mourante ». Certes, c'est se donner les violons avec trop de témérité et en voilà assez pour réveiller le ministère.

21 *décembre.* — On a nouvelle que le parlement de Rouen, ayant reçu la nouvelle du lit de justice, a, sur-le-champ, fermé son tribunal, ainsi que les tribunaux inférieurs de Normandie, n'y ayant plus ni avocats, ni procureurs qui veuillent travailler.

23 *décembre.* — L'on dit qu'au lit de justice M. le prince de Conti opina fortement quand M. le chancelier lui demanda son avis, et que le roi, qui l'entendit, le regarda avec des yeux de colère. Le voilà tout à fait brouillé avec le roi, et voilà un chef tout prêt pour les mouvements de résistance ou de révolte qui pourraient s'ensuivre.

En effet tout ceci nous annonce quelque révolte qui couve sous la cendre.

25 *décembre.* — Il n'y a pas un écu au trésor royal. L'on a, dit-on, sept ou huit nouveaux édits bursaux tout prêts pour secourir les finances, mais le diable est qu'il faut l'enregistrement du Parlement.

Le plus difficile pour l'autorité royale sera de soumettre les parlements provinciaux, qui sont plus résistants et plus révoltés que celui de Paris. Ils sont tous complotés pour dépouiller les intendants de leur autorité.

29 *décembre.* — Jamais la maxime du président de Montesquieu en son livre des *Lois*, n'a été plus vraie « que le courtisan est celui qui met toutes ses espérances dans les faiblesses du prince ». Or, ici, le parti de la marquise de Pompadour a excité, et attisé deux passions du roi, ou plutôt deux faiblesses : sa colère contre le Parlement et celle contre le roi de Prusse.

Cependant l'on observe, du caractère de Sa Majesté, qu'il n'a en tout ceci que des affections momentanées. Les premières nuits qui suivent un événement contraire à ses vues, il ne dort pas, il s'agite, puis il n'y songe pas quelques heures après. Ainsi est-il les jours qu'il a quelque réponse à faire au Parlement. Quand elle est rendue, il va à ses campagnes faire planter des bosquets. Tout est mené aujourd'hui par le petit conseil de la favorite, et les ministres en titre n'ont plus que les simulacres de leurs départements. L'abbé de Bernis fait les affaires étrangères ; M. de Machault, garde des sceaux, fait les affaires du dedans, surtout pour les parlements. Le maréchal de Bellisle, le prince de Soubise et le comte d'Estrées font celles de la guerre pour les desseins de la campagne prochaine.

30 *décembre*. — Le parlement de Rouen a rendu un arrêt contre le dernier bref du pape, semblable à celui du parlement de Paris : il le déclare abusif, contraire aux libertés de l'église gallicane, et, en conséquence, prohibé.

1757

1er *janvier.* — Le roi a tenu ce discours : « Il faut qu'il n'y ait plus de roi, s'il subsiste encore en France un Parlement, comme il était avant le lit de justice que j'ai tenu le 13 décembre ». L'on fait de ceci une affaire de *haut entêtement*, comme a été celle de la Constitution sous Louis XIV.

4 *janvier.* — L'abbé de Bernis fut déclaré, avant-hier au soir, ministre d'État, effet du grand et deshonnête crédit de la favorite.

6 *janvier.* — Hier, à 6 heures du soir, le roi se disposant à monter en carrosse pour aller faire les Rois à Trianon, fut frappé d'un coup de poignard par un méchant assassin qu'on dit se nommer Damiens et être du pays d'Artois. Il vendait à Versailles des pierres à ôter les taches. On l'a arrêté sur-le-champ.

Le roi, se sentant faible, pensa tomber, mais eut la présence d'esprit de dire : « Qu'on arrête ce malheureux, mais qu'on ne lui fasse pas de mal. » Le roi dit encore que l'on prît garde à la personne de M. le Dauphin.

Effectivement, M. le garde des sceaux a d'abord interrogé ce méchant homme ; il s'est montré très faible, il a dit que l'on prît garde à la personne de M. le Dauphin, et qu'on le devait assassiner avant minuit. On lui a chauffé les pieds ; il a dit que, s'il avait à recommencer ce coup, il le ferait encore, qu'il n'était pas encore temps qu'il nommât ses complices, *et qu'il en avait.*

En montant l'escalier le roi a dit : « Eh! pourquoi veut-on me tuer? Je n'ai fait mal à personne. »

La prévôté de l'hôtel a commencé la procédure.

7 *janvier.* — Cette blessure n'a pas eu de suite et le roi doit être sur pied dans quelques jours. Il avait bien cru être en danger et a fait une harangue à M. le Dauphin, comme s'il comptait de lui remettre les rênes de l'empire ; il lui a dit : « Mon fils, je vous laisse un royaume bien troublé, je souhaite que vous gouverniez mieux que moi! »

Sa Majesté a fait tenir jeudi un conseil d'État, où tous les ministres étaient rassemblés, et M. le Dauphin, y présidant, a marqué une intelligence, une dignité, et même une éloquence qu'on ne lui connaissait pas, tant il est vrai qu'il faut mettre les hommes *à même* pour connaître leur valeur.

On a joint deux maîtres des requêtes à la prévôté de l'hôtel pour instruire le procès criminel de ce scélérat de Pierre Damiens.

Cet homme a été laquais ; il a trente-cinq ans, d'une belle figure, il est insolent et ivrogne. Il a commencé par frapper sur l'épaule du roi, et, si Sa Majesté s'était retournée, il lui donnait de son stylet dans la poitrine. Au lieu de cela, le roi a seulement levé le bras et le coup n'a été que sur les côtes.

Chacun des deux partis, moliniste et janséniste, veut que Damiens ait agi à l'instigation de ses adversaires. On épie pour cela chaque parole qu'il dit. Il avait sur lui une *Imitation de Jésus-Christ*; il était donc bigot. Il a dit qu'il a été à confesse à un jésuite, puis, en dernier lieu, à un père de l'Oratoire. Il a dit du mal des évêques, qu'on aurait dû en décoller trois, ce qui semble le rattacher au parti janséniste ; il a dit que le roi gouvernait mal, que c'était un grand service à rendre au royaume que de le faire mourir, que si c'était encore à refaire, il ferait de même, mais qu'il ne manquerait pas son coup, ce qui l'implique dans la faction moliniste ; car ceux-ci sont pour le règne prochain du Dauphin.

Le roi a dit au duc d'Ayen, capitaine de quartier des gardes du corps : « Avouez, monsieur, que je suis bien gardé! » Propos du roi bien dur à embourser et qui devrait faire mourir de honte les officiers des gardes.

On a remarqué à Paris que les bons bourgeois ont témoigné beaucoup de douleur de cet attentat, mais que le bas peuple est resté muet, tant les esprits sont prévenus de la disgrâce des magistrats et de l'esprit fol, méchant et schismatique des évêques!

8 *janvier*. — L'on parle de grands éclaircissements du roi et de la reine, avec belles promesses de lui être toujours fidèle, et l'on dit que la marquise de Pompadour est allée à Croissy.

L'assassin est ferme et paraît homme d'esprit, sans extravagance ni délire. Il assure à présent qu'il n'a point de complices et qu'il ne déclarera rien sur cela, quelques tourments qu'on lui fasse. Cependant, les trente et un louis dans sa poche décèlent quelque soutien fort et secret; il maudit toujours le roi et dit qu'il a bien fait de vouloir délivrer la patrie d'un tyran, puisque les peuples meurent de faim.

9 *janvier*. — Le roi a refusé plus nettement que

jamais les offres des enquêtes et requêtes, et autres démissionnaires, et a persisté à leur exclusion du Parlement. Sa Majesté a dit qu'elle ne voulait, pour ce procès, que ceux de la grand'chambre qui lui sont restés fidèles.

On ne peut ôter de la tête de personne que cet attentat n'ait été suggéré, et on l'impute aux jésuites, à cause de l'ardeur qu'ils ont du règne du Dauphin, qui est entièrement à eux.

14 *janvier*. — Damiens est toujours très malade dans les prisons de Versailles, et l'on ne peut le transporter à la conciergerie. Il a travaillé à se défaire lui-même en se tordant les parties génitales; on l'a arrêté à moitié de ce suicide; il a une grosse fièvre et le tendon d'Achille brûlé. On attribue à M. le garde des sceaux cette imprudence qu'il a commise, contre l'ordre du roi, en l'interrogeant avec brutalité.

Il y a présentement plus de vingt personnes arrêtées, comme soupçonnées de tremper dans cet attentat.

16 *janvier*. — Bien loin que l'affaire du vingtième et de la disgrâce du parlement de Paris s'accommode avec le parlement de Bretagne, nous avons su hier que deux magistrats de cette dernière

cour venaient d'être arrêtés et envoyés à des prisons, l'un à la citadelle de Saumur, l'autre à l'abbaye de Bellesme.

On a procédé avec la plus grande rudesse à cet enlèvement; les deux magistrats ont été liés et garrottés. Ce sont les plus respectables magistrats de la province, leur crime est d'avoir parlé avec vivacité sur les affaires du parlement de Paris.

Hier le roi rendit visite à la marquise. Aujourd'hui Sa Majesté va à la chapelle. Il n'y aura point de *Te Deum* à Paris, Sa Majesté se défiant encore de l'amour des Parisiens.

17 *janvier*. — Samedi au soir, le roi alla rendre visite à la marquise, dont le sort n'est plus incertain par là. La faveur du garde des sceaux chancelle, et on le dit triste et changé.

18 *janvier*....

[D'Argenson avait écrit cette date ; là s'arrête son manuscrit. Il est mort le 26 janvier.]

Généalogie sommaire de la famille de Voyer d'Argenson [1]

René de Voyer, IIe du nom [2], chevalier, comte d'Argenson et de Rouffiac, etc., né à Blois le 13 décembre 1624, conseiller au parlement de Rouen, en 1642, maître des requêtes ordinaire de l'hôtel en 1649; conseiller d'État ordinaire le 15 avril 1651, ambassadeur à Venise; la terre de Rouffiac fut érigée en comté en sa faveur par lettre du 25 janvier 1654; il mourut en 1700.
Femme : Marguerite Houllier de la Poyade, fille d'Hélie Houllier, lieutenant général en la sénéchaussée d'Angoulême, née le 27 août 1630, mariée par contrat du 8 mai 1650.
7 enfants

1. … Marc-René de Voyer de Paulmy, marquis d'Argenson [3], vicomte de Mouzé, etc., … à Venise le 4 novembre 1652, avocat au parlement en 1669, lieutenant-général de la … sénéchaussée d'Angoulême le 9 août 1679, maître des requêtes le 5 mars 1694, lieute… …ant général de police de la ville, prévôté et vicomté de Paris par lettres du 29 jan… …er 1697, garde des sceaux par édit de janvier 1718, membre de l'Académie française … 1718, garde des sceaux honoraire le 7 juin 1720, décédé le 8 mai 1721, enterré, …mme sa femme, à Saint-Nicolas-du-Chardonnet.
Femme : Marguerite Le Fèvre de Caumartin, mariée par contrat du 14 janvier 1693, …écédée le 1er août 1719 dans sa 47e année.
3 enfants

2. Antoinette-Catherine née à Venise le 28 janvier 1654, mariée par contrat du 17 mai 1677 à Louis de Vallory seigneur d'Ratilly.

3. Françoise, née à Venise le 19 mai 1655, morte en janvier 1656, enterrée à Saint-Job de Venise.

4. François-Hélie de Voyer de Paulmy d'Argenson, né à Paris le 22 septembre 1650, évêque de Dol en 1703, archevêque d'Embrun en 1715, archevêque de Bordeaux en 1719, décédé le 25 octobre 1728.

5. Thérèse-Hélène, née à Paris le 11 avril 1659, morte le 26 octobre 1662.

6. Marie-Scholastique, née le 10 février 1661, religieuse carmélite à Angoulême avant 1682.

7. Joseph-Ignace de Voyer, né le 30 décembre 1662, reçu chevalier de Malte en 1686.

Enfants de Marc-René de Voyer de Paulmy (3 enfants)

1. René-Louis de Voyer de Paulmy, chevalier, *marquis d'Argenson*, né le 18 octobre 1694 et baptisé en …glise Saint-Jean-en-Grève le 7 novembre suivant, conseiller au parlement de Paris le 24 avril 1716, maître … requêtes ordinaire de l'hôtel le 21 novembre 1716, conseiller d'État le 6 janvier 1720, intendant du Hainaut … 18 janvier 1720, conseiller d'État ordinaire en décembre 1728, secrétaire d'État au département des affaires …rangères du 28 novembre 1744 au 10 janvier 1747, décédé le 26 janvier 1757. C'est l'auteur des *Mémoires*.
Femme : Marie-Madeleine-Françoise Méliand, fille d'Antoine-François Méliand, intendant de Flandres, et … Marie Le Bret, mariée par contrat du 29 novembre 1718.
2 enfants

2. Marc-Pierre de Voyer de Paulmy d'Argenson, chevalier, comte de Weil-Argenson, seigneur de Villentroys, de Lye et autres lieux, baron des Ormes Saint-Martin, dit le *comte d'Argenson*, né le 16 août 1696, d'abord avocat du roi au Châtelet, puis conseiller au parlement de Paris, maître des requêtes le 17 novembre 1718, lieutenant général de police de Paris le 5 janvier 1720, intendant de Tours le 18 février 1721; lieutenant général de police de Paris par provisions nouvelles du 26 avril 1722, chancelier du duc d'Orléans le 24 septembre 1723, conseiller d'État le 28 janvier 1724, secrétaire d'État au département de la guerre de 1743 à 1757.
Femme : Anne Larcher, fille de Pierre Larcher, seigneur de Pocancy, conseiller au parlement de Paris, et de Anne-Thérèse Hébert, mariée le 24 mai 1719.
2 enfants

3. Catherine-Madeleine-Marguerite, mariée le 13 août 1715 à Thomas Le Gendre de Collandre, seigneur châtelain et haut justicier de Gaillefontaine, Forges et autres lieux, maréchal de camp.

Enfants de René-Louis (2 enfants)

1. Antoine-René de Voyer de Paulmy d'Argenson, appelé le *marquis de Paulmy*, né à …lenciennes le 22 novembre 1722, avocat du roi au Châtelet en 1742, conseiller au …rlement de Paris le 9 novembre 1744, maître des requêtes en 1747, membre de …adémie française le 6 avril 1748, ambassadeur en Suisse le 24 mai 1748, reçu en …rvivance à la charge de secrétaire d'État au département de la guerre le 9 octobre 1751, … exercice en 1757, ambassadeur en Pologne nommé en mars 1766, ambassadeur à …sbonne, décédé le 13 août 1787.
1re femme : N.... Dangé, fille d'un fermier général, morte sans enfants.
2e femme : Suzanne-Marguerite Fyot, fille de Claude-Philibert Fyot, seigneur de la …rche, premier président du parlement de Bourgogne, et de Jeanne-Marguerite …illet, mariée le 21 avril 1741.
1 enfant

Madeleine-Suzanne-Adélaïde (ou Adélaïde-Geneviève, d'après La Chesnaye-Desbois), … à Dijon le 25 janvier 1752, mariée à Anne-Charles-Sigismond de Montmorency-…xembourg, duc de Luxembourg, pair de France, né le 15 octobre 1737, décédé à …sbonne le 13 octobre 1803.

2. Marie-Madeleine-Catherine, née le 25 novembre 1724, mariée le 11 mars 1745 à Marc-Yves Desmarets, comte de Maillebois.

Enfants de Marc-Pierre (2 enfants)

1. Marc-René de Voyer de Paulmy d'Argenson, né le 20 mars (20 septembre d'après La Chesnaye-Desbois) 1722, grand bailli de Touraine, gouverneur de Vincennes, lieutenant général des armées du roi en 1758, décédé le 18 septembre 1782.
Femme : Jeanne-Marie Constance de Mailly d'Haucourt, fille d'Augustin-Joseph de Mailly, maréchal de France, mariée par contrat du 19 avril 1745, décédée le 15 septembre 1783.
4 enfants

2. Louis-Auguste de Voyer de Paulmy d'Argenson, né le 13 février 1725, chevalier de Malte.

Enfants de Marc-René (4 enfants)

1. Marc-René-Marie de Voyer de Paulmy, marquis d'Argenson, baron des Ormes, né à Paris le 19 septembre 1771, membre des assemblées législatives, décédé à Paris le 1er août 1842, marié en 1795.
Femme : Sophie de Rosen Kleinroop, veuve de Charles-Louis-Victor de Broglie, décédée le 29 octobre 1828.
4 enfants

2. Marie-Marc-Aline, née le 14 juillet 1764, mariée à Paul, comte de Murat, décédée le 12 janvier 1812.

3. Marie-Joséphine-Constance, née en 1765, mariée à Jean-Baptiste de Chabannes, marquis de Curton, décédée à Paris le 14 février 1784.

4. Pauline-Renée-Sophie, née à Paris le 15 mai 1767, mariée en 1784 à Guy-Marie-Anne-Louis de Montmorency, marquis de Laval, décédée à Paris le 8 juin 1791.

Enfants de Marc-René-Marie (4 enfants)

1. Charles-Marc-René de Voyer de Paulmy, marquis d'Argenson, né le 20 avril 1796, décédé à Paris le 31 juillet 1862. (C'est l'éditeur des *Mémoires*, édition de 1825 et édition dite de Jannet.)
Femme : Anne-Marie Faure, mariée en 1821, décédée au château des Ormes, en Poitou, le 8 décembre 1872, âgée de 78 ans.
5 enfants

2. Sophie, mariée à Fortuné Regnaud, baron de Lascours, décédée à Lascours, en Provence, le 21 novembre 1860, âgée de 57 ans.

3. Victorine, mariée le 9 janvier 1825 à André-Rodolphe-Claude-François-Siméon Chanel de Crouy.

4. Élisabeth, mariée le 6 septembre 1827 à Pierre-René-Gustave Fournier de Boisayrault, baron d'Oyron, décédée le 16 octobre 1847.

Enfants de Charles-Marc-René (5 enfants)

1. Marc-René-Marie de Voyer de Paulmy, marquis d'Argenson, né le 2 juin 1836.
Femme : Marie-Élisabeth-Charlotte d'Argout, mariée le 2 février 1875.
Leur postérité existe.

2. Laure, mariée à Enguerand Randon, vicomte de Polly, décédée le 23 décembre 1852.

3. Élisabeth-Aline, née le 25 juillet 1826, mariée le 16 juin 1845 à Rodolphe-Auguste-Louis-Maurice comte d'Ornano.

4. Amélie, mariée à Tours le 6 juillet 1852 à Auguste-Benjamin-Jules de Clervaux.

5. Renée-Marie, mariée à Paris, le 1er août 1861, à Léon Calmer.

1. Cf. *Histoire généalogique et chronologique de la Maison de France...* par le P. Anselme (Paris, 1730, folio, t. VI, p. 592 et suiv.) et le *Dictionnaire de la noblesse* de La Chesnaye-Desbois (t. XIX, p. 429 et suiv.). — 2. Pour les ascendants voir le P. Anselme, *op. cit.*, p. 593 et …v. — 3. La seigneurie d'Argenson fut érigée en marquisat en sa faveur par lettres de janvier 1700 (La Chesnaye-Desbois). Voir pour titres et qualités le P. Anselme, *op. cit.*, t. VI, p. 592.

APPENDICE

NOTICE

SUR LES MANUSCRITS ET LES ŒUVRES IMPRIMÉES DU MARQUIS D'ARGENSON

I

De tous les hommes qui ont eu le souci charmant de laisser à la postérité quelques souvenirs de leur vie, il en est bien peu qui aient écrit davantage que d'Argenson, mais une sorte de fatalité semble s'être déchaînée après son œuvre et nous ne pouvons aujourd'hui en savoir, en pleine certitude, ni la somme totale ni le texte exact. « Ses papiers, nous apprend son fils, étaient en bon ordre à sa mort, à la différence de ses affaires » ; ce bon ordre malheureusement ne devait pas durer. Le marquis d'Argenson, qui vécut longtemps séparé de sa femme, n'avait eu que deux enfants : une fille mariée au comte de Maillebois, fils du maréchal, et un fils connu sous le nom de marquis de Paulmy, qui n'eut lui-même qu'une fille mariée au duc de Luxembourg. Le marquis de Paulmy étant mort en 1787, les papiers tombèrent entre les mains de ce dernier ; compris dans la saisie qui fut faite pendant l'émigration, ils furent d'abord classés dans les archives du Directoire, passèrent de là à la bibliothèque du Conseil d'État, qui devint la Bibliothèque du Louvre. Il en demeure quelques-uns, comme nous le verrons plus loin, mais la masse la plus précieuse fut détruite dans l'incendie qui dévasta le Louvre dans la nuit du 23 au 24 mai 1871[1].

Le point le plus important à fixer tout d'abord, dans l'étude que nous poursuivons, est celui de l'état et du nombre des manuscrits laissés par le marquis d'Argenson. De son vivant, en effet, il ne parut aucune œuvre imprimée ; une collaboration, sur laquelle il nous donne quelques détails[2], à l'*Histoire du droit ecclésiastique* du P. de La Mothe[3], quelques mémoires envoyés à l'Académie des inscriptions[4], divers articles fournis au *Journal œconomique*[5], voilà tout ce qui fut imprimé, et l'on peut bien dire que ce n'est rien quand on considère la masse de ses écrits. Le marquis de Paulmy eut par fortune un mérite particulièrement cher aux amis des lettres; il fut, comme on sait, le fondateur de la bibliothèque de l'Arsenal; c'est le fonds réuni par lui qui en constitue aujourd'hui encore la partie la plus précieuse; c'était donc là que nous devions frapper tout

1. Ces papiers du marquis d'Argenson, réunis à ceux de sa famille (1630-1757), formaient 56 volumes. Cf. *Les archives de l'histoire de France*, par Ch. V. Langlois et H. Stein; Paris, 1893, in-8, p. 882.

2. « J'avais donné le plan de ce livre, le commencement et les matériaux au P. de La Mothe, jésuite, mon ancien préfet au collège et depuis cela refugié en Hollande sous le nom de M. de La Hode. Ce qu'il y a de bon est de moi; ce qu'il y a de hasardé et de style maussade est de cet auteur. » (Ed. Rathery, t. I, p. 97.)

3. *Histoire du droit public ecclésiastique français, où l'on traite de sa nature, établissement, variation et décadence...* Londres (La Haye), 1737 et (Paris) 1740, 2 vol. in-12. (Cf. Quérard, la *France littéraire*, t. IV, p. 505.)

4. Cf. *Mémoire sur les historiens français*, 1755.

5. Journal mensuel qui parut pour la première fois en janvier 1751 sous le titre de : *Journal Œconomique ou mémoires, notes et avis sur l'agriculture, les arts, le commerce et tout ce qui peut y avoir rapport....* Paris, in-12 (Bibl. nat., Inv. S, 19125-19130). Les articles ne sont pas signés.

d'abord. Grâce à l'obligeance et au savoir extrêmes de M. Henri Martin, conservateur des manuscrits de l'Arsenal, nous pouvons donner un document capital pour l'enquête qui nous occupe et que l'on est surpris, en vérité, de ne pas voir dans les éditions précédentes de d'Argenson : c'est un inventaire minutieux, fait par les soins du marquis de Paulmy, des manuscrits laissés par son père. Cet inventaire se trouve dans un document intitulé : « Papiers particuliers de M. de Paulmy et des membres de sa famille », conservé à l'Arsenal sous le n° 6 295 (p. 11-43). Nous devons à M. Henri Martin et la connaissance de cette pièce et la communication des épreuves du livre qu'il publie sous le titre d'*Histoire de la bibliothèque de l'Arsenal*[1]; on trouvera dans cet excellent ouvrage (p. 73 et suiv.) le texte complet de l'inventaire que nous signalons; nous en avons extrait la partie suivante, qui concerne le marquis d'Argenson.

(Les n°s 5248 à 5267 des papiers particuliers de M. de Paulmy concernent divers membres de la famille d'Argenson; c'est avec le numéro suivant que commence la description des manuscrits de René-Louis de Voyer, marquis d'Argenson.)

5268. *An belluæ agant propter finem formaliter oratio* par feu M. le marquis d'Argenson. Mss. in-4° (« Composition de mon père du temps qu'il était au collège des jésuites. » Note de M. de Paulmy.)

5269. *Cordis descriptio, carmen*, mss. in 8°[2].

5270. Extrait des *Institutions au droit français* de

1. Paris, Plon, in-8. La première partie de l'ouvrage est consacrée aux *Origines de la bibliothèque de l'Arsenal*; on y trouve (p. 14 et suiv.) les détails les plus complets et les plus précis sur la famille du marquis de Paulmy.

2. Tous les manuscrits portent la mention « par feu M. le marquis d'Argenson », que nous supprimons ici, puisque nous ne donnons que cette partie même.

M. Argout, avocat [1]. Mss. in-4°. (« Preuve du fruit que mon père avait fait dans ses études de droit. » Note de Paulmy.)

5271. Voyage fait en Hollande, en 1717, par feu M. le marquis d'Argenson. Mss. carton. in-4°, avec différentes vues et plans pour y être insérés. (« Ce voyage est assez agréable à lire, quoiqu'il ait été fort court. » Note de Paulmy.)

5272. Différentes pièces concernant les fonctions de M. le marquis d'Argenson, pendant qu'il fut conseiller au Parlement, en la 3e chambre des enquêtes. Mss. carton. in-4°.

5273. Mémoires sur plusieurs assemblées de chambres du Parlement de Paris et lits de justice auxquels a assisté M. le marquis d'Argenson, étant conseiller au Parlement, depuis 1715 jusqu'en 1725. Mss. in-4°.

5274. Deux voyages de feu M. le marquis d'Argenson, l'un à Bordeaux, l'autre à Lyon. Mss. in-4°.

5275. Reste d'affaires sur l'intendance de Haynault par feu M. le marquis d'Argenson. Mss. carton. in-fol.

5276. Différentes pièces concernant le Conseil privé, depuis 1724 jusqu'en 1744, que feu M. le marquis d'Argenson en fut juge. Mss. carton. in-4°.

5277. *Ambassade de Portugal. Mémoires, copies de pièces et extraits de correspondances depuis 1640, jusqu'en 1740.* — Correspondance de M. le marquis d'Argenson, depuis avril 1737 jusqu'en mai 1740. — Affaires particulières de ce ministre relativement à son ambassade, au délai de son départ, et enfin au parti qu'il prit de ne point aller à cette ambassade. Mémoires et autres pièces de cet ambassadeur sur les intérêts de la France vis-à-vis la cour de Lisbonne et de son commerce. 7 vol. in-fol. et in-

1. *Institutions au droit français*, par Gabr. Argou, augmentées par Ant. G. Boucher; nouvelles éditions, Paris, Despilly, 1753, 1762, 1771, 2 vol. in-12 (Quérard, *France littéraire*, t. I, p. 87),

4° [1]. Le 6me a été prêté aux affaires étrangères et il n'en est point revenu. (« Il y a dans ces six volumes bien des anecdotes historiques et détails curieux; mais le volume le plus important est celui qui est resté aux affaires étrangères ». Note de Paulmy.)

5278. Mémoires politiques de feu M. le marquis d'Argenson avant son ministère. Mss. carton. in-4°.

5279. Affaires de la maison d'Orléans, par feu M. le marquis d'Argenson. Mss. 8 cartons in-4°.

5280. *Ministère des affaires étrangères sous M. le marquis d'Argenson, depuis 1744 jusqu'en 1747.* — Correspondance avec Sa Majesté et autres mémoires d'État. — Observations sur les cours de l'Europe. 3 vol., dont un in-4° et deux in-fol.

5281. Histoire abrégée et critique des négociations de France, de 1700 à 1740, depuis l'extinction de la première branche d'Autriche jusqu'à celle de la seconde, par feu M. le marquis d'Argenson. Mss. in-fol. carton. (« Cet abrégé est sec, mais fort instructif; il est sous le titre de *Histoire de quarante ans.* » Note de Paulmy.)

5282. Extrait des négociations de France en Suède et en Prusse, depuis mai 1738 jusqu'en septembre 1750. Mss. in-4°. (« Ce volume contient les négociations de M. le marquis de Valori et en partie de ses prédécesseurs employés chez le roi de Prusse. » Note de Paulmy.)

5283. Mémoires pour l'histoire universelle depuis novembre 1744 jusqu'à décembre 1746. Mss in-4°. (« C'est l'histoire de la principale partie du ministère de mon père. » Note de Paulmy.)

5284. Mémoires sur les instructions qui seraient à donner aux ministres du roi dans les cours étrangères, suivant le

1. L'éditeur Rathery a donné (t. I, p. 260-266) le détail des 4 volumes qui se trouvaient au Louvre, et (t. II, p. 73) un extrait du *Journal de mon ambassade.*

nouveau système qui doit résulter de la paix de 1748. Ces mémoires ont été dressés en janvier et février 1749 par feu M. le marquis d'Argenson. Mss. in-fol., 2 vol : un 3e in-4°. (« Ce sont trois exemplaires du même ouvrage avec quelques différences ». Note de Paulmy.)

5285. Intérêts de l'impératrice-reine, des rois de France et d'Espagne et de leurs alliés, négligés dans les préliminaires signés à Aix-la-Chapelle le 30 avril 1648. (Paris, 1748.) Réponse mss. à ce mémoire par M. le marquis d'Argenson, le 1er septembre 1748, in-fol. (« Occupations du loisir de mon père. » Note de Paulmy.)

5286. Mémoires politiques composés par feu M. le marquis d'Argenson depuis sa retraite. Mss. carton. in-fol.

5287. Mémoires sur la politique en général. Mss. carton. in-fol.

5288. Mémoires sur la vie et le ministère de feu M. le marquis d'Argenson (faits par lui-même). Mss. carton. in-fol.

5289. Différents mémoires sur la religion et le clergé. Mss. carton. in-4°.

5290. Affaires du Parlement et du clergé. Mss. carton. in-fol.

5291. Lettres et correspondances de feu M. marquis d'Argenson avec toutes sortes de personnes, parents et alliés et pour nouvelles, depuis 1711 jusqu'en 1756. Mss. 12 cartons in-4°. (« On trouve dans les cartons intitulés *Correspondances pour nouvelles* des anecdotes très intéressantes. » Note de Paulmy.)

5292. Mémoires d'État. Mss. in 4°, 4 vol., dont 3. v. br. et 1 en carton. (« Il y a dans ces 4 volumes beaucoup d'idées et de projets. » Note de Paulmy.)

5293. Rédaction des lois fondamentales du royaume de France. — Rédaction des lois de nature pour la conduite morale des hommes. Mss. in-4°.

5294. Deux dissertations : Pour gouverner mieux, il faudrait gouverner moins. — Caractères de ces trois sagesses, des saints, des courtisans, et des philosophes. Mss. in-4°, carton.

5295. Deux projets d'édits : 1° de tolérance en matière de religion pour le roi de France ; 2° sur les généraux d'ordres religieux et leurs exemptions. Mss. in-fol., carton. « On voit que les idées de mon père avaient prévenu ce qui paraît être le sentiment à la mode. » Note de Paulmy.)

5296. Pensées diverses sur la réformation de l'État. Mss. in-4°, 2 vol., 1 v. br., l'autre en carton.

5297. Essai sur les causes auxquelles l'on peut attribuer la médiocrité de nos historiens français, par M. le marquis d'Argenson, lu à l'Académie des Belles-Lettres le 14 mars 1755. Mss. in-fol. carton. (« Extrait dans les *Mémoires de l'académie des Belles Lettres.* » Note de Paulmy.)

5298. Abrégé historique du règne de Louis XIV. Mss. in-fol. carton. (« Dans le goût du président Hénault. » Note de Paulmy.)

5299. Matériaux pour l'histoire de son temps par René-Louis de Voyer, marquis d'Argenson, commençant en 1697 jusqu'en 1756 inclusivement. Mss. in-4°, 5 vol. br., et 3 cartons. Total : 8 volumes.

5300. Essais dans le goût de ceux de Montagne, minute et copie. Mss. in-4°, 2 vol. v. br.

5301. Ouvrages de feu M. le marquis d'Argenson ; histoire du droit public ecclésiastique français, etc. Mss. carton in-4°. (« On voit par là que M. le marquis d'Argenson a eu la plus grande part à cette histoire très estimée et publiée sous le nom de M. de Barigny. » Note de Paulmy.)

5302. Jusques où la démocratie peut être admise dans le gouvernement monarchique ; traité de politique composé à l'occasion de ceux de M. de Boulainvilliers touchant l'ancien gouvernement de France, etc. Mss. in-fol. et in-4°, 7 vol., dont 3 sous le titre de *Gouvernement monarchique*, et 4 sous celui de *Démocratie monarchique*, partie reliés, partie en carton. *Nota*. C'est l'ouvrage de feu le marquis d'Argenson qui a été publié en 1754. (« Les premiers exemplaires sont à peu près conformes à l'impression. Les derniers sont fort perfectionnés et beaucoup mieux. » Note de Paulmy.)

5303. Mémoire sur le gouvernement du Paraguay par les Jésuites, 1754. Mss. in-4° cartonné. (« Ces remarques sont assez curieuses, mais l'auteur est parti d'après des principes qui ne sont pas bien constatés. » Note de Paulmy).

5304. Recueil de quelques mémoires de M. le marquis d'Argenson sur le commerce et la culture, imprimés pour la plupart dans le *Journal œconomique* de 1751-1754. Mss. in-4°, 2 vol. (« Ces mémoires ont assez réussi dans leur temps, mais quelques-uns sont obscurs. » Note de Paulmy.)

5305. Œuvres mêlées, minute et copie. Mss. in-4°, 2 vol., l'un plus haut, l'autre plus petit. (« Il y a dans ces *OEuvres* une pièce singulière et très curieuse sur l'aventure du prince Édouard ; le reste est peu de chose. » Note de Paulmy.)

5306. Remarques sur diverses lectures. Mss. in-4°, 3 vol. dont 1 v. br. et 2 en carton. (« Bonnes remarques et de quoi prendre quelques connaissances bibliographiques. » Note de Paulmy.)

5307. Recueils de différents discours et mémoires envoyés ou destinés à être envoyés à plusieurs journaux. Mss. carton in-fol. (« Minutes de l'ouvrage ci-dessus intitulé : *Recueil de quelques mémoires sur le commerce et la culture*. » Note de Paulmy.)

5308. Différentes pièces sur les Académies et autres sociétés dont feu M. le marquis d'Argenson était membre. Mss. carton in-4°.

5309. Mémoires sur la politique en général. Mss. carton in-4°.

5310. Mémoires sur l'histoire de France. Mss. 2 cartons in-4°.

5311. Époques de l'histoire politique moderne et autres ouvrages commencés et projetés par feu M. le marquis d'Argenson. Mss. carton in-4°.

5312. Ouvrages sur toutes sortes de matières commencés par feu M. le marquis d'Argenson. Mss. carton in-fol.

5313. R.-L. de Voyer marquis d'Argenson. Affaires d'autrui dont il s'est mêlé. — Affaires domestiques, etc. — Successions de père, mère et oncle. — Administration de ses biens. — Colonie à la Louisiane. Mss. 7 cartons, in-4°, et 3 in-fol.

La dernière et la plus importante des éditions consacrées aux œuvres du marquis d'Argenson (celle que pour simplification nous nommerons *édition Rathery*) a été faite d'après les manuscrits du Louvre ; il eût donc été intéressant de comparer ce qui restait alors avec le fonds inventorié par le marquis de Paulmy. La description faite par M. Rathery dans son *Introduction* (p. IX) est malheureusement insuffisante. La voici :

« Les *Matériaux pour l'histoire des choses arrivées de mon temps* [1] forment huit volumes in-4° d'environ 600 pages et d'une écriture très serrée. Chaque volume se compose uniformément de 50 cahiers de 12 feuilles. Le tout est rédigé en forme de journal et consigné par écrit de la propre main du marquis d'Argenson... Il y a même, pour le commencement, deux rédactions différentes. La plus ancienne, qui a un caractère particulièrement intime et personnel, est intitulée : *Matériaux de mémoires de ma vie.* Elle se compose de 7 cahiers, dont le premier manque, et elle s'étend de 1730 à 1744, toujours avec des souvenirs antérieurs. Cette rédaction paraît avoir été abandonnée pour celle des 8 volumes in-4°, mais elle ne forme pas double emploi avec elle...

« Il n'y a dans toute cette période qu'une lacune, volontaire

1. Comparer avec le n° 5299 de l'inventaire de Paulmy.

pourtant, sur le ministère de l'auteur. Il se proposait de la remplir par les *Mémoires de son ministère commençant à la fin de 1744 et finissant au commencement de 1747* [1]. Suivant la *Table générale* [2] qu'il en a dressée lui-même, ces *Mémoires* devaient avoir 4 volumes composés chacun d'une douzaine d'articles ou de chapitres. Les quatre premiers chapitres ont été rédigés par d'Argenson sous le nom d'un secrétaire qui lui adresse la parole, comme les secrétaires de Sully à leur maître dans l'édition originale des *Œconomies*. Le reste est à l'état de notes. »

M. Rathery discute quelques détails avec un éditeur rival, M. René d'Argenson, dont nous parlerons plus loin, et revient ainsi qu'il suit (p. XVII) à sa description :

« Outre les 8 volumes du *Journal* et le petit volume supplémentaire qu'il a fallu y refondre, la Bibliothèque du Louvre possède un certain nombre d'autres manuscrits du marquis d'Argenson. Nous allons indiquer les plus importants [3], ceux auxquels nous avons eu le plus souvent recours.

1° Pensées sur la réformation de l'État, 2 vol. in-4° [4];

2° Mémoires d'État, 3 vol. in-4° s'étendant de 1731 à 1744 [5];

1. Il s'agit évidemment du manuscrit décrit par M. de Paulmy sous le n° 5238. On remarquera que les titres indiqués par M. Rathery ne concordent jamais exactement avec ceux de l'inventaire de Paulmy.

2. Cette *Table générale* a été publiée par M. Rathery (t. IV, p. 127-128). D'une note de l'éditeur il résulte qu'une importante partie (le t. II) manquait à la collection du Louvre.

3. On voit par là que la description de M. Rathery est malheureusement incomplète.

4. Cf. Inventaire de Paulmy, n° 5296.

5. Cf. id., n° 5292. On remarquera que de Paulmy signale 4 vol., dont 3 v. br. et 1 en carton. L'éditeur Rathery a donné d'importants fragments de ces *Mémoires d'État*; voir en particulier : les *appendices* des t. I, III, IV; deux lettres, t. IV, p. 9-13; un important extrait, t. III, p. 85 en note; divers détails relatifs à ces *Mémoires d'État*, t. III, p. 90, 332, 335, 395, et t. IV, p. 18.

3° Affaires étrangères, 2 vol. in-fol. comprenant les Mémoires de son ministère tels que nous les avons décrits plus haut [1];

4° Pensées depuis ma sortie du ministère, 1 vol. pet. in-fol. [2];

5° Remarques en lisant[3], répertoire fort curieux où l'auteur rend compte de ses lectures depuis mai 1742 jusqu'à décembre 1756. Malheureusement il est incomplet, ne commençant qu'au n° 928, par suite de la perte du 1er des 32 cahiers in-4° dont il se composait. »

Nous savons encore par une note de M. Rathery (t. I, p. v) que le manuscrit des *Considérations* (Inv. de Paulmy, n° 5302) existait au Louvre sous le n° 61.

Malgré cette imparfaite description, on peut, sur les 46 numéros de l'inventaire de Paulmy (5268-5313) en identifier six (5280, 5288. 5292, 5296, 5299, 5306) qui se trouvaient sûrement à la Bibliothèque du Louvre et qui ont été détruits avec elle. Cette comparaison purement numérique ne donnerait pas d'ailleurs une idée juste de la valeur des pièces; M. Rathery n'a décrit en effet que les plus importantes.

Des 39 articles qui forment la différence (car les nos 5302 et 5307 de l'Inventaire de Paulmy forment double emploi), les uns, non décrits par M. Rathery, se trouvaient au Louvre et sont perdus; quelques autres en petit nombre avaient dû être transférés dans d'autres dépôts (aux Affaires étrangères en particulier [4]) et ont été sauvés. Il faut noter enfin,

1. Il s'agit évidemment d'une partie des papiers décrits par de Paulmy sous le n° 5280, qui comprend 2 vol. in-fol.

2. On ne voit aucun manuscrit portant ce titre dans l'Inventaire de Paulmy; il s'agit peut-être d'un des documents numérotés 5285-5287.

3. Cf. Inv. de Paulmy, n° 5306. On trouve dans l'édition Rathery quelques extraits de ce document (voir deux pages entières, t. V, p. 219-220); l'éditeur y renvoie fréquemment.

4. Une note jointe au n° 5277 de l'Inventaire de Paulmy indique que le tome VI a été prêté aux affaires étrangères.

pour connaître exactement les pertes subies, que plusieurs numéros de l'inventaire de Paulmy ont été imprimés[1].

II

Si, après avoir constaté les pertes, on recherche où se trouvent actuellement ce qui a survécu des manuscrits du marquis d'Argenson, on voit que ces résidus se partagent entre quatre dépôts : l'Arsenal, les Affaires étrangères, la Mazarine, les archives de la famille.

Voici ce qu'on trouve à l'Arsenal[2] :

Nos 2334, 2336 et 2337. Trois copies des *Considérations*; l'une de ces copies datée de 1737 (no 2334) porte cette note :

« Ce traité de politique a été composé à l'occasion de ceux de M. de Boulainvilliers touchant l'ancien gouvernement féodal de la France. »

No 4819. « Bureau des Cassations, 1727-1737. » Notes de M. d'Argenson conseiller d'État, 189 feuillets.

No 6115. Papiers particuliers de la famille d'Argenson... (fol. 295) : « Documents relatifs au mariage et à la séparation du marquis d'Argenson ».

No 6174. « Œuvre topografique de M. le marquis d'Argenson, lavé à l'ancre de la Chine d'après ses desseins, autres vues dessinées par le même ». « Papier, 93 feuillets, 395 sur 530 millimètres. Reliure en maroquin rouge aux armes de Paulmy ». Recueil très curieux; quelques dessins ont été faits par d'Argenson, les autres sont des lavis

1. Se trouvent dans ce cas : le manuscrit des *Considérations* (no 5302); celui des *Essais dans le goût de Montaigne* (no 5300); celui de l'*Histoire du droit ecclésiastique* (no 5301); le plus grand nombre des pièces décrites sous le no 5304 qui ont été publiées dans le *Journal Œconomique*.

2. Cf. *Catalogue des manuscrits de la bibliothèque de l'Arsenal*, par Henri Martin; Paris, Plon, 1885-1892, 7 vol. in-8 (Bibl. nat., in-8, Q, 1001).

d'après ces mêmes dessins ; les titres sont presque toujours de la main du marquis. Ces dessins représentent, sous divers aspects, toutes les demeures de d'Argenson et celles des membres de sa famille[1]. On y remarque (f° 88) le « Plan d'une maison de campagne à l'imitation d'une cellule de Chartreux pour un homme seul ». En tête du Recueil on voit un manuscrit intitulé : « Détails de la dépense à faire pour la construction des deux bâtiments en ailes à faire seuls pour madame la marquise d'Argenson... sur le terrain lui appartenant situé faubourg Saint-Honoré et donnant sur les Champs Elysées ». Le devis s'élève à 129 866 livres.

N° 6408. Portefeuille de MM. d'Argenson et de Paulmy, 137 feuillets. Le catalogue indique sous le n° 7 des lettres du marquis d'Argenson datées de 1752.

Le *Catalogue* indique, à la table, plusieurs autres documents au nom de René-Louis d'Argenson ; ce ne sont pas des manuscrits de notre auteur mais seulement des pièces auxquelles son nom est attaché ; quelques-unes sont fort précieuses pour l'histoire de sa famille[2].

1. En voici la liste sommaire : Château d'Argenson (f°s 8 à 14) ; l'église d'Argenson (f° 15) ; Palais pour la justice dans l'avant-cour d'Argenson (f° 16) ; châteaux divers dépendant d'Argenson (f°s 17 à 22) ; château de Mouzay en Touraine (f°s 23-24) ; château de Paulmy en Touraine (f° 25) ; château de Veuil-Argenson en Berry (f° 26) ; château des Ormes-St-Martin en Poitou (f° 27) ; château de Réveillon en Brie (f°s 28-47) ; château des Bergeries appartenant à M. l'abbé de Caumartin (f° 48) ; maison d'Yoplède près Rouen appartenant à M. de Collande (f° 50) ; vue de Tillemont près Vincennes (f° 51) ; château de Segrez (f°s 52-54, 62-65 et 81) ; château de Maillebois (f°s 59 et 68) ; maison et jardin de M. d'Argenson rue du Gros Chenêt, 1751 (f° 60) ; vue et perspective des terrasses et du château de Maison-Rouge du côté de la Rivière, gravure portant cette mention : « Dessigné sur le lieu par R. L. de Voyer d'Argenson. » — L. F. Cars fecit (f° 54) ; les « vues » que nous n'indiquons pas ici sont consacrées aux châteaux ou aux maisons des amis et des parents du marquis d'Argenson.

2. A noter à ce point de vue : n° 3289. Portefeuille du marquis d'Argenson ; recueil de pièces historiques et satiriques,

Au dépôt des Archives des Affaires étrangères on relève : Fonds France : n° 502. « Œuvres meslées de M. le marquis d'Argenson. » [Copie des *Considérations* datée de 1737 ; compositions diverses.] Bibl. du marquis d'Argenson. 1 vol. in fol., originaux du XVIIIe siècle, 275 folios, tables[1].

N° 516. Plan de la campagne de 1736 et autres mémoires de M. Mandat, maître des requêtes, quelques-uns annotés de la main du ministre d'Argenson.

N° 517. Mémoire sur la situation de l'Europe à l'avènement de M. d'Argenson aux Affaires étrangères.

N° 1247 (1720-1722). Lettres de d'Argenson.

N° 1751 (1722). Mémoire de d'Argenson sur un libelle.

N° 1276 (septembre et octobre 1732). Mémoire de d'Argenson contre le Parlement.

N° 1496 (1733-1763). Correspondance de... d'Argenson (affaires de Bourgogne).

N° 1661 (1631-1784). Correspondance de... d'Argenson[2] (affaires du Maine).

La Bibliothèque Mazarine conserve une série de lettres de la jeunesse du marquis d'Argenson ; elles se trouvent dans la Correspondance de « la marquise de La Cour, mère

1712-1774, n° 4161. Documents relatifs à la famille d'Argenson, généalogie, armoiries, etc.

1. Cf. *Inventaire sommaire des Archives du département des affaires étrangères*. Mémoires et documents. Fonds France, Paris, Imp. nat., 1883, in-8. Dans l'*Inventaire sommaire* consacré aux *Fonds divers* (Paris, 1892, in-8), on ne relève que des *Correspondances* ou des *Mémoires* du Marquis d'Argenson concernant les affaires d'Angleterre, d'Espagne et d'Allemagne ; voir les n°s 78, 79, 93, 103, 184-186, 341. La description insuffisante de l'*Inventaire* ne nous permet que rarement de reconnaître les pièces manuscrites du marquis d'Argenson ; pour cette partie comme pour celles qui suivent nous faisons toutes réserves sur l'attribution faite par les auteurs de cet *Inventaire*.

2. Il faut se reporter à la *Table de l'Inventaire sommaire* pour constater l'attribution qui a été faite à René-Louis d'Argenson de ces diverses pièces.

de Claude-Augustin de La Cour, marquis de Balleroy, cousin germain des deux frères d'Argenson par leurs mères, qui étaient toutes deux Caumartin[1] ».

« Cette correspondance, ajoute M. Rathery, auquel nous empruntons ces détails, renferme un assez grand nombre de lettres pouvant en certains points servir de complément à son *Journal.* » Il ne rentrait pas dans le plan de notre publication de rechercher ces lettres; il nous suffit de les mentionner.

Il demeure enfin des manuscrits du marquis d'Argenson dans sa famille. C'est à M. René d'Argenson[2], son arrière-petit-neveu, celui-là même qui sera son éditeur et son commentateur, que nous devons quelques détails sur ces papiers. Il écrivit à propos des deux premiers volumes de l'édition Rathery plusieurs brochures critiques; nous lisons dans l'une d'elles : « Cette marche lui a permis [à M. René d'Argenson, éditeur de l'édition dite elzévirienne] de faire connaître ce qu'il y a d'essentiel dans ces énormes dossiers, et d'y joindre, ce qui ne se rencontrera jamais dans l'édition nouvelle, des pages recueillies tout à fait en dehors des Archives du Louvre, dans les papiers et correspondance de famille[3]. » Plus loin il revient sur ce sujet (p. 8) : « Je puis ajouter encore que supplétivement ou à côté du Journal de Paris, a existé un Journal de campagne ou de province, que le marquis d'Argenson tenait pendant ses séjours en Touraine ou à Segrez près Rambouillet. De ce journal j'ignore l'étendue, mais, vu la durée de ses villégiatures et le loisir dont il jouissait, elle devait être considérable. De ces pièces je possède une partie, car j'ai eu le bonheur

1. Cf. Édition Rathery, t. II, p. 235, note.

2. Charles-Marc-René de Voyer de Paulmy marquis d'Argenson (1796-1862).

3. *Courte appréciation du 1er volume intitulé : Journal et mémoires du marquis d'Argenson*, Paris, 1859, in-8 (Bibl. nat., Lb38, 1363).

d'hériter de cette masure qu'il décore du nom de château d'Argenson. Ce sont des cahiers à peu près aussi bien orthographiés et conditionnés que ceux du Louvre, cahiers que je ne tiens point à la disposition des chroniqueurs, car ils renferment sur les relations de voisinage et les anecdotes de la province des renseignements que je préfère, puisque vous ne les tenez pas, garder pour moi. »

Tels sont les fonds principaux où l'on pourrait trouver actuellement quelques-uns des manuscrits que d'Argenson fit si nombreux et que de malheureuses circonstances font maintenant si rares. Il en existe certainement beaucoup d'autres dans les collections publiques [1] ou privées ; nous ne pouvions indiquer ici que ceux que des Inventaires ou des pièces certaines font connaître.

III

La partie imprimée de l'œuvre du marquis d'Argenson offrirait matière à de longues critiques ; nous renvoyons aux nombreux articles de revue ou travaux étendus qui lui ont été consacrés [2]. Ne poursuivant ici qu'une recherche

1. Le département des manuscrits de la Bibliothèque nationale conserve sous les numéros 2763, 12 682, 12 767 du fonds français, trois pièces qui sont peut-être du marquis d'Argenson ; le *Catalogue* les mentionne, sans date, sous le seul nom de : *D'Argenson*.

2. Rappelons seulement : les articles de Sainte-Beuve réunis dans les *Causeries du lundi* (1855 et 1859, t. XII et XIV) ; Levasseur, *Le marquis d'Argenson* dans les *Mémoires* de l'Académie des Sciences morales et politiques (année 1868, t. 87) ; Edgar Zevort, *Le marquis d'Argenson et le ministère des affaires étrangères*, Paris, 1880, in-8, etc., etc. M. Eugène Rendu a publié dans *l'Italie et l'Empire d'Allemagne* (Paris, 1859, 2e édition, in-8, Bibl. nat., Inv. K. 13412) plusieurs documents qui, d'après M. Rathery, sont « conformes au texte de notre manuscrit Affaires étrangères » (cf. *Journal et mémoires*, t. IV, p. 287). Ces documents se trouvent p. 148, 160 et 163.

bibliographique nous viserons seulement à rapprocher des manuscrits la partie imprimée en examinant comment et dans quel esprit les éditeurs ont compris leur tâche.

Le premier ouvrage du marquis d'Argenson publié après sa mort est celui qui sous le titre de *Considérations*[1] fit tant de bruit lors de son apparition et est encore utilement consulté aujourd'hui ; il existait en manuscrit dans la collection de Paulmy (voir inventaire de Paulmy nº 5402); nous avons vu que l'on conserve à l'Arsenal (nº 2334, 2335 et 2337) et aux Affaires étrangères (Fonds France, nº 502) quelques-unes des copies si nombreuses qui circulaient du vivant de l'auteur. Les sévérités de la censure sous l'ancienne monarchie provoquaient la multiplicité des éditions furtives (on trouve à la Bibliothèque national six variantes ou éditions différentes), et cette circonstance rend aujourd'hui les recherches très difficiles. Ces variantes ou éditions diverses ont-elles toutes été faites par le marquis de Paulmy? Il est permis d'en douter. M. Henri Martin estime, dans l'ouvrage que nous avons signalé, que la 1re édition de 1764 fut faite en dehors du marquis de Paulmy. Cette assertion paraît justifiée.

Dans l'*Avertissement* de l'édition des *Essais* (que nous étudierons ci-après) publiée en 1788 on lit : « Si les personnes à qui feu M. le marquis de Paulmy a fait présent des *Considérations sur le gouvernement de la France* par feu M. le marquis d'Argenson son père, ont eu l'occasion de comparer l'édition faite en 1785 (seulement pour quelques amis) avec une édition furtive *qui a paru dès 1737 en Hollande*, elles ont dû s'apercevoir des différences sensibles

1. *Considérations sur le gouvernement ancien et présent de la France*, Amsterdam, Rey, 1764, in-8 (Bibl. nat., Lb38, 969). Les autres éditions conservées à la Bibliothèque sont les suivantes : A. 1764, Yverdon, in-8; B. 1765, Amsterdam, Rey, in-8; C. 1765 (sans nom d'auteur). D. 1784, 2e édition, Amsterdam, in-8; E. 1784, 2e édition, Amsterdam, in-8.

qui s'y trouvent »... etc. A-t-il été fait une édition des *Considérations* avant celle de 1764 ? Cela est très douteux[1]. S'il y en eut une, elle fut certainement très peu répandue, resta inconnue. En écrivant à d'Argenson le 28 juillet 1739, Voltaire n'a évidemment aucun soupçon que l'ouvrage ait reçu la moindre publicité. En 1762, Rousseau cite l'ouvrage d'après un manuscrit (voir une note un peu avant la fin du *Contrat social*). L'éditeur de 1784 commence par dire que les *Considérations* furent imprimées pour la première fois en 1764. On trouve enfin dans la *Correspondance* de Grimm les appréciations suivantes : « Son livre, sur le gouvernement ancien et présent de la France, était connu *en manuscrit* du vivant de l'auteur; il vient d'être imprimé en Hollande en un volume gr. in-8 de 328 pages, mais cette édition a été faite sur un manuscrit si fautif que le sens en souffre à chaque page.... Ce livre n'est pas bien écrit, mais il attache par le patriotisme et la bonhomie de l'auteur. Cette bonhomie faisait le fond du caractère du marquis d'Argenson, mais il n'avait point de dignité... [2] »

L'œuvre imprimée qui suivit, vingt ans après, est intitulée dans la 1re édition[3] : *Essais dans le goût de ceux de*

1. L'auteur anonyme de l'*Avertissement* qui nous occupe, n'a-t-il pas confondu les *Considérations* avec l'*Histoire du droit ecclésiastique* dont Quérard signale une édition à La Haye en 1737 ?

2. *Correspondance littéraire, philosophique et critique de Grimm, Diderot, Raynal, Meister*, etc. Édition Tourneux. Paris, 1880, 16 vol. in-8°, t. VI, p. 217.

3. M. Rathery a écrit à ce sujet (*Introduction*, p. xx) : « Puisque le nom de Montaigne a été prononcé par M. de Paulmy à propos de son père, prenons occasion de ce rapprochement », etc. Il paraît bien que c'est d'Argenson lui-même qui a donné ce titre à son ouvrage et non son fils. Il figure ainsi dans l'Inventaire de Paulmy et une preuve existe que cet inventaire fut établi avant 1781, c'est-à-dire plusieurs années avant l'impression. Il est en effet de la main d'un abbé italien, nommé Baroni, mort en 1781 (cf. l'ouvrage de M. Henri Martin déjà cité).

Montagne, composés en 1736 par l'auteur des Considérations sur le gouvernement de France. (Amsterdam, 1785, 1 v., 410 p. in-8°. Bibl. de l'Arsenal, 20282 *ter* a, B. L.)

La deuxième édition est intitulée : *Les loisirs d'un ministre ou essais dans le goût de ceux de Montagne composés en 1736.* (Liège, chez Plomteux, 1787, 2 vol. in-8°, Bibl. de l'Arsenal 20282, Q. Quiès. — B. L.[1].)

La troisième édition[2] est intitulée : *Essais dans le goût de ceux de Michel Montagne ou les loisirs d'un ministre d'État.* (Bruxelles, et Paris chez Buisson, 1788, in-8°. Arsenal 20282 Q. *ter* a, B. L.[3].)

M. Rathery a écrit à ce sujet : « Il faut remarquer que le ministre d'Etat[4] c'est M. de Paulmy, et que c'est lui qui parle dans la 2e édition (1787), tandis que dans la première (1785) on laissait parler le marquis d'Argenson. » Il suffit pour réfuter cette singulière attribution de remarquer : 1° que les mots *ministre d'État* ne se trouvent pas dans la 2e édition (1787) qui porte seulement *Loisirs d'un ministre*; 2° qu'ils se trouvent dans la 3e édition, publiée en 1788, c'est-à-dire un an après la mort du marquis de Paulmy,

1. L'exemplaire de l'Arsenal présente cette particularité qu'il porte un second faux-titre pareil à celui de la 1re édition, mais qui en diffère cependant pour la disposition typographique. On trouve dans la *Correspondance* de Grimm (t. XIV, p. 156-160, édition Tourneux) d'intéressantes appréciations sur les *Essais*.

2. Nous usons du mot *édition* sans prétendre déterminer (puisqu'il n'est pas mention d'une édition nouvelle) s'il s'agit d'une variante imprimée furtivement ou d'une véritable édition nouvelle.

3. Sur les distinctions que, dans le langage d'autrefois, il y a lieu de faire entre les ministres d'État et les ministres et secrétaires d'État, nous nous permettons de renvoyer au chapitre que nous avons consacré à cette affaire dans notre *Recueil de documents relatifs à la Convocation des Etats généraux*, t. I, p. 349 et suiv.

4. Ces trois éditions étaient anonymes. Elles sont conservées à la Bibliothèque nationale sous les cotes : Inv. Z., 19760 à 19765.

édition dont l'*Avertissement* erroné signale seul l'imperfection et sans doute la fraude ; 3° enfin que cette 2e édition invoquée par M. Rathery reprend dans son titre les mots « composés en 1736 » qui dans la 1re édition sont suivis de ceux-ci : « par l'auteur des Considérations ». Les variantes entre les trois éditions sont d'ailleurs insignifiantes aussi bien dans la forme que dans le fond.

Les troubles de tout genre qui marquèrent la révolution si heureusement commencée en 1789, les fatales réactions surtout qui suivirent, non seulement firent oublier le marquis d'Argenson, mais mirent en complet discrédit ses vues de bien public, ses principes humanitaires, ses opinions libérales.

En 1825, M. René d'Argenson, dont nous avons eu déjà l'occasion de parler, donna sous le titre de *Mémoires*[1] une partie des textes déjà imprimés et aussi une partie nouvelle, celle du *Journal* avec quelques lettres intéressantes de Voltaire, du président Hénault, etc.

On lit (p. 139) dans un *Avertissement* de l'éditeur : « Les *Loisirs d'un ministre* ou *Essais dans le goût de ceux de Montaigne* parurent pour la première fois en 1785, 1 vol. in-8°. Cette édition imprimée non pas à Amsterdam, comme le porte l'intitulé, mais à Paris chez Moutard, imprimeur-libraire, est due à M. de Paulmy, fils de l'auteur. Malgré le peu d'inquiétude que semblait devoir causer au gouvernement la publication de cet écrit simplement anecdotique, moral et littéraire, n'ayant que bien rarement trait à la politique, M. Hue de Miromesnil, garde des sceaux, exigea de M. de Paulmy qu'il n'en fût tiré qu'un très petit nombre d'exemplaires (il n'en a existé que 250). M. de Paulmy s'en-

1. *Mémoires du marquis d'Argenson, ministre sous Louis XV*, avec une notice sur la vie et les ouvrages de l'auteur, publiés par René d'Argenson. — Paris, Baudouin, 1825, in-8 (collection des *Mémoires relatifs à la révolution française*, Bibl. nat., Lb[38], 1359).

gagea en même temps à n'en faire aucun mauvais usage. Effectivement ces exemplaires furent par lui donnés et non vendus. Deux réimpressions pourtant eurent lieu à l'étranger : Liège, 1787, 2 vol. in-8°; et Bruxelles, 1788, un volume. Ce n'est point une édition nouvelle que nous donnons ici... nous ne donnons en ce moment, des *Essais dans le goût de ceux de Montaigne*, que la partie personnelle et contemporaine, celle qui appartient vraiment au siècle et au monde où vivait l'auteur »...

L'indicaton critique des sources est chez M. René d'Argenson toujours insuffisante. Le principe qui, dans l'édition suivante, sera proclamé comme une nécessité, celui d'embellir et de parer si malheureusement les œuvres du marquis d'Argenson, n'apparaît pas ici ouvertement, mais on le remarque par comparaison. Nous donnons ici, pour faciliter cette constatation, un rapprochement entre le commencement du Journal publié en 1825 et le même passage extrait de l'édition Rathery.

Édition de 1825[1].	*Édition Rathery*[2].
Si ce que j'écris ici est destiné à être lu par mes enfants, ils pourront trouver quelque intérêt à connaître les particularités suivantes concernant la fortune de mon père. Mon aïeul René de Voyer s'était ruiné à l'ambassade de Venise, non pas précisément par la faute de l'emploi,	Si ce que j'écris ici est destiné à être lu *de ma postérité, je ne suis pas fâché qu'elle sache les commencements* de la fortune de mon père. Mon aïeul s'était ruiné dans l'ambassade de Venise, non pas précisément par la faute de l'emploi, mais par la sienne propre, et *non pas*

1. P. 181 et suiv.
2. T. I, p. 1 et suiv. Nous prenons le début même afin de ne point être soupçonné de faire un choix. Les variantes de l'édition Rathery sont en italiques.

mais par la sienne propre, et nullement encore par des fautes qui dussent lui être reprochées ; mais il n'avait pas l'esprit de cour ; il avait des qualités propres à l'ambassade, une très belle figure, de l'esprit, du savoir, infiniment de vertus et de courage. Mais il était trop haut, fier et avec cela d'une dévotion excessive ; il déplaisait aux gens du monde et surtout aux ministres près desquels il faut, même aux honnêtes gens, quelque sorte de souplesse. Sans doute que mon bisaïeul, etc.	*encore par fautes qui le rendissent méprisable aucunement*, mais il n'avait pas *les vertus propres à* la cour ; il avait des *parties pour* l'ambassade, une très belle figure, de l'esprit, du savoir et infiniment de vertu, *et surtout* du courage, mais il *allait* trop haut, il était fier, et avec cela *grand dévôt* ; il déplaisait aux gens du monde et surtout aux ministres *avec qui* il faut, même aux honnêtes, quelque sorte de souplesse ; *et, de plus il n'eut aucun succès dans les négociations, d'abord par le hasard du temps, et puis parce qu'il était ce qu'on appelle un gros fin. Il m'a paru ainsi dans ses papiers d'ambassade que j'ai bien lus en les rangeant en ordre.* Sans doute que mon bisaïeul, etc.

Les lecteurs d'aujourd'hui ne peuvent attacher que peu de prix à cette édition de 1825, aussi ne nous y arrêterons-nous pas plus longuement.

Après trente-deux ans de silence, M. René d'Argenson donna enfin (et très rapidement, au cours de deux années[1])

1. 1857-1858. Cette hâte nous est expliquée par ces mots que l'on relève dans une brochure publiée par M. René d'Argenson à propos de l'édition Rathery : « J'avais fait mon choix assez rapidement, *car je tenais à vous devancer* ». (*Courte appréciation*

les cinq volumes que nous nommons ici l'édition Jannet[1].

Il est très difficile de suivre M. René d'Argenson dans la suite de ses opinions sur la meilleure méthode de faire connaître les œuvres de son arrière-grand-oncle. Parlant de l'édition de 1825, il écrit, dans la préface de l'édition Jannet (p. v)[2] : « Ces *Mémoires* ont été sévèrement critiqués, non précisément sous le rapport de l'authenticité des faits, mais sous celui de la rédaction de certains passages, où *l'on a voulu voir une retouche et un remaniement de la part de l'éditeur. Ce reproche grave, s'il était fondé*, mérite quelques explications dont c'est ici la place naturelle. » Il semblerait, par ces protestations, que nous allons avoir, sans tripatouillages (pour employer un néologisme qui n'eût point effrayé le marquis d'Argenson), la pensée exacte, le texte authentique de l'auteur. Il n'en est rien, et c'est de M. René d'Argenson lui-même que nous viendra cette déception. Il écrira en effet deux ans plus tard[3] : « Malgré vos 15 volumes et plus[4], je me servirai à votre égard, comme au mien, de la qualification d'*extraits*. Si vous me

du 1er volume intitulé : Journal et mémoires du marquis d'Argenson, Paris, 1859, in-8 (Bibl. nat., Lb38, 1363, p. 10).

1. *Mémoires et Journal inédit du marquis d'Argenson ministre des affaires étrangères sous Louis XV*, publiés et annotés par M. le marquis d'Argenson. Paris, Jannet, 1857-1858, 5 vol. in-12.

2. Cette *préface* jointe à l'édition portant la date de *1857* présente, dans quelques ouvrages, cette particularité qu'elle semble avoir été écrite ou remaniée après la publication Rathery dont le 1er volume porte la date de 1859. Comment expliquer autrement ce passage : « Nous n'avons point aspiré [en 1825] à en faire connaître l'intégrité... *Ceux qui sont venus depuis* n'ont point été arrêtés par les mêmes scrupules »... Ces mots ne peuvent viser que l'édition Rathery, puisqu'il n'y eut aucune autre édition de d'Argenson.

3. *Courte appréciation*..., Paris, 1859, in-8. *Op. cit.*, p. 10.

4. L'édition Rathery n'a que 9 volumes, mais le nombre probable des volumes, sur la base de l'*intégrité* annoncée, était alors un objet de discussion entre les deux éditeurs.

dites que je retranche, que je scinde, *que j'arrange*, je répondrai hardiment : *tu quoque !* Vous aussi vous arrangez, vous retranchez, vous scindez et quelque proportion que vous donniez à votre édition, je vous défie de faire autrement. »

Cette méthode de travail est confirmée par le même éditeur dans la *Préface* de l'édition Jannet (p. XII) : « Exposons en franchise le mode suivi pour la *rédaction* de ces mémoires. » Donc, pour l'édition Jannet du moins, aucun doute ne peut subsister, la prose de d'Argenson a été revue, corrigée, embellie, si j'ose dire.

Ces attaques de M. René d'Argenson, auxquelles il ne paraît pas que M. Rathery ait répondu, sont précieuses pour nous parce qu'elles nous donnent sur les manuscrits détruits des détails que l'on chercherait vainement ailleurs. L'édition Rathery est consacrée presque uniquement au *Journal* de d'Argenson et c'est cela surtout qui fâche son éditeur-héritier. Sa thèse consiste à soutenir que « ces masses d'écritures » constituent « un fouillis[1] » dont il est impossible de tirer parti. M. de Paulmy avait constaté, on le sait, que « les papiers de son père étaient en bon ordre, à la différence de ses affaires ». Ce point aurait dû frapper M. René d'Argenson, qui, préoccupé surtout des imperfections du *Journal*, méconnaît tout ce que ces imperfections mêmes lui donnent de prix pour l'histoire ; mais la question des sources de ce Journal est soulevée par M. Rathery, qui assure que ce *Journal*, tel que nous le voyons par extraits dans l'édition de 1825 et dans l'édition Jannet, aurait été publié, non pas d'après les manuscrits du Louvre, mais d'après des « brouillons que l'éditeur [M. René d'Argenson] a eus entre les mains[2] ».

1. « Ces masses d'écritures, ce fouillis, s'il est permis de se servir de cette expression vulgaire, constituent des fragments plus ou moins suivis », etc. (Éd. Jannet, t. I, p. VI.)

2. « Quant au *Journal* lui-même, ce sont, à en croire M. d'Argenson, des fragments d'écritures plus ou moins suivis... Il est

L'assertion de M. Rathery paraît d'autant plus justifiée que M. René d'Argenson, dont la bonne foi est hors de conteste, n'a apporté dans ses travaux aucune méthode critique. Il serait aisé de prouver, par exemple, que lorsqu'il publia l'édition de 1825, il n'avait pas lu en entier le *Journal* tel qu'on le connaît par le manuscrit du Louvre.

Dans une longue notice consacrée dans ce volume au marquis d'Argenson on lit en particulier : « C'est assurément bien à tort que l'on a prétendu que le comte d'Argenson avait eu quelque part à la disgrâce de son frère... Il est certain qu'il y eut peu d'unions plus parfaites que celle qui exista entre eux depuis cet évènement... aucun nuage ne troubla la pureté de cette amitié fraternelle [1]. » M. René d'Argenson aurait-il écrit cela s'il avait lu dans le *Journal* du marquis : « Mon frère m'a chassé de toutes les places que j'avais obtenues... il m'a poursuivi avec lâcheté, trahison partout, douceur couvrant la haine... il m'a enlevé ma fille et le moindre ami... Mon frère et ma belle-sœur jouissent d'une forte santé, ils regorgent de biens qu'ils ont volés à l'État... pour moi je suis pour ainsi dire à l'aumône de ma paroisse. » (Éd. Rathery, t. V, p. 220-221.) Avait-il lu le *Journal*, l'éditeur qui écrit encore : « Dans le cours de dix années que le marquis d'Argenson passa de la sorte, une seule occasion paraît s'être présentée où il

possible que ces qualifications soient applicables aux brouillons que l'éditeur a eus entre les mains et qu'il ne fait pas autrement connaître, mais la seule inspection des manuscrits du Louvre prouve qu'elles ne conviennent nullement aux *Matériaux pour l'histoire de ma vie et de mon temps.* » M. Rathery entre ensuite dans les détails de la preuve. (*Introd.*, t. I, p. x.)

1. Éd. de 1825, p. 64. Ce passage a été complètement modifié dans la même *Notice* publiée dans l'édition Jannet (voir t. I, p. LXXVII, « on a pu dire »..., etc.). Ce changement suffirait seul à établir que M. d'Argenson ne connut les manuscrits du Louvre que postérieurement à 1825.

conçut quelques regrets » [1]... (Éd. de 1825 p. 65.) Les lamentations du marquis d'Argenson sur sa place perdue sont si nombreuses dans le *Journal* qu'on ne pourrait les énumérer ici [2]. C'est même une fatigue, un ennui pour le lecteur que le retour constant à des récriminations inspirées par le dépit. L'éditeur n'avait rien vu de tout cela. Nous reviendrons plus loin sur cette édition.

L'édition Rathery[3] à laquelle nous arrivons enfin, est, malgré les réserves que nous ferons plus loin, la plus complète, la plus sûre, la plus consolante en un mot qui nous ait été donnée des œuvres du marquis d'Argenson. Consacrée au *Journal* complété (et c'est là ce qui justifie son titre) par le *Mémoire du Ministère* pour les années 1744-1747, elle ne nous donne pas sans doute tout ce qui se trouve dans les éditions antérieures, mais on peut bien dire que si elle n'était pas venue juste à temps pour que le désastre de 1871 ne fût pas irréparable, on ne connaî-

1. Dans l'édition Jannet ce passage a ainsi été modifié : « Dans le cours de dix années que le marquis d'Argenson passa de la sorte *il y eut cependant une circonstance* qui lui fit concevoir d'amers regrets » (p. LXXVIII).

2. Citons ces deux passages : « Cependant c'est ma créature, le petit bonhomme Puisieux qui m'a chassé de ma place, à l'aide de l'abbé de la Ville et de mon frère »... (Rathery, t. V, p. 219 et suiv.) « M. de Puisieux a été assez malade... Si le roi revenait à moi je reviendrais avec joie à ce même travail où je n'apporterais que droiture et plus d'expérience qu'aucun sujet d'aujourd'hui »... (id., VI, p. 53).

3. *Journal et mémoires du marquis d'Argenson, publiés pour la première fois d'après les manuscrits autographes de la Bibliothèque du Louvre, pour la société de l'histoire de France*, par E. J. B. Rathery, Paris, 1859-1867, 9 vol. in-8 (*op. cit.*). Cette édition se divise en trois parties : 1° Le *Journal*, avec ses réminiscences, jusqu'au ministère du marquis d'Argenson (1744), t. I-III et t. IV, jusqu'à la page 117 ; 2° Les *Mémoires du ministère*, t. IV, p. 118 à la fin, et t. V, p. 1-70 ; 3° Reprise du *Journal* du 26 février 1747 au 18 janvier 1757, t. V, p. 73 à la fin, et t. VI-IX.

trait qu'imparfaitement l'originale figure du ministre de Louis XV.

L'histoire de cette publication a été racontée par M. Rathery, qui était bibliothécaire au Louvre, dans son *Introduction*. La Société de l'histoire de France, « informée qu'il existait à la Bibliothèque du Louvre... un journal original et autographe du marquis..., avait été saisie par M. Chéruel d'une proposition tendant à le mettre au jour; mais... elle se vit prévenue par l'apparition » de la publication faite par M. René d'Argenson. La Société attendit que les 5 volumes eussent paru pour prendre un parti, et, en présence des imperfections de l'œuvre[1], « pensa que cette publication ne pouvait préjudicier à celle qu'elle projetait

1. « Le conseil d'administration de la Société, avant de donner suite à son projet, crut devoir attendre que l'on pût juger du véritable caractère de l'entreprise annoncée et déjà en voie d'exécution. Aujourd'hui que cette publication est terminée, la Société a pu se convaincre que l'édition du libraire Jannet, bornée à 5 vol. in-12, dont un au moins est rempli par des matières étrangères au *Journal* proprement dit, prenant pour point de départ les *Loisirs d'un Ministre d'État* comme les *Mémoires* de 1825, et à leur exemple, groupant autour d'un fait ou d'un personnage des morceaux écrits à des dates et sous des impressions souvent très différentes; du reste, en ce qui regarde les additions, procédant par voie d'extraits tirés de brouillons ou de copies plus ou moins exactes, publication *nécessairement écourtée*, comme la qualifie l'éditeur lui-même, arrangée quant au style, ainsi que l'a surabondamment prouvé M. Sainte-Beuve pour les morceaux tirés du volume de 1825, et comme il serait également facile de l'établir pour les nouveaux fragments empruntés au *Journal*, la Société, disons-nous, pensa que cette publication ne pouvait préjudicier à celle qu'elle projetait. » (Éd. Rathery, t. I, p. VI.) C'est dans la séance du 3 mars 1857 que le conseil de la Société de l'histoire de France pensant, sur l'avis de M. Chéruel qu'il était utile d'adjoindre aux savants ouvrages publiés « quelques mémoires inédits plus modernes », chargea M. Rathery de présenter un « plan plus développé pour la publication des mémoires d'Argenson. (*Bulletin de la Société de l'histoire de France*, 2e série, t. I, p. 37.)

en 8 volumes in-8°, publication faite sur les manuscrits originaux de la Bibliothèque du Louvre et destinée à les reproduire aussi exactement que possible. »

Si la *Société de l'histoire de France* trouvait imparfaite l'édition Jannet, M. René d'Argenson fut de son côté fort mécontent de cette entreprise nouvelle. Quels furent les motifs de ce mécontentement?

Est-ce le seul intérêt de la vérité historique? Il eût été bon alors de ne pas *arranger* les manuscrits. N'était-ce pas plutôt la crainte de voir ternir, par les indications du marquis d'Argenson, quelques figures de son entourage? Les plaintes fort vives qu'il élève contre la publication du *Journal* porteraient à le croire. M. René d'Argenson a protesté contre les « révolutions qui ont bouleversé tant d'existences » et qui ont fait que « ces écrits sont tombés en la possession de l'État... ont été arrachés à sa descendance et livrés à la curiosité du public ». Ces plaintes sont légitimes si on les considère au seul point de vue des droits de la famille, mais l'histoire a aussi les siens, et ces indiscrétions, pour quelques ombres qu'elles jettent sur des personnages depuis longtemps disparus, nous sont précieuses.

Quoi qu'il en soit M. René d'Argenson consacra plusieurs brochures à faire la critique de l'édition nouvelle. Quelques-unes de ces critiques sont singulières et puériles, il en est toutefois qu'on ne peut négliger.

La première en date de ces brochures est celle qui a pour titre *Courte appréciation* et que nous avons déjà citée. M. René d'Argenson est sensible aux reproches que M. Rathery lui a adressés dans son *Introduction*, mais il ne se justifie pas et prend directement l'offensive. M. Rathery avait commis la grave imprudence d'écrire au début de son œuvre : « Nous offrons en (*sic*) public, pour la première fois *dans leur intégrité*, le *Journal* et les *Mémoires* d'un des témoins, etc. » Cette intégrité annoncée comme un

Arma virumque cano ne fut point réalisée; de là les justes remarques de M. René d'Argenson, qui dira, sans contestation possible, que cette intégrité n'était pas réalisable. Les œuvres du marquis d'Argenson n'étaient pas de celles que l'on pouvait donner dans leur *intégrité*. Nous en connaissons le nombre et la description par l'inventaire de Paulmy. M. Rathery avait sous les yeux, d'autre part, la masse de manuscrits du Louvre; comment pouvait-il, dans les huit volumes annoncés, prétendre donner non seulement le *Journal*, mais encore les *Mémoires* ?

M. René d'Argenson a donc beau jeu quand il attaque sur ce point M. Rathery, mais, comme il vise surtout le *Journal*, sa thèse consiste à soutenir qu'en ces matières il faut donner tout ou rien. « Si l'on veut, écrit-il, saisir pleinement le trésor de la pensée, il faut éviter d'omettre la seule ligne dans laquelle la clé en serait enfermée, car l'opinion de la veille peut fort bien être contredite, expliquée ou rectifiée par celle du lendemain, si ce n'est le jour même; l'éditeur impartial devra donc tout publier, sinon tout (ce qui serait beaucoup mieux), du moins être d'une extrême sobriété dans les élagages et les retranchements s'il ne veut s'exposer au soupçon de l'erreur et de l'injustice »... Qui croirait que ces lignes ont été écrites par l'éditeur de 1825 et de l'édition Jannet, qui, si peu sobre dans les élagages, n'a pas donné la dixième partie du *Journal* tel qu'on le peut lire dans l'édition Rathery? Et ces extraits sont souvent si mal choisis qu'il faut recourir à l'édition Rathery pour apprendre que d'Argenson a contredit ou rectifié lui-même une nouvelle ou un fait qu'il avait annoncé d'abord comme exact et qui se rencontre, dans l'édition Jannet, sans la rectification postérieure.

Mais on chercherait vainement à mettre un peu d'ordre dans la critique de M. René d'Argenson. Un exemple entre autres de sa méthode : il écrit dans la même brochure : « J'ajouterai, ce que j'ai déjà dit ailleurs, que si ce *Journal* soi-disant complet, interrompu et recommencé à diverses fois [1], offre une contexture en apparence tolérable, c'est qu'il a été *rajusté*, non par le marquis d'Argenson, mais par la dynastie des bibliothécaires qui en ont eu la garde. Ainsi, quand on m'objecte, comme le fait M. Rathery, les belles tables des matières qui accompagnent et suivent les volumes, je réponds hardiment que ces tables dont j'approuve le but, doivent avoir été l'œuvre des gardiens. » Où sont les preuves? Que veut-dire ce mot *rajusté*? Et, en admettant même que ces tables fussent œuvres des gardiens, quel dommage l'établissement de ces tables peut-il porter à l'authenticité et à la valeur du texte du *Journal*?

M René d'Argenson poursuivit dans deux autres brochures [2] sa querelle : la première est intitulée : *Suite des Errata, suppléments et annotations au tome I*^{er} *des mémoires du marquis d'Argenson* (— Paris, S. d., in-8°, Bibl. nat., Lb^{38} 1263); la seconde : *Suppléments et errata au 2*^{e} *volume intitulé : Journal et Mémoires du marquis d'Argenson* (Paris, 1860, in-8°, Bibl. nat., Lb^{38} 1363). Ces deux brochures sont très importantes pour les rectifications à faire aux tomes I et II de l'édition Rathery; l'auteur relève un très grand nombre de fautes de copie ou d'impression [3], et surtout il publie de longs passages tirés des manuscrits

1. Il est de la nature même d'un *Journal* d'être interrompu, repris, recommencé... quel argument en peut-on tirer?

2. On en trouve quatre à la Bibliothèque nationale, mais la dernière (*A MM. les membres de la Société de l'histoire de France*, Paris, s. d., in-12, Lb^{38}, 1360) est le tirage à part de l'*Épilogue* placé à la fin du t. V de l'édition Jannet.

3. Les fautes qu'une lecture attentive des épreuves eût pu rectifier sont trop fréquentes. Exemples : « René de Voyer d'Argenson *né en 1596 mort en 1700* » (t. I, p. 1). Deux personnages, le père et le fils, ont été confondus en un seul. — « On ne peut commencer la filiation de cette famille qu'à Philippe qui signe en 1374, *mais qui ne vivait plus en 1515* » (t. I, p. XLV). — « Vivien de Châteaubrun, né en 1656, mort *en 1775* » (t. VIII, p. 449), etc., etc.

qui ont été omis par M. Rathery, preuve concluante que l'intégrité, même relative, n'a pas été atteinte. Il est très regrettable que pareil travail n'ait pas été poursuivi, avant 1871, pour les volumes suivants; M. René d'Argenson mourut en 1862 et personne ne continua la tâche commencée.

Les fautes relevées par M. R. d'Argenson étaient faciles à contrôler, puisque les manuscrits étaient au Louvre, aussi ne s'explique-t-on pas que, dans les volumes qui suivirent, il n'en ait pas été fait mention aux errata; il fallait en tout cas dire les motifs de cette abstention.

Ce qui fait la singularité de ces deux éditeurs et à la fois leur ressemblance, c'est qu'ils protestent l'un et l'autre de la nécessité de donner au public un texte rigoureusement conforme au manuscrit et qu'ils trouvent ensuite mille prétextes pour ne pas le donner. M. Rathery déclare, par exemple, qu'il va offrir au public « pour la première fois le *Journal* et les *Mémoires* dans leur intégrité », et il n'a pas pris soin d'étudier d'assez près l'édition Jannet donnée avant la sienne pour reconnaître qu'il s'y rencontre de longs passages qu'il omet. Nous ne parlons pas, bien entendu, des passages tirés par M. R. d'Argenson des œuvres autres que le *Journal* et en particulier des *Mémoires* divers, mais seulement des longues phrases faisant partie d'un texte commun dans l'ensemble aux deux éditions, et qui ne se trouvent que dans l'édition Jannet. De singuliers défauts sont la conséquence de ce système. Ainsi on lit dans l'édition Rathery (t. VI, p. 219) ces mots attribués à Louis XV : « Je suis un Hérode », qui sont incompréhensibles si l'on n'a pas lu dans l'édition Jannet (où seulement il se trouve, t. III, p. 331) le passage relatif aux troubles de Paris du 26 mai 1750, relatant le bruit qui court que le roi prend des bains de sang d'enfants comme un nouvel Hérode.

Il y aurait puérilité à insister sur ces défauts de critique car M. Rathery, comme M. René d'Argenson, est un coupable qui l'avoue ; il a écrit en effet (t. I, p. XV) : « Nous ne nous sommes donc cru autorisé à corriger ou plutôt à *rétablir le texte original*, que pour les *lapsus calami*, lorsque, évidemment, *l'auteur ne disait pas ce qu'il voulait dire* ; pour terminer des phrases inachevées, ou ajouter celles dont la fin ne répondait pas au commencement, enfin pour faire disparaître des répétitions fastidieuses de mots ou d'idées. » Ce sont de terribles gens que ces arrangeurs de textes, à la recherche de beautés littéraires dans un domaine où la vérité seule a quelque prix. Ce prétexte de vaines parures autorise en effet toutes les métamorphoses. Qu'est-ce que ce *texte original* à *rétablir* alors que comme M. Rathery on travaille sur des originaux ? Et comment excuser cette prétention de faire des changements parce que « l'auteur ne disait pas ce qu'il voulait dire » ?

Nos deux éditeurs en arrivent, avec ces principes, à de véritables erreurs critiques. On lit par exemple dans le texte Jannet (t. IV, p. 185) : « On craint qu'*inimicus homo* n'intervienne en tout ceci, *c'est-à-dire les jésuites* ». M. Rathery soutient, lui (t. VIII, p. 307), que les mots *c'est-à-dire les jésuites* ne sont pas dans le texte, et il ajoute : « Nous persistons à croire que par ces mots d'Argenson veut désigner son frère. » Que tout cela est singulier ! Ainsi M. Rathery accuse M. R. d'Argenson d'inventer les jésuites, et, au lieu de rechercher si ce texte n'a pas été puisé dans un manuscrit autre que le sien, il affirme lui-même, sans preuve, que d'Argenson veut désigner son frère.

On trouve ailleurs encore d'autres exemples de cette fureur d'invention. D'après l'éditeur elzévirien (c'est ainsi qu'il se désigne lui-même), le marquis d'Argenson aurait écrit à propos de son fils : « Il ne laisse pas de donner prise sur lui par son trop d'attachement et d'amitié pour les jésuites, qui sont cause de tout ceci. » (Ed. Jannet, t. IV, p. 154.) Dans l'édition Rathery, la même phrase se rencontre ainsi abrégée : « Il ne laisse pas de donner prise sur lui par son trop d'attachement et d'amitié avec... » [Ici cette note] « Déchirure dans le manuscrit; il s'agissait de l'amitié du marquis de Paulmy pour son oncle le comte d'Argenson. » Nos remarques se confirment encore : comment, puisque le manuscrit est déchiré, M. Rathery peut-il être sûr qu'il s'agit de l'oncle et non des jésuites?

Nous renonçons à poursuivre l'enquête critique qu'il eût été si utile de faire il y a trente ans, et, en faisant remarquer que les *Mémoires* et le *Journal* étaient *rédigés* par un habile homme et qu'il eût suffi de les bien lire, nous nous rallions, pour conclure, à cette pensée par laquelle M. René d'Argenson, repentant, semble-t-il, termine son *Épilogue* (t. V, p. 400) : « Jusqu'à quel point est-il loyal... est-il permis... est-il possible de *faire* les mémoires de celui qui ne les a pas rédigés? »

ARMAND BRETTE.

INDEX ALPHABÉTIQUE

E

F

G

H

I

J

N

O

P

Q

R

S

T

V

W

Y

TABLE DES MATIÈRES

Coulommiers. — Imp. Paul BRODARD. — 632-98.

La Fortune privée à travers sept siècles, par M. le Vicomte G. d'Avenel. 1 vol. in-18 jésus, broché. . . . . 4 »

Cette étude d'histoire sociale et économique résume et rend accessibles à tous les résultats des grands travaux dont l'auteur poursuit la publication. Elle dégage de tout appareil scientifique les découvertes historiques dont doivent désormais tenir compte tous ceux qu'intéressent les questions relatives à la propriété, aux salaires, aux denrées, aux prix de toutes choses.

Entre les passions qui se déchaînent sous nos yeux et les multiples conflits qui dorment aujourd'hui dans la poussière, presque dans le rebut des archives, M. Georges d'Avenel a rétabli le lien de continuité. Son but est double : remettre en lumière les côtés les plus obscurs et peut-être les plus intéressants de notre vie ancienne; projeter cette même lumière sur les problèmes sociaux d'aujourd'hui.

Alfred Rambaud. (*Revue bleue.*)

Le Mécanisme de la Vie moderne, par M. le Vicomte G. d'Avenel.

Sous ce titre, *le Mécanisme de la Vie moderne*, M. d'Avenel expose au public les résultats de ce qu'il appelle « un voyage d'exploration à travers les organes compliqués de l'existence actuelle ». Les études de l'éminent écrivain, pleines de révélations curieuses et de vues nouvelles, dissimulent avec soin la substructure solide des documents et des statistiques sous une forme littéraire qui en rend la lecture attachante.

1re *série.* Les magasins de nouveautés. — L'industrie du fer. — Les magasins d'alimentation. — Les établissements de crédit. — Le travail des vins.

2e *série.* Papier. — Éclairage. — Compagnies de navigation. — Soie. — Assurances sur la vie.

Chaque série, un volume in-18 jésus, broché. 4 »

N° 353.

Histoire politique de l'Europe contemporaine, *Évolution des partis et des formes politiques*, par M. Ch. Seignobos, maître de conférences à l'Université de Paris. 1 vol. in-8, broché... 12 »

Avec reliure amateur. . . . . 16 fr.

L'ouvrage de M. Seignobos répond, on peut le dire, à un véritable besoin, car, jusqu'ici, il nous fallait franchir le Rhin, pour trouver des essais d'histoire générale de l'Europe depuis Napoléon Ier... M. Seignobos a voulu faire un livre pratique, une sorte de « manuel supérieur » à l'usage de ceux d'entre nous qui ont le désir d'être mis au courant, sans avoir le loisir de tout contrôler. Et je laisse ici au mot « manuel » le sens nullement désobligeant que l'étymologie lui assigne. Le manuel, c'est le livre qu'on doit avoir toujours sous la main, le livre de chevet, qui fait autorité... On suit l'auteur avec sécurité parce qu'il ne confond jamais ce qui est certain avec ce qui ne l'est pas. Les faits généraux universellement acceptés sont les seuls dont il se serve. Il s'est proposé d'expliquer beaucoup plus que de raconter. Un minimum de récit, s'il est précis et inattaquable, suffit à son dessein; il a évité tous les artifices de style et de composition, tout ce qui trahit le besoin d'arrondir la phrase ou d'exprimer un sentiment personnel. N'en concluez pas qu'il s'abstienne de tout jugement, mais les jugements qu'il porte ont le ton et l'impersonnalité d'une constatation scientifique.

(*Journal des Débats.*)

On sera surpris qu'un homme, sachant l'histoire contemporaine comme personne sans doute ne la sait, ait eu le courage de resserrer en un volume le récit de l'époque la plus agitée qui soit; on sera émerveillé que cet homme ait su choisir, dans la prodigieuse multiplicité des événements, tout ce qui est essentiel; et on admirera que, de cette quantité énorme de faits choisis, simplifiés, se dégage une impression vive et limpide, une intelligence exacte et complète de notre siècle. La description nette et précise d'une époque, par le seul moyen des faits choisis, énoncés, groupés, enchaînés, c'est l'histoire vraie, l'histoire explicative, celle qui permet de comprendre et de juger.

(*Revue de Paris.*)

N° 373.

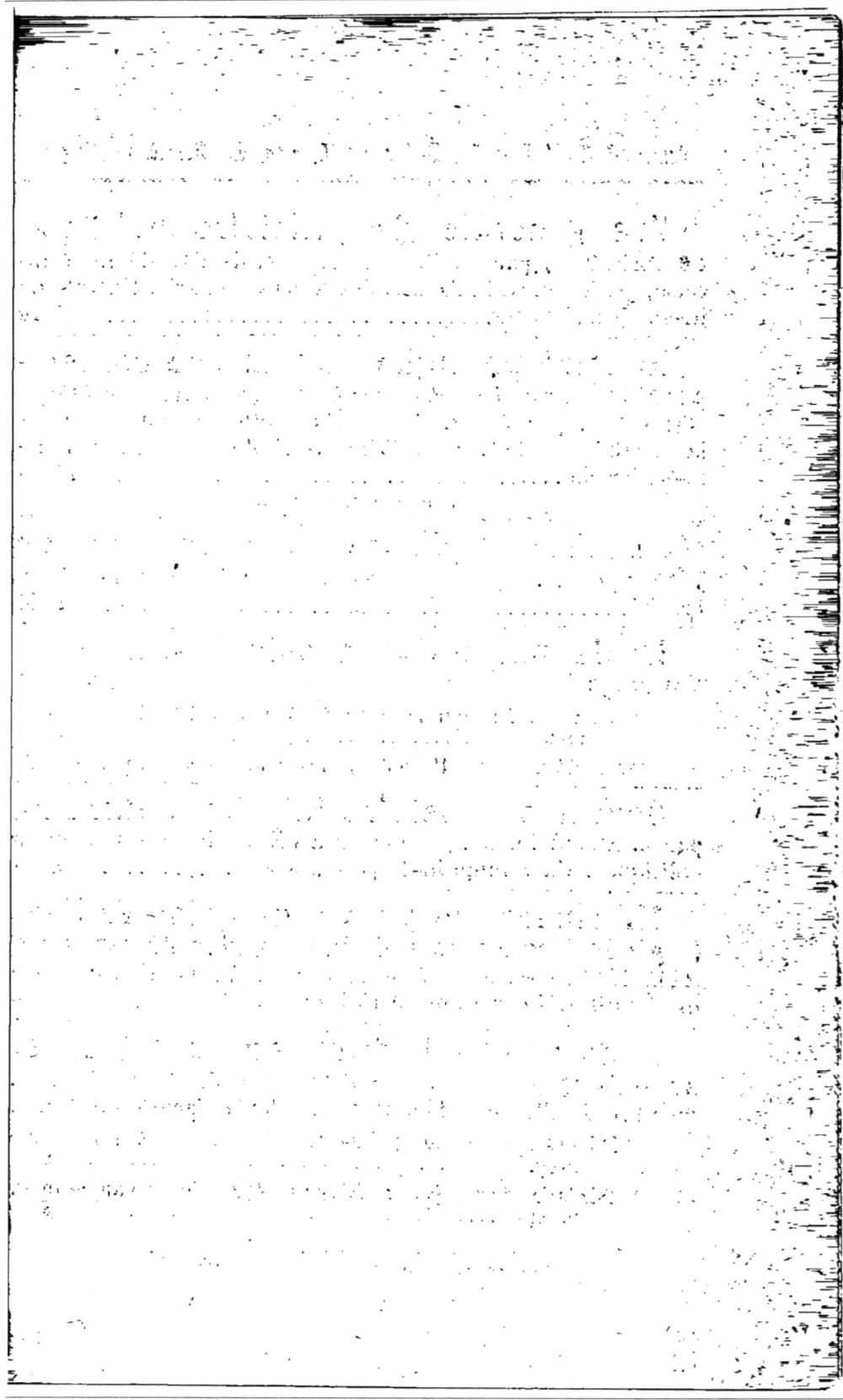

Vue générale de l'Histoire politique de l'Europe, par M. Ernest Lavisse, de l'Académie française, professeur à la Faculté des lettres de Paris. Un volume in-18 jésus, broché........ 3 50

Histoire politique de l'Europe contemporaine, *Évolution des partis et des formes politiques* (1814-1896), par M. Ch. Seignobos, maître de conférences à la Faculté des lettres de l'Université de Paris. Un volume in-8°, broché........ 12 »

Avec reliure amateur, 16 francs.

La France d'après les Cahiers de 1789, par M. Edme Champion. Un volume in-18 jésus, broché........ 3 50

La Jeunesse de Napoléon, par M. Arthur Chuquet :

* ***Brienne***. Un volume in-8° de 500 pages, 3 planches hors texte, broché........ 7 50

** ***La Révolution***. Un volume in-8° de 400 pages, br.. 7 50

Cent Ans d'Histoire intérieure (1789-1895), par M. André Lebon, professeur à l'École libre des sciences politiques. Un volume in-18 jésus, broché........ 4 »

M. Thiers; le Comte de Saint-Vallier; le général de Manteuffel; la libération du territoire (1871-1873), *documents inédits*, par M. H. Doniol, membre de l'Institut. Un volume in-18 jésus, broché........ 4 »

Histoire des Institutions politiques et administratives de la France, par M. Paul Viollet, membre de l'Institut, bibliothécaire de la Faculté de droit :

* ***Périodes gauloise, gallo-romaine, franque***. Un volume in-8°, broché........ 8 »

** ***Période française : Moyen âge***. Un volume in-8°, broché........ 8 »

Paris. — Imp. E. Capiomont et Cie, rue de Seine, 57.

www.ingramcontent.com/pod-product-compliance
Lightning Source LLC
Chambersburg PA
CBHW072112220426
43664CB00013B/2085

* 9 7 8 2 0 1 9 6 0 6 2 5 1 *